山东高校辅导员领航工作室建设成果展示

大学生成长三部曲
——记录大学生成长的100封信

王 琼 主编

中国商业出版社

图书在版编目（CIP）数据

大学生成长三部曲：记录大学生成长的 100 封信 / 王琼主编 . -- 北京：中国商业出版社，2022.1
　ISBN 978-7-5208-1978-7

Ⅰ．①大… Ⅱ．①王… Ⅲ．①大学生—入学教育—文集 Ⅳ．① G645.5-53

中国版本图书馆 CIP 数据核字（2021）第 247390 号

责任编辑：管明林

中国商业出版社出版发行
010-63180647　www.c-cbook.com
（100053　北京广安门内报国寺 1 号）
新华书店经销
北京虎彩文化传播有限公司印刷
＊
710 毫米 × 1000 毫米　16 开　16.75 印张　249 千字
2022 年 1 月第 1 版　2022 年 1 月第 1 次印刷
定价：68.00 元
＊ ＊ ＊ ＊
（如有印装质量问题可更换）

前言

伴随着大学生思想政治教育工作的深入推进,对大学生在校期间的思想政治教育进行阶段化建构势在必行,而在阶段化建构的过程中,大学新生阶段教育引导模式的建构无疑是一个重要内容。2014年5月4日,习近平总书记在北京大学师生座谈会上曾指出:"凿井者,起于三寸之坎,以就万仞之深。"就像穿衣服扣扣子一样,如果第一粒扣子扣错了,剩余的扣子都会扣错。而大学新生阶段,就是解决扣好大学四年"第一粒扣子",甚至人生"第一粒扣子"的重要的基础性阶段。

曲阜师范大学王琼工作室,自2016年开始建设,是学校首批校级辅导员名师工作室,2020年入选第三批"山东高校辅导员领航工作室"建设项目。

工作室以帮助大学新生"扣好人生第一粒扣子",打造个性化、专业化、系统化的大学新生教育平台为宗旨,以建立健全大学新生思想引领教育模式和大学新生适应性评价体系为方向,以开展提升大学新生适应和发展能力为主题的系列精品活动为基础,形成"领航、筑基、圆梦"三位一体的工作格局。

自工作室成立以来,很多领导老师、校友、在校学生对于工作室的建设给予了极大的支持。在这个过程中,我们也共同见证了学生们从热烈的新生报到季到收获的大四毕业季的成长。为了更好地展现工作室阶段性建设成果,工作室于2021年寒假,特向全校师生(包括曲阜校区和日照校区)征稿并汇编成

这本《大学生成长三部曲——记录大学生成长的 100 封信》。

工作室收到数百名学子及老师的积极投稿，编写小组将文稿仔细分类，细心整理、筛选。随后统一格式进行排版编撰，并审核修订，最终定稿成书。书中的字字句句、点点滴滴都寄寓着曲阜师范大学（曲园）师生对其深厚的爱意。

本书由"你好曲园——初遇篇""踔厉奋发——成长篇""爱的礼物——寄语篇"三部分组成。其中，初遇篇记录了 2020 级新生与曲园的美好相遇和自己的感悟，以及对于曲园的文化底蕴和办学历史的了解；成长篇则是学子们进入大学以来的成长事迹和成长感悟；寄语篇更是承载着校友和老师对同学们的谆谆教诲。本书记录曲园学子成长的"三部曲"，是真情的流露，亦是宝贵精神财富的传承。

希望本书可以为广大学子提供学业和生活等方面的指导，帮助他们"扣好人生第一粒扣子"，同时，以期为相关工作提供参考和借鉴，对促进大学生成长成才提供帮助。工作室也将在推进大学生思想政治教育阶段化研究和实践，为大学生成长为能够担当民族复兴大任的时代新人的道路上不断探索和前进。

谨以此书献给一代代勤勉的曲园人。

犁牛子，志气扬，乐学笃行，不负韶华。

目 录

你好曲园——初遇篇

我的生活记录

写给曲园的一封信…………………………………………汪 育（3）
致美丽曲园的一封信………………………………………徐晓凤（6）
曲园的美……………………………………………………石梦丹（9）
向前走………………………………………………………王红宇（12）
初遇曲园……………………………………………………孙薪雅（16）
致未来师弟师妹们的一封信………………………………孙雪茹（19）
成长的滋味…………………………………………………卢凯欣（22）
有你相伴，真好……………………………………………刘恬伊（25）
今生缘………………………………………………………李雅琪（28）
致曲园的一封信……………………………………………刘泽暖（30）
初遇曲园，不负韶华………………………………………杨立杉（32）
曲园初遇，我的大学印象…………………………………童安琪（34）
心之初，梦之始……………………………………………尚予欣（37）
致曲园的一封信……………………………………………宋书彦（40）
你好曲园，让我们一同成长！……………………………李 贺（43）

曲园杂谈……………………………………………陈荟璇（45）

曲园，"缘"来，你也在这儿……………………刘业旺（47）

被曲园唤醒的细胞………………………………孙乐驰（49）

致曲园的一封信…………………………………宋佳俊（52）

我与我的曲园生涯………………………………翟名波（55）

春华秋实，初见曲园很美好……………………张羽琴（57）

朝夕曲园…………………………………………朱占祥（59）

致曲园的一封信…………………………………陈嘉程（61）

我们的最美相遇

致曲园国旗护卫队的一封信……………………赵　婷（63）

春华秋实，初见曲园很美好……………………李　彤（65）

曲园里的遇见……………………………………叶　繁（67）

感谢遇见…………………………………………孟凡珂（70）

致张教官的一封信………………………………周宇馨（72）

幸得金昆玉友，共望杨穿三叶…………………吴泽文（75）

曲园初遇，我的大学印象………………………王苗苗（77）

给师哥师姐们的一封信…………………………文金莲（79）

致兄弟的一封信…………………………………姜太析（82）

我的曲园感悟

迢迢曲园路　皎皎才星驰………………………翟奕涵（84）

以梦为马，不负韶华……………………………郐佳钰（86）

从高中到大学，从泉城到圣城…………………陈晓琳（88）

看，你在热爱里遨游……………………………林芷伊（90）

与你邂逅，花开满园……………………………迟　璇（92）

遇见更好的你……………………………………牛庆庆（94）

一往无前，落子无悔……………………………桑晓萱（96）

致曲园的一封信…………………………………李欣妍（98）

初升骄阳，许我一抹晨曦……………………………………郭泽丰（100）
踏着力气踩着梦………………………………………………朱　玲（102）
致曲园的一封信………………………………………………任慧婷（104）

踔厉奋发——成长篇

我的成长回忆

感谢自己在曲园迈出的每一个"第一步"……………………戴润洲（109）
一路成长，一路高歌…………………………………………王晓彤（112）
一切都是最好的安排…………………………………………刘　嫚（116）
感恩相遇　不负韶华…………………………………………孙钰茜（118）
春华秋实，一眼万年…………………………………………高博闻（120）
美好与你环环相扣……………………………………………翟筱萱（122）
曲园相遇，我们一起成长……………………………………杨佳馨（124）
给王宇老师的一封信…………………………………………赵音离（126）
最美的际遇……………………………………………………董晓龙（130）
给自己的一封信………………………………………………李欣玥（132）
时光荏苒处，青春长少年……………………………………纪智娜（135）
给曲园的一封信………………………………………………崔迪玥（137）
亮丽曲园记心间………………………………………………董鑫宇（139）
春华秋实，初见曲园很美好…………………………………王若琳（141）
你好曲园，让我们一起成长…………………………………王　欣（143）

我的成长感悟

于荒井中捞月光………………………………………………刘欣雨（145）
共饮一江水……………………………………………………雷路阳（148）
一切都准时……………………………………………………马巧燕（150）

且行且珍惜，不负曲园好时光	陈修文（152）
致未来的你	衣玮萱（155）
曲园，请允许我向你敞开心门	王　冰（159）
送你一朵曲园之"花"	方　彤（161）
师长言传身教，吾将受益一生	高璐璐（163）
热爱可抵岁月长	孙凤娟（165）
致曲园的一封信	黄保芳（167）
我的成长记录	刘佳鑫（169）

爱的礼物——寄语篇

老师篇

读传世经典，做仁人君子	王慕东（173）
致地理与旅游学院2020届毕业生党员的一封信	苏占兵　田　青（175）
新生入学教育需做到"三安"	孙金杰（178）
让优秀成为一种习惯	王建阳（182）
期待象牙塔中的精彩	王　琼（186）
教育·引领·助力	朱伟卫（189）
写给2018级物理学三班全体同学的一封信	张英杰（192）
新学期给大学生们的一封信	李宴美（194）
心怀梦想，一路朝阳	郑凤华（195）
哲学之光，我们不一样	张文静（199）
依依不舍师生情	王保英（201）
嘿，青年，让青春燃起来！	张　惠（204）
叫不醒一个装睡的人	杜晨曦（206）
星光不负赶路人	颜　冲（210）
写给物理工程学院2019级同学们的一封信	邱金芝（212）

致大二小朋友们的一封信	刘润欣（215）
鲜衣怒马少年时，不负韶华行且知	王　衡（217）
踩好脚下石，走好人生路	孔　瑞（219）
3+2>5	纪玉超（221）

校友篇

致初入大学殿堂的你们	吕　宾（223）
我的曲园青春记忆	孔治国（226）
致每一个了不起的你	孟凡昌（230）
赠师弟师妹寄语	袁国文（233）
致物理工程学院第34届团总支学生会的一封信	曲啸枫（236）
致师弟师妹的一封信	孙晓彤（239）
犁牛后浪们，我想对你们说	申　潜（241）
致师弟师妹们的一封信	王文慧（243）
一本日记的故事	高琳然（246）
致自己的一封信	崔扬帆（248）
让青春之花在奋斗中绽放	李振华（250）
山回路转，风景依然美	李国鑫（253）
后　记	

你好曲园——初遇篇

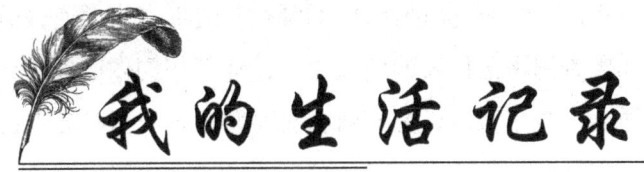

我的生活记录

写给曲园的一封信
——曲园琐记

亲爱的曲园：

你好！

"犁牛之子骍且角，虽欲勿用，山川其舍诸？"这是《论语·雍也》中的名句，伴随《犁牛之子歌》悠扬的旋律，让我们走进这座经历六十五个春秋的曲园。

"西联"古今事

"萃华月，西联灯，春风杏坛弦歌声。犁牛之子，乐学笃行，博采百家集大成。"曲阜师范大学建校之初，规模很小，西联教室地处学校西端，教室为联排式建筑，故称为西联教室，是建校初期的苏式平房建筑。灰砖红窗，内部宽敞明亮，西联教室前古树参天，西联教室北墙藤萝遍布，坐在教室内，向北望，修正整齐的灌木从直通生科院。西联教室自建校初即为文史教室，经历六十五年风雨，这一传统依旧延续至今，作为文学院的学生，我的大部分专业课都在西联教室学习。从西联教室中，由衷地体会到曲园的美，嬉笑逐闹都在西联教室廊外戛然而止，仿佛有一道无形屏障佑护着，将所有喧嚣隔离，内里则是一种沉静，好似时间静止，空气凝结，只留下四季的深深暗影。伴随学校办学规模的扩大，萃华门作为校南门也已成为历史，现在萃华门经历扩建成为萃华园，但萃华门依旧在此，主体为对称设计，中间镂空八边形作为通道，两侧依旧对称，祥云空缺，上部优雅而不落俗套的曲线设计，让萃华门依旧焕发光彩，如今的萃华园，曲径通幽，流水潺潺，春有繁花夏有荫，秋有落叶冬有雪。在此读书游玩谈天小憩，亦可吸收曲园之灵气。

学海无涯，征途漫漫

"犁牛子，志气扬，难舍昼夜读书忙。尼山巍巍，洙泗流长，不负我，韶华好时光。"走进曲园，扑面的学习气氛令你陶醉，都说曲阜的春秋被孔子写进了书里，从此便只剩下了冬夏。我自九月来到曲园，经历了它的盛夏、金秋与寒冬。古树沉默不语，却给人慰藉，让人心静神凝。树下的清凉消解了暑气的燥热，微风徐徐，轻抚书页，伴着啁啾鸟鸣，书声琅琅不休。或埋首伏案，即使汗流浃背，却思绪不停，笔头不止。寒冷时节的西联教室，暖气充足，热血集聚，从窗外看去，室内一团雾气，大堆的考研资料和埋头苦读的人在其中若隐若现，就像是一个温暖神秘的异次元空间，里面住着的都是从"不用休息星"来的天外来客。"有光的地方，就有人在读书"，这句话应用于曲阜师范大学最不为过。走进曲园，随处可见学习的学子，除去图书馆、自习室等常规地点，西联教室前的环形石磴，综合楼前的石桌石椅，图书馆前的萃华园木椅……只要有心，任何地方都是自习室。曲院学子兢兢业业，潜心学习，一心向学，《齐鲁晚报》曾报道："1人，25本书，15万字札记。曲园的学子究竟有多努力？"关于努力，每个人都有自己的思考。但"犁牛之子"将永远努力奔跑，尽力将事情做到最好。

传道授业，承当大任

"犁牛之子，修德立功，忘却一身，济苍生。大海汹涌，迎着朝阳，吾辈大任，勇承当。"没有使命感的教育是盲目的，没有责任担当的教育是轻薄的。

"教书育人、立德树人"这一使命便是师范院校存在的根本意义。地处孔子故里的母校曲园,在六十余年的师范教育历程中,秉承儒家优秀的教育思想,始终坚守"以人为本、立德树人"的治学治校理念,以夫子之仁者之心,给学生谆谆教诲,致力于培养"学识扎实、崇德向善、尊师重道"的学生。"道之所存,师之所存也。"传道者,明道、信道、以身载道。曲园坚持师之道,师之范,致力做学生学习知识、锤炼品格、创新思维、奉献祖国的引路人。"学而不厌,诲人不倦"的校训精神语出《论语·述而》,"勤奋学习而不感到满足,教育他人而不感到疲倦",这是学校不断发展的精神动力,是世代传承的精神血脉。曲园以此培养了大批优秀教育工作者和其他应用型人才,为山东省乃至全国教育文化和经济社会发展作出了突出贡献。

轻轻哼起《犁牛之子歌》的旋律,曲园啊,如何让我遇见你,在我最美丽的年纪,时光静谧,岁月悠长,待我们且行而歌。

此致
敬礼!

汪育

2021 年 1 月 31 日

作者简介

汪育,女,文学院汉语言文学(师范)专业 2020 级学生。

致美丽曲园的一封信
——成长，与你相依

亲爱的曲园：
　　你好！

你是人间四月天

　　初遇你时，是在百度上的一个宣传片上片刻停眸。你，还有些羞涩，像未揭开红盖头的新娘一样。我点了两遍播放键，终于走进了你的世界。古老却又清脆的声音让我沉浸其中，丰厚的文化底蕴使我打心底赞叹不已。春风和煦，杏坛金声；青砖细瓦，尼山巍巍。点点红阁，落日余晖。陶醉了，爱恋了。有人会说，从你的前前前半世开始，你就会和千千万万个名字相遇。而，你的名字，已经深深地刻在我心里了。一直以来，你可知，有一个少女她从小的梦想就是想当一名老师？那份强烈的欲望，在她的心头熊熊燃烧。初见你的名字，便在一定程度上为这份相遇增添了百分之一的可能性。在接到录取通知书之前，从未抱有太多的希望进入你的怀抱。网上的百分之三十三点三的录取率令我有些垂头丧气。无数个夜深人静的晚上，我躺在被窝里总会时不时地拿起手机翻看你的招生官网，渴望着自己的名字输入对话框中能蹦出已录取三个字，哪怕希望有些渺茫。录取通知书下来的那一刻，从未想过喜悦来得这么快，兴奋与激动充斥着我的头脑，没有想到我这艘被风吹、被雨打，马上就要沉底的小船竟然也能驶入你温暖的港湾。如愿以偿，我们的故事开始了……

三生有幸遇见你

因为我对政治比较感兴趣，所以我义无反顾地选了我喜欢的政治专业。提着大大小小的包裹，拖着厚重的载着母亲满满的爱的行李箱，也算是真正意义上的第一次远行，我来到了日照。初遇你时，就有一种似曾相识之感，仿佛你就是我的故友一般。接下来的几周内，我想把你拼命记在我的脑海里。你身体的每一寸肌肤都是一块独有的印记，每一寸纹路都有它独特的使命。我驻足在 C 楼前飘扬的国旗下，漫步在日月广场中央，憩坐在小湖边旁的石椅上，拜倒于孔子像前，迷路于图书馆中……一山，一水，一草，一木，万物皆有灵。一人，一日，一书，一椅，好生悠哉啊。

"相思相见知何日？此时此夜难为情。"都说相思是这世间最痛之情，与你短暂的离别，都让我觉得好生不舒坦。犹记得第一次从你的怀抱中脱离，是要去社区完成一次社会实践。坐在公交车上，两旁翠绿的树、高大的房屋、路上匆匆的行人映入眼帘，但我内心却有些空虚和寂寞，说到底，还是不自在。我有些像第一次离开鸟巢的小幼雀，在反反复复、犹犹豫豫间总是想投入母亲温暖的怀抱之中，这种感觉，有些奇妙和难以言喻。五六点钟，天色渐渐暗了下来，我终于经由西门回到了你的怀抱，不知怎么，轻松了许多，当晚我在 QQ 空间里写到，回到学校，就像回到了家一样。

"这世上本应没有路，走的人多了，便成了路。"有幸与你一起成长，见证你的六十五周岁华诞。从宿舍到校园的小路上，留下了我们彼此的印记。我们祝福你，高兴地庆祝着、欢跃着、沸腾着，因为我们就是你的孩子。我们知道，必须要做点什么让你自豪和骄傲。于是，有了自习室里忙碌的身影，很荣幸，我也能够改掉不自律的坏毛病成为那个离开自习室最晚的人；于是，有了图书馆里看书的背影，很荣幸，我也摆脱了懒惰的坏毛病，跨越"千山万里"追寻你；于是，有了小湖边埋头苦干，蹲在地上的读书人，很荣幸，我也能够克服自己怕冷的习性，来到小湖边读一会儿书……我感觉，自己慢慢由一个懵懂少女跌跌撞撞好像找到了那么一点正轨，我好像有些真正明白孔夫子的"吾十有五而志于学"的真正含义。你让我确立了目标，就像上帝一样为我打开了新世界的一扇大门,就像明灯一样照亮着前行的路,就像在我的心中埋下了一粒又一粒种子一样,不断抽芽生长,生机勃勃。

春风十里不及你

  和你在一起的每一天都充满惊喜和喜悦,离开你的每一分每一秒都不自在。你就像我的恩师,为我指点迷津,让我在前行路上有了自己的目标与方向;你,就像我的朋友,和我嬉戏打闹,每次心情不好的时候总喜欢到你那儿走走;当然,你还像母亲一般,给予你的孩子们无尽的呵护与疼爱,给予我家的温暖与依恋。我们之间的故事还远远不只这些,我还想继续探索更多的模块,发现更多的新大陆,填充更多的地图颜色,为自己的大学生活涂上五彩缤纷的色彩。未来,不管风雨,我都想继续陪在你身边,和你一起坚定勇敢地成长。嘿,你听到了吗?
  此致
敬礼!

徐晓凤
2021 年 1 月 25 日

作者简介

徐晓凤,女,政治与公共管理学院政治学与行政学专业 2020 级学生。

曲园的美
——致在曲园遇到的每道风景

我的曲园：

  展信佳。

  高一那年，踏进高中母校，英语老师写下 Qufu Normal University，说这是她的母校。三年后，我走进这里，感受你的点点滴滴。枫红九月，在异乡与你相见。初见，即永恒。当你古朴端庄的身影伴随着青绿的爬山虎向我走来时，我便认定：你，是我梦里的曲园。有人说：曲园若彩虹，遇上方知有。所幸，我遇到了你，你如彩虹般七彩的温暖，照亮了我的大学生活。

  夏天的风轻轻拂过耳畔，七月的盛夏过后，又恢复以往的宁静。那个九月，与你相逢在曲园。曲园南大门两侧的爬山虎，长长的枝蔓，盘旋地带我进入校园。

  学校北篮球场的那一片婆娑树影，和我一起见过军训的酷暑，三餐美食节绚丽多彩的氛围，温暖着你我的心。

秋冬的美

  秋夜雨绵绵，美丽似梦中。这是最温暖的深秋，无声的落叶，轻盈地，轻盈地掉落在学校的小径上。当萃华园的月出于假山之上，徘徊于西联和宝塔松之间时，一年一度的中秋悄然而至。三五之夜，皆是明月半墙，风移影动，甚至飘荡着烤红薯的香气，每个墙角都能听见你我的说笑声。那团团的月彩，点点的繁星，照亮着我们这些思家的人。我们在文史楼前举行的中秋晚会，温暖又灿烂，从流行音乐到经典老歌，从夕阳西下到月上柳梢，在这入夜渐微凉的时节，这一切如阳光温暖世界，让我感受到人间值得！后来，遇到了来到曲园的第一场秋雨，昨夜雨疏风骤，一场秋雨一场寒。层层银杏叶铺散在地上，给大地抹上一层黄灿灿的颜色。古朴的小径配上五彩的雨伞，与雨水一起渲染成独属于我的曲园记忆。

而冬季的雪虽然很小，但淡妆的曲园，一层软软的像白砂糖一般，所覆盖的景物也都是本来的色彩，若隐若现，美丽依旧。西联教室的古朴氛围，一下雪，仿佛回到了上个世纪，坐在古朴的西联教室，放眼望去，入目皆是一片宁静淡雅的景象。

青春的使命

暮秋之际，天高气爽，湛蓝的天空下，身着迷彩服的我们开启了大学第一课。刚开始的那几天，太阳的光芒依旧耀眼。至今仍记得站军姿的场景，累，却有种自豪感。当汗水布满脸庞，当双腿早已酸痛不已，当两臂也没有了力气，年少的我们却没有放弃。的确，军训很苦很累，但是军训的意义却似霓虹般美好。它教会我们坚韧，教会我们团结，更让我们懂得了家国情怀的伟大。一句"战友"，一声"敬礼"，一次军训，一生难忘。我曾无数次敬佩军人，他们在最美的青春里绽放自己的花样年华。一日迷彩在身，一生保家卫国。后来，有幸分到内务连。在那里，我结识了一群志同道合的战友，训练虽然依旧很劳累，但是我们却慢慢学会爱和成长。人总会在某一瞬间长大，而这身迷彩，无疑是最好的象征。这是青春的使命，是青春的模样。

大学的收获

进入大学，自主的时间多了许多，这种"生命不能承受之轻"，让刚结束高三紧张生活的我有些不适应。尤其是生活上的难题和思家的心情，让我有点想念过去的日子。记得那段岁月，朝五晚十，天天与试卷为伴，日日和考试结盟，对大学的憧憬是那时前进的动力。但当我真正进入大学后发现，大学的生活虽然也很美好，但它更需要综合能力的锻炼。也许会有二十迷惑的无奈，会有青春迷惘的忧伤，但正如冰心老人所说"新的空白页由你我书写"，不论是自己还是时代，更好的生活，更好的曲园，都在前方，期待着你我的描绘。

  大学之道，在明明德，在亲民，在止于至善。千年前的圣人曾这样定义大学。六十五年前，曲园于圣城诞生，如今，它从远方来，跨过漫漫的征途，送来六十五年的美好。虽然与它相识仅半年，但它的历史，它的美丽，早已深深打动了我。身处僻静之处仍能积极进取，不慕外界的繁华。它如一朵花，用自己别样的美丽，赢得称赞。学而不厌，诲人不倦，是它的初衷。

  很高兴和你相处四年，很高兴与你一起成长。萃华月，西联灯的光明，指引着我前进。愿你一直美好如初。

  此致
敬礼！

石梦丹
2021年2月28日

作者简介

石梦丹，女，文学院汉语言文学专业2020级学生。

向前走
——写给自己的一封信

刚上大学的自己：

　　现在的我大一，我想给刚上大学的你讲讲大一最难忘的经历，其实想要告诉你，即使再来一次，无论结果如何，当时做过的每一次选择都无比正确，记住无须回头遗憾，要大步向前走。

　　高三时，你有个警察梦，每天都会去柜子里看看爸爸那一身帅气的警服，面对镜子偷偷戴一下那一顶在你心中无比神圣的帽子，朝着镜子里的自己敬一个礼，心中默念：加油！你一定可以的。事与愿违，你的高考成绩没有达到要求，那一瞬间，你仿佛跌入黑暗的深渊，绝望，你从小到大的梦在那一刻碎了，很无力。爸爸妈妈问你，要不要复读一年，你说，不了，你要继续往前走了。后来，经人介绍推荐，你报了曲阜师范大学历史文化学院的文化产业管理专业，这次很幸运，你被录取了，直到开学那一天，你一直浑浑噩噩，消极懈怠，满腹牢骚。

　　紧接着开始了军训——10天的军训像一道光照进了你所在的深渊。

　　第一天军训，队伍里偷偷流传着一句话，祝你划水不被抓，祝你偷懒不被罚，你也"信仰"着这句话，漫无目的地度过着，教官大声喊着腿部夹紧，你充耳不闻，心里却想着什么时候可以吃饭。军训时最快乐的时光就是休息时表演节目，很简单、很平淡，但很快乐，发自内心地快乐，那时的你心中开始动摇，问自己要怎么度过大学。第一天军训下午，教官问谁想出来摆马扎和水杯，要争先锋，打头阵，一声洪亮的声音从身后传来"我"，一个女生大声喊道，这一声震撼到了我的内心，头脑空白，但你的右手抬起，同样大声喊道：我，因为勇敢地迈出了一步，你争取到了这个机会。摆水杯，要按颜色摆，按高矮个摆，按照要求，一丝不苟地摆，后来还受到了表扬。

　　时间过得很快，五天后，新兵连训练结束了，营长把所有连队集合在一起，放着动人的歌曲，告诉我们人生会有许多离别，这是为了下一次更好的重逢，我们按照分好的新任务，一队一队地离开原来的连队，与自己的老连长告别，你离开时，看到了你的连长满含热泪，你的眼泪跟着流了下来，这时候的你与五天前天差地别，晚上还看到了连长发的小作文，回想一下度过的五天军训，都是连长对你们无微不至的关怀。你被分到了擒敌拳方队，可能命运安排，擒敌拳方队都是原来四营的教官，你的新连长很温柔、很认真。不知道从什么时候起，你每天都会说希望延长军训时间，别人祈雨，你却祈求太阳，你开始认真练习每一个动作。

　　后来，你得知教官是学校国旗护卫队的队员，他们公布了报名选拔的信息，国旗护卫队的训练很苦很累，你内心充满了矛盾，你打开国旗护卫队的微博，仔细翻看着，你深深被这种积极的团体所吸引，你跑去大学生活动中心报了名，填写完信息后，你久久不愿离开，心跳得很快，因为你在做自己从未做过的事。

　　你开始了选拔训练，每天都能瞪出眼泪，身体感到酸痛，但是你的内心充满喜悦，感到前所未有的踏实、平静，没有一丝杂念。很幸运，你过了第一轮选拔，但是因为身高原因，你在第二次选拔中被淘汰了。历经16天的选拔，除了上课从未请过一次假，你对待每一次的训练都是无比严肃认真，不管多累，你咬牙坚持，告诉自己绝对不能放弃，流过无数的汗，眼睛瞪出过眼泪，身上不知道麻了多少遍，但是你的内心平静踏实，脑海中始终回想着八个字"护卫国旗，重于生命"，一入大学，满是好奇，大大小小的事情参与了不少，但所有的事情你都让步给国旗护卫队的训练，协调时间，舍弃其他的一切，因为你一直遵从着内心的方向。因为你知道对于你而言，国旗护卫队有多么重要，是它把你从深渊里拯救，让你走出高考的阴影，它对于你的人生产生极大的影响，在接到没通过第二次选拔的消息后，你发现你的心空了，寝食难安，你发现你的动作早已成型，站如松，坐如钟。你在多个渠道搜寻着关于曲阜师范大学国旗护卫队的消息，你看到2015年的一篇文章，给了你很大的力量坚持下去，也被宋爽爽师姐的坚守所打动。

　　后来，你没有马上放弃，和师哥师姐沟通争取，熬夜写了建议和申请书，但是最后的结果还是没有机会了。在那之后的很长一段时间里，你很迷茫和遗憾，犹如一艘船在弥漫着大雾的海上航行，看不清前方的路。眼泪不知落下来多少……

　　你还是很感谢你这16天难忘的经历，这16天是你最心安的16天，让你在高考完之后重新找到了信念和方向，再次有了目标，你很感谢为你一遍遍争取的师哥师姐，他们教会了你很多，给了你许多帮助。

　　曲阜师范大学国旗护卫队是一支优秀的队伍，纪律严明，严肃温暖，这一点深深吸引着你，最重要的是国旗护卫队可以穿着整齐的戎装亲手升起国旗，能让国旗飘扬在曲园的上空，这是一种荣耀。最后你没有机会进入下一轮的选拔训练，你放弃了继续争取的想法，因为你明白了，国旗护卫队是一个整体，为了庄严地升起国旗，你不能因为自己的意愿去破坏规则。

　　"要做一个有心人""想到和得到之间还应做到""不是因为有希望才努力，而是因为努力才有希望""不是井里没有水，而是你挖的不够深"……这些话都是在站军姿训练时师哥师姐告诉你的，它们一直存在你的心里，伴随着你走以后的路。作为结束，你送了国旗护卫队一份礼物，自己用书法写的书签和字，因为师哥师姐告诉过你，即使不能够在国旗护卫队，也可以换一种方式热爱。

　　自那以后，你几乎每天都会在大学生活动中心停留很久，看他们训练，只要没有事就去看每天的升旗降旗，早上六点等待着国旗和太阳一起升起，下午六点等待着国旗伴随太阳一起落下，国旗护卫队队唱的歌很动听，响彻清晨的曲园，升旗的路走了一遍又一遍，因为对于国旗护卫队的爱，你的内心越来越热爱国旗。升降旗时脱帽驻足，凝视国旗，内心平静。

　　12月9日这一天是属于曲阜师范大学国旗护卫队二十二届检阅的一天，当他们成功地完成了升旗，心中有一个声音说道：国旗护卫队，再见，你要继续往前走了，去找寻属于你的归宿。

　　浮华万千，与我无关，心在国旗，生命守护。

护卫国旗，重于生命。

要是再来一次，记得你要把正步踢好再离开。

此致

敬礼！

王红宇

2021 年 2 月 14 日

备注：提及的教官有 2018 级文学院的王子龙，2019 级历史文化学院的张凯、孙璐、周钰、张慧媛，2019 级体育科学学院的李新雨。

作者简介

王红宇，男，历史文化学院文化产业管理专业 2020 级学生。

初遇曲园

亲爱的未曾谋面的朋友：

你好！

自从我来到曲园生活，你就一直好奇我在那里生活得怎么样，如今我已在那里生活了小半年，借着这次写信想跟你讲讲我与曲园的相遇。

提到曲园，它带给我的总是一种温暖、静谧的感觉，从铺满金黄落叶的小径到微波荡漾的明湖，再到喧嚣的操场，仅仅半年的相处时光，我便收获温暖、感动与幸福。

初 闻

2020年的8月，缘于高考，我的人生与曲园有所交集，我在网上认真搜索着这所未曾谋面的大学，但是却收获甚微，正当我落寞放弃时，热情的师哥师姐出现了，在他们口中，我对曲园有了个大致的了解，从初春的风、盛夏的飞鸟、晚秋的诗与深冬的寂寥……一草一木皆熠熠生辉。也正因为如此，我开始期待与曲园的相遇。

初遇收获友情

未入大学前，我就开始幻想与天南海北的朋友欢聚一堂，我本身就不是一个爱安静的人，所以我越发期待与新朋友的交流。晚上，班里全体同学聚到一起，在"吱呀吱呀"的风扇的旋转下，同学们开始介绍自己，也正是在那一夜，我向大家表明了自己的心意，我说："一切过往，皆为序章。"我说："能在此相聚，是亿万分之一的概率，我们都是无比幸运的。"我说这些话的时候是无比笃定的，虽然我没有预知的能力。当然，后来我们经历的一切都在印证我说的话是正确的。从军训时我们要求集体受罚的勇气，到运动会上我们嘹亮的呐喊，再到立冬时节班团给大家发的暖暖的奶茶与饱含情义的祝福。进入曲园我们脱离了有着父母的小家，却融入了"20 哲学"这个大家，这里有温暖、有陪伴、有关心，也有祝福。我们相聚于此，一路追光。

收获磨砺

进入曲园，算是我第一次脱离我的家，在此之前，母亲照料我日常生活的方方面面，怕自己适应不了大学生活，可能是我最为担心的一件事。正式上课之前，我们经历了一段艰苦的军训时光，我们早起晚睡，既要面对训练场上长达一天的训练，又要应对师哥师姐对内务的检查。现在回想起来，我仍觉得那时是对我意志的最大考验。不过，再多的困难我也咬牙坚持下来了。记得董卿在《朗读者》里面说："痛苦本身是没有什么意义的，要看它对谁来讲。对于温室里的花，那就是灭顶之灾。对于一棵松柏，如果它能扛过所有的苦难，那就是财富。"所谓"松柏之质，经霜弥茂"，军训期间，高强度的训练并没有将我压垮，反而磨炼了我的意志，我学会了更好地协调自己的时间。军训结束后，我也轻松适应了繁忙、快乐的大学生活。

收获知识

进入曲园，其实是我新的学习生活的开始，曾经的初高中应试化教育已经不适合如今的我了，我需要自己寻找一套新的学习方法。军训结束的第一个可以自己支配的一天便是在图书馆里度过的，穿过琅琅书声的背书区与寂静的自习区，我走进了阅览室。我的专业——哲学本身就是与书为伍，所以除了课上认真学习专业课老师的授课，课下也要进行自主学习。学这个专业之前，其实我对哲学的了解仅限于高中政治课本，我也有点担心自己会学不好这门专业，但是在认真听讲，广泛阅读的情况下，我的大一上学期也是画上了一个比较圆满的句号。进入大学为的是收获知识，正像是我们哲学中提到的"爱智"，从古希腊先哲开始就强调"爱智"之学，他们所强调的不是拥有智慧，因为智慧无穷无尽永远追求不完，他们所强调的是不断地追求智慧。学习哲学可能不能教会我们如何去"烤面包"，但是它却会给我们的面包上增添香气，正是所谓的集"无用之为大用"。

看到这里你应该大体上了解了我在曲园的经历了吧。说实话，我和曲园还有许多奇妙经历一时半会儿也讲述不完。如果你真的对曲园感兴趣，不如加入我们，一同在曲园生活，我相信，你的曲园生活也会是独一无二的。

此致

敬礼！

孙薪雅
2021 年 2 月 9 日

作者简介

孙薪雅，女，政治与公共管理学院哲学专业 2020 级学生。

致未来师弟师妹们的一封信

亲爱的师弟师妹们:

你们好!

首先恭喜你们呀,当你们读到这封信的时候,已经成为曲阜师范大学一名正式的本科生啦!对于大学生活,你们应该有很多的迷茫与未知吧。下面让我给大家介绍一下我和曲园的初遇,我的大学印象。

一朝一夕 皆是风景

曲阜师范大学堪称曲阜的一个小型植物园,学校环境优美,具有浓郁的学术氛围。这里的树木是那样粗壮挺拔,它们见证了沧海桑田,同时也彰显了这所大学的韧性;这里的花儿开得那样绚烂,它们见证了莘莘学子的努力,同时彰显了大学生乐观向上的人生态度;这里的亭台精小却十分别致,它们为学生提供了休息的场所,同时点缀了这个美丽的校园。西联教室很有特点,从银装素裹到花团锦簇,从白雪皑皑到百花争艳,一朝一夕,皆是风景。待到秋风微凉,银杏树逐渐披上黄色的衣裳,师弟师妹们,你们能想象到银杏树叶飘落一地的壮观景色吗?那片金黄的地毯,厚重却有层次,错落却不失美感。

朋友欢聚 美食飘香

还记得在曲阜师范大学吃的第一顿饭,那碗普普通通且热气腾腾的面,却带给了我家的温暖。同学们来自五湖四海,饮食也各具特点。而曲阜师范大学却很好地满足了每一位同学的需求,这里的饭菜美味可口。所有的饭菜都是食堂阿姨精心准备的,并且通过全程的质量监测来确保饭菜的质量。除此之外,最值得一提的就是著名的小吃街,这里有各种各样的小吃:冰镇爽口的冰激凌,酸甜可口的糖葫芦,热气腾腾的小笼包,外酥里嫩的油酥烧饼,还有那旋转小火锅……结束了一上午忙碌而充实的学习之后,和三五个同学一起约着去尝一尝旋转小火锅,品尝美食的同时,我们也享受着友谊带来的快乐。在曲阜师范大学生活就是这样,平淡却不失色彩。

琅琅书声　浓浓学风

对于初进大学的同学们,最关心的应该就是这所大学的学风。还记得我第一次走到西联教室附近,首先映入眼帘的是西联一教室外墙上写的"有光的地方,就有人读书"。我不由得对曲园的学子那种刻苦努力的学习态度肃然起敬。当我进入西联教室的那个大院,就被那种静谧淡雅的氛围所吸引。这不禁让我想起了诸葛亮的名句"非淡泊无以明志,非宁静无以致远"。那里所有的师哥师姐都在埋头苦读,他们将"学而不厌,诲人不倦"的校训展现得淋漓尽致。在这里感觉自己的内心就像是一湖平静的湖水,不会因外界的杂事而产生任何的波澜。这时我才真正理解了张洪海校长在宣传片中所讲的"曲阜师范大学为青年才俊创造施展才华,实现梦想的无限机会"。这句话是多么的真实!在这样一个浮躁喧嚣的社会里,曲阜师范大学可谓是一方净土。

正如曲阜师范大学宣传片上所言,这是一所具有韧性、睿性和德性的大学,这不仅是知识的海洋、学术的圣殿,更是一个温暖的安居所在,一处美好的温馨港湾,一方惬意的精神家园,一段幸福的流年时光。所以未来的师弟师妹们,我们都曾经历过十二年的寒窗,十二年磨一剑,今朝露锋芒。是我们的拼搏与努力,为我们打开了大学的大门,使得我们有机会接受更高层次的教育。最后,希望大家能够把高中那股热情和拼搏的精神,贯穿于大学学习的始终,慎终如始，不忘初心。欢迎你们来到曲阜师范大学，也祝愿你们的大学生活能够充实且快乐！

  此致

敬礼！

孙雪茹

2021 年 2 月 12 日

作者简介

  孙雪茹，女，物理工程学院物理学（师范）专业 2020 级学生。

成长的滋味
——写给自己的一封信

二十岁的自己：

你好！

这封信是刚步入大学的我写的，希望用这封信见证我二十岁的成长。来到大学，我仿佛一夜之间长大，更加深刻地体悟到了成长的滋味，虽然道路曲折，但更多的是收获到了见识与胆识。

来到了曲阜师范大学，我增长了见识，开阔了视野。面对庄重的孔子像，我想到孔子"弟子三千"，坚定了未来也要成为一名优秀的教师，激励自己始终不忘初心；看到犁牛之子像，我会激励自己：不管是谁，只要通过后天不断的努力和勤奋学习，同样可以创造属于自己的奇迹……

来到曲园，这里"学而不厌，诲人不倦"的校风不断激励着我在学习的道路上更加拼搏。来到这里，经常听别人说"在曲园，有光的地方，就有人在读书"，我起初不以为然，认为这未免有些太过夸张，可是当我真正来到这里，我不得不佩服曲园人的学习精神。清晨，西联教室门口，图书馆门口，师哥师姐一边迎着朝阳，一边在寒风中背诵知识点；白天，自习室里，图书馆里，学校的任何一个角落，我都能看到师哥师姐手拿书本的身影；在我晚上上自习时，走廊里看见的是一个个师哥师姐坐在小板凳上，耳边萦绕不绝的是他们与时间赛跑，只争朝夕的琅琅书声。"逝者如斯夫！不舍昼夜"便是他们最好的写照。来到曲园，这里的学习氛围让我明白，即使是成了大学生，感觉自己长大了，也不能得过且过，对学习应付了事。

来到大学，军训磨砺了我的意志。军训第一天的情景仿佛就在眼前，那天我早早起来吃饭，去场地集合，在经历了点名分配后，我成了四营一连的一个

"兵"。看着我们连的人，居然有一百三十多人，我还记得当时还感叹可真是不少啊！然后我们就开始了军训的第一项任务：站军姿。对于长期没有运动的我们来说真的很累，第一天就以浑身酸痛结束了。接下来的几天，我们连的同学们和教官一起苦中作乐，我们一起练习站军姿，蹲下与起立，敬礼，齐步走，跑步走……大休期间我们一起唱军歌、跳舞，玩得不亦乐乎，虽然我们只和教官们相处了仅仅四五天，但我们之间已有了深厚的情谊，所以当我们被再次分配的时候，当那首《驼铃》回荡在我们的练习场地的时候，当我们再次向老连长敬礼的时候，我们的眼眶不禁湿润了，一种惆怅感油然而生。我被分配到了擒敌拳连，只能一人独自咽下一把辛酸泪，但是我也通过学拳成长了，从受不了炎炎夏日恨不得一直喝水休息，到即使饿得前胸贴后背了依然一遍遍重复着打拳的动作。在最后的军训会演上，当听到周围一片热烈的掌声之后，我内心无比自豪，仿佛又一次超越了自己，向大家展示了曲园学子的风采。

难忘刚到大学后的第一个中秋节，这是我第一次远离家，没有在这一天与我的家人相聚，说不难受是不可能的，没有亲朋好友相伴左右，只一人赏一轮孤月，吃着无味的月饼……好在还有新朋友的陪伴。我们文学院也举办了中秋晚会，在热闹的氛围里，大家仿佛也暂时忘记了对家的思念，而这一天对我而言也是特别的，因为我终于在继小学之后再次登上舞台表演节目，尽管是多人合唱，尽管只有短短的两分钟，我也不会后悔且不会抱怨，因为这是我新生活的第一步，是我变得更勇敢、更优秀的第一步。

还记得我入学报到的第一天，三四个师姐帮我搬运行李，那时看着那些瘦小的身影，她们身上仿佛也蕴藏着巨大的能量，我心里是说不出的感动，感受到了"有朋自远方来，不亦乐乎"的真情；还记得我刚刚入学时什么也不懂，无论是在学习上、生活上、工作上，还是大学四年的规划上，都处在一个懵懵懂懂的状态，这时当我去请教师哥师姐，他们都会为我耐心解答，最令我印象深刻的是，有一次有一个师姐帮我纠正工作上所犯的错误，一直到十一点多；还有曲园的老师和辅导员们，他们都在时刻关注我们的心理变化，这让我感觉虽然远离了家的港湾，但是在曲园我同样也感受到家一般的温暖。感谢你们，谢谢你们的陪伴，因为有你们的结伴同行，我方能在成长的路上坚定前行。

步入大学，我仿佛被迫长大，身边不再有父母的照顾，衣食住行，一切的一切都要自己安排，每天小心翼翼地生活，生怕一不小心就会感冒生病。因为哪怕是室友，也有自己的事情要忙，没有人会照顾你，所有的苦痛都要自己承担。

但是面对大学生活，我不会畏惧亦不会退缩，因为我知道，没有人能永远陪着你，人总要学会一个人长大！

此致

敬礼！

卢凯欣
2021 年 1 月 30 日

作者简介

卢凯欣，女，文学院汉语言文学（师范）专业 2020 级学生。

有你相伴，真好
——致曲园的一封信

亲爱的曲园：

你好！

夏秋去，冬春来，随四季流转，我在这里度过了我人生中重要的一个学期。很多人都知道，大学的时光十分珍贵，有幸遇你，真好，有你相伴，真好。

我仍依稀记得，与你初见的场景。

在焦急与紧张的路程中，我曾无数次地幻想，不断在心里勾画我未来的大学生活。新鲜的事物、未知的景象都悄悄拨动我的心弦。当我真正站在门口，看着你的时候，一种难以控制的冲动在我的体内横冲直撞。不是幻想，不是图像，而是真真正正看见你在我的面前！

师姐们热情地把我迎上了去宿舍的接送车，车缓缓开着，我看见夕阳下，金灿灿的天空，飘着几丝浮云，在这下面是偌大的广场，中间肃然立着一尊孔子像，四周有石栏围着。我带着敬意看着，这尊像是我意料之中的，但当我实际看到它，仍涌出一股莫名的崇敬。

我环顾四周，绿荫葱茏，围绕着一座座建筑，它们高低不同、错落有致，同时又充满了历史与现代叠加的风韵，我一个个看着，觉得新奇极了。突然，车在一座高大的建筑面前停住了，我的目的地到了。坐上电梯，推开宿舍的房门，我激动地看见，新生活就在我面前！

第一次离家的我，渐渐学会了自立。从一开始的慌乱不安、无所适从渐渐变得可以条理地安排自己的生活，学会了如何与舍友相处，尝试着自己做出决定并对此负责。

万分感动，因为有你相伴。

高中阶段总是黑白色调，是试卷的颜色，是黑板上的粉笔字，是看着它们的学生的眼睛，非黑即白，我们被以相同的标准规定着。而当我遇见你，我发现，我的双眼已经被涂得五颜六色。我所想到的，依然是在温柔的阳光下，你静静的样子，大家穿着各式服装，心怀各种想法，在路上穿梭着，构成了一幅美丽的画卷。

这里的每个人都有自己的想法、爱好和才能。联欢会上有美妙的歌声和动人的舞姿，辩论赛上有理性的思考和逻辑的说辞，篮球场上有激扬的热情和飞跃的身姿，除此以外，还有很多很多，他们都在这里用行动展现着青春的绚丽多彩。每当看见大家做着自己喜欢的事，展示着成果，心中总有一团火在熊熊燃烧，难以抑制。我觉得，你是真正地"活着"，整个都在发光发亮，因为你拥有一整个校园的青年人的青春之魂！

而我也要成为这美丽的风景线的一部分。我加入了文协的手工部，认真地学习我一直向往的手工技艺，虽然我很笨，总要反复练习很多遍才能学会很简单的基础方法，但是，为了自己喜爱的东西，我决定不轻言放弃，抓住机会，给自己一个交代。同时，我也得到了在动漫 CV 部展现自己的机会。对于内向、容易紧张的我来说这是很难得的一次经历。我曾想过放弃，但同学和师哥师姐都在不断鼓励我大胆尝试，在他们的帮助下，我迈出了这一步，在同学面前进行了配音表演。当表演结束后，一个男生过来对我竖起大拇指："你表现得真好！"一瞬间，一切的辛苦训练都值得了，也在我心中埋下了光的种子。

奋起努力，因为有你相伴。

以前很多人告诉我："高中努力奋斗，大学想怎么玩儿就怎么玩儿。"我曾因此觉得，大学是个轻松愉快的地方。

但是，我遇见了你，一切变得不一样了。

不论是夏天还是冬天，清晨还是夜晚，变的是环境，不变的是莘莘学子刻苦学习的身影。"有光的地方，就有人读书"，这是印在古老的西联墙上的一句话，也是全体师生的骄傲。氛围是至关重要的，身处这里，看着一处处看书、背诵的师哥师姐们，就会情不自禁跟着向前，勤奋和刻苦是会传播的，会在每一个学子心中种下梦想与希望的种子。

这一切给我敲响了警钟，我苏醒过来。大学怎么会是可以慵懒度日的时期？这是最能磨炼自己、发展自己，更好地向梦想迈步的时期啊！应当以梦为马，不负韶华！感谢你给我的提醒与激励。我会凭借我的专业优势，一步一个脚印踏踏实实向自己的目标前进，成为一名合格的人民教师。

　　总有人误解你，小看你，但你毫不在意，依然安静严肃而又祥和地站在那里，为拼搏中的学子们撑起梦想的蓝天。当我看见你的第一眼，就喜欢上了你，遇见你是我的幸运，能与你相伴是我的荣幸。我不后悔选择了你，也很高兴你接纳了我。啊，曲园，今天我以你为荣，明天我也要让你因为我的成长而感到自豪！

　　此致

敬礼！

刘恬伊
2021年2月17日

作者简介

刘恬伊，女，文学院汉语言文学（师范）专业2020级学生。

今生缘
——写给曲园的一封信

亲爱的曲园：

你好！

曲园，你知道吗，佛说缘是前生修来的因果，要经几世的轮回，才得以今生相见。而我，和你，那又是经历多少次轮回，才会注定我们今世的相遇和无数个来日的陪伴。

叮……叮……叮，15秒的尖厉哨声划破天际，六张写满答案的试卷以及无数个努力的日夜将这个初出茅庐的我推到了你的面前，迎接我的是你那一向古朴典雅的校门，两面朱红的角檐微微上翘，好似飞鸟展翼落于橡头，顿时我心生几分欢喜，便在心中默念："曲园，我来了，今后请多指教。"

曲园啊，你对于我，就像是倾盖如故的老友，虽然默默无言，却始终陪伴着我，扶持着我，让我在并不平坦的人生旅途中劈风斩浪，慢慢成长。

青石红砖绿树旁的西联教室，是我和你的缘起之地，更是你带给我宝贵的精神财富之处。我最爱坐在西联教室靠近朱色木窗的一侧，让阳光斜射在书的一角，使得铅印的文字霎时泛着金光，如同海面上闪烁的金鳞，波澜起伏。曲园你知道吗，因为你，才让我更加喜爱读书。在你的身旁，我能够远离尘世喧嚣，使得心莲悄绽，静水流深，完全置身于文学世界，才能看鲁迅如何能嬉笑怒骂，闯入无物之阵。在你的陪伴下，我时常心游万仞，神思飞扬，坐在屋宇之下就可以体验南欧的微风温柔地拂面，感受地中海的骄阳热烈地照射，甚至能和梭罗一起，在瓦尔登湖垂钓，与仓央嘉措相伴，携白鹿踏雪而行……沙沙的树叶声总将我拉回现实，拉回到静静看着我伤感、悲愤、激昂、流泪的你跟前，我转头望向窗外，手轻轻地放在窗棂上，如同搭在你的宽厚肩头。倏然，一片落叶被九月的风慢慢卷落到我的桌面，我双手轻捏在指尖，细细端详叶片上道道分明的斑驳纹路，便立刻感受到你身上久经沧桑的厚重感和盛如焰火般的生命力，那是历史刻画的光辉，更是时间积淀的力量。我怎会不知道，这是你将过往写于落叶之上，寄托给秋风，悄悄地和我诉说你的故事，并且也请求我，和你畅谈我书中的风云，就这样，我们谈天说地，彼此倾诉，结下情缘。

记得又是一个洒落几点星斗的夜晚，我低着头眼泪止不住地滑落，畏难的情绪如同野草疯狂生长，肆虐整片心田。起因是我参加了一个最初大有信心的比赛，而参赛过程中却发现难度出乎意料地攀升，顿时各种忧虑拧成无数根绳，不停地拉扯着我的心脏，想要放弃中途退出，却又不甘心前段时间的努力，然而坚持比赛又毫无信心动力，一时间心力四散崩裂，士气低迷。我慢慢地走在路上，不知过了多久，最后，驻足于你的萃华园，许是你早已知晓我的心事，也可能是你我心有灵犀，当下四周无人，唯有流水潺潺。在你的轻柔安抚下，我坐在石椅上情绪逐渐恢复平静。此时虽已近深秋，却仍听得见没入草中的蛩鸣，我合上双眼，放空疲倦的大脑，感受来自你亲切的安慰和真诚的开导，时间也仿佛静止不再流动。突然，"扑通"一声，塘中鱼儿溅起的水花打破了宁静，而此时再次睁开双眼的我，眼眸中已燃起了星光，先前的颓靡之气早已淡出头脑，冲灌于胸腔的是前所未有的轻松和希望，"我怎么能没有长进呢！这次比赛绝对会战胜自己，不再后退！"后来，我想你一定看到了，那天晚上，那个肩上披着你这里独有的月光大步向前迈去的青年，你也一定听到了，在你的扶持下这个青年从心底涌出的希望和感动。

曲园，你虽未高百尺，却仍可托我手摘星辰；你虽不言不语，却仍能在我心头乐声悠悠，余音不绝。

你我今生相遇，是菩提树下，几度轮回。前途漫漫，来日方长，我们的情缘定会越结越深。曲园，未来，请多指教。

　　此致

敬礼！

李雅琪

2021 年 2 月 19 日

作者简介

李雅琪，女，文学院汉语言文学（师范）专业 2020 级学生。

致曲园的一封信

亲爱的曲园：

你好！你是否认得我？

金秋九月，硕果飘香，我伴着和畅的微风，满怀期待悄然来到了你的身旁。身在曲阜的你坐落在孔孟桑梓之邦、文化发祥之地，滋养出无数圣贤，是莘莘学子梦寐以求的地方。我很幸运可以来此陪伴着你。

金叶摇曳落满地，萃华园内泊清泉。最初使我印象深刻的是你那古朴典雅的风景。你虽没有现代人追求的大城市的繁华，但朴素古雅的气质却是其他高校不可超越的。粗壮的树干、高大的树冠，一棵树就显现了你充满历史色彩的景色。夏天托举翠绿色的伞，秋天铺成黄色的毯，一棵棵古树更增添了你的美丽。朱红色的窗棂、灰纹的墙壁与探出的树枝一起构成了一幅淡然的画面，让我不禁感受到学院书香的氛围。在你各处，随手一拍就是一片风景。

盏盏灯光点亮，丝丝诵声飘扬。世人都说在你这里的学生勤奋好学，你这里学术氛围浓厚，这果然很真实。在我细细观赏你美貌的同时，我听见了许许背书的声音，我逛了逛、望了望，发现只要有光的地方，就有人学习。路灯下、走廊内、石凳上，随处可见埋头苦学的人。尽管是在北风凛冽的寒冬，他们仍捧着书大声背诵。我默默感叹他们有如此好学之心和顽强的意志，我也想成为这样队伍里的一员，使你能够一直保持勤学乐道之风。

大碗小碟多花样，精美菜肴香满屋。当然，我也被你的美食所吸引。不仅餐厅很多，而且饭菜的美味也出乎我的意料。各种各样的菜品荟萃一堂，东南西北、全国上下的美食在你这儿都有。不管来自哪个地区的同学都可以找到家乡的味道并感受不同地方的特色美食。

妙语连珠言辞，奇思妙想思路畅。我学习汉语言文学专业，非常感谢你带给我这么多良师。我亲爱的老师们都才华横溢、文思敏捷、学识渊博。他们不会严厉死板反而幽默风趣，更像是我们的朋友，在欢乐中为我们灌输大量的知识，这样寓教于乐的方式也使我们对知识的理解更加透彻。老师们常常和我们探讨语文的奥秘，学中文有什么用，我们也逐渐理解了汉语背后的精彩，改掉了对它以前的偏见。更重要的是，老师们还教我们要有批判思维，不要固守教条，要对事物和知识抱有怀疑态度，拥有自己的见解，这是我以前所缺失的，并对我以后的学习生活有很大帮助。

  曲园，我现在真的很喜欢你。我一直想对你透露这个秘密，现在我鼓起勇气写信告诉你。起初，经历两周的军训我不太中意你，我认为你对我的感觉是严格的，不是我喜欢的类型。但毕竟"忠言逆耳利于行，良药苦口利于病"。后来，我才明白你的良苦用心，军训是对我的一次锻炼，使今后你我相互陪伴的路程更加平坦。如果我连军训都无法坚持，以后如何成为奋斗队伍中的一员呢？你说是不是？

  曲园啊！当时在高考的战场上，千军万马过独木桥，为的就是想要赢得进入你敞开大门的入场券。我和我的同龄人们赛跑着，终于挤进了分数线才可以感受到你温暖的怀抱！我知道与你在一起的来之不易，所以我倍感珍惜。我永远会谨记你对我"学而不厌，诲人不倦"的训导，与你一起追梦！

  此致

敬礼！

刘泽暖

2021年2月19日

作者简介

刘泽暖，女，文学院汉语言文学（师范）专业2020级学生。

初遇曲园，不负韶华
——写给自己的一封信

亲爱的自己：

  你好！

  不知不觉已在曲园度过不短的一段时光，而回想起与曲园的初遇，我仍觉得清晰且无比珍贵。

  初入曲园，放下行囊四处游赏，我便被它古朴的环境和浓浓的书香打动。萃华园里朱红的亭台映着新雪，西联的灯光照耀着苦读的学子，文史楼的砖墙搭配红窗，暗色调的藤蔓曲折蜿蜒，路旁的银杏高大挺拔，还有立于夜空下的孔子像，图书馆前"就道"的牌匾，掩映于绿叶中的石板小径……漫步于校园中，亭台楼阁，雕塑牌坊，每处都有故事，每处风景都透出一股雅韵，显出一种避世的安宁。曲园之景，美的不仅仅是风物，更是风韵。

  初遇曲园，打动我的不仅仅是景致，更是曲园人的精神。这是悠远历史的积淀，是一种文脉的传承。我想可能没有任何一所大学会像曲园一样，成立于乡野间，发轫于微薄处，却又筚路蓝缕，风雨兼程，以稳健扎实的脚步积淀自身，获得如今的成就；也没有任何一所大学的学生会像曲园学子一样刻苦奋斗，日复一日，在远离世俗喧嚣的环境勤思笃行，在这儒风雅韵中静心悟道，进行人生的修行。正如那尊静静矗立于飞扬大雪中的犁牛之子像，一代又一代的曲园学子不问出处，忠实地践行着"学而不厌，诲人不倦"的校训，践行着"淡泊明志，宁静致远"的人生信条。那天早课，八点钟的太阳光线越过西联暗红的窗棂照进来，映得窗边的爬山虎一片澄净的碧绿，宛若新生，讲台上，教师诵读着"关关雎鸠，在河之洲"，一种古朴的诗意竟诞生于这样一个再普通不过的早上。这使我不得不相信，一切真的是命运最好的安排。

初遇曲园，令我惊讶的还有与中学截然不同的学习和思维方式。曲园的教学方式，"不是注满一桶水，而是点燃一把火"。教师不再是督促者，而是启迪者；课堂上机械的诵读声被同学们的探讨取代，越来越多的同学站起来发出自己的声音；考试的条条框框被删除，见解的深刻独特成为新的定义标准。思维的碰撞，精神的深入几乎每时每刻都在发生。这样的氛围也使得我的内在精神世界悄然发生着变化。不仅是关于眼前的课堂，还有对未来的考量，我开始从书本中抬起头来，观望与之前全然不同的世界，开始思索未来的四年能为我带来什么，又能使我抛却什么，能让我的人生步入怎样的广阔境地中去。漫漫人生路上的每一步，从此都需要自己去抉择。或许平凡如我，也可以成为任何一种我想成为的人。这也是目前我所拥有的最接近"自由"一词的感受了。而眼下看似无人管束的生活，却恰恰需要进行清晰审慎的自我规划、严格的自我约束，这也让我更能理解"慎独"一词的含义。"人生而自由，却无所不在枷锁之中"，但也正因为有所约束，我们才能更好地体会自由带来的获得感与满足感。这一切的改变，只因曲园让我看见了无限的可能。

初遇曲园，收获无数惊喜与感动。我也很愿意相信，曲园给予我的不仅是知识，还是理想的光芒、文化的温度，是"精神的浩瀚、想象的活跃、心灵的勤奋"。我愿意倾注我的全部青春，在曲园中潜心学习，静心修行，因为我相信曲园会给我答案，我所热爱的文学会给我答案。

我们在曲园的故事还在继续上演，那么就先说到这儿吧。我们，后会有期。

此致

敬礼！

杨立杉

2021 年 1 月 31 日

作者简介

杨立杉，女，文学院汉语言文学（师范）专业 2020 级学生。

曲园初遇，我的大学印象
——写给自己的一封信

亲爱的自己：

你好！

当收到曲阜师范大学录取通知书的那一刻，我知道，我的大学生活即将开启。

并不久远的记忆里，高三老师总喜欢穿着那洗得泛黄的白衬衫，站在并不算广的讲台上不知疲倦地一遍又一遍地向我们画着未来的大饼。"上大学就轻松了，想玩儿就玩儿，想睡就睡，不会再有人管你们了。"在高三老师的叙述里，大学像是天堂，充满了自由、快乐以及满是希望的未来。当然，作为他言传身教的学生，我对即将到来的大学生活亦是这样理解。于是，曲阜师范大学蒙上了一层面纱，神秘而又动人。

大学生活可以分为几部分呢？按地点划分，莫不是餐厅、宿舍、教室、自习室及各类活动场地了。刚开学的我囿于三点一线，吃了睡，睡了吃，倒真成为那白白胖胖过年可宰的小动物了。谈起大学生活，不可不提的便是食堂的饭菜。酸甜咕咾肉、梅菜扣肉、辣汁脆炸鸡腿、炒年糕、酸菜鱼……甭管你是南方人还是北方人，你是喜爱清粥小菜还是豪华大餐，遍地美食似乎都在食堂里露了面。当然，生活的美妙并不止于此。炎热的夏季，躺在宿舍柔软的床上，吹着那凉快的空调，看着手机，啃着超市买来的冰镇西瓜，嘿，那滋味似乎真要赛过活神仙了。至于那丰富多彩的社团活动：滑板竞技、街舞表演、诗歌吟咏、志愿服务……只要你想去，你一定会找到自己喜欢的社团。

听到这些,大家会说,似乎大学生活真是美妙啊,每天轻轻松松,吃喝玩乐即可。然而,大学生活包含此却不限于此。这是大学生活的一部分,更重要的部分是学习与提升自己。大学的课时尤为漫长,而讲课的老师却不再像高中那般向你三令五申地强调重点,我们要做的便是在那冗长的听讲里找出零星考点,加以学习掌握。比起高中时老师填鸭式的教学,大学更重视的是我们的能力与自学。前文我未把教室与自习室何为谈一谈,为什么呢?在校园里,自习室并不全然等于教室。绿荫下、楼梯口、宿舍门前……只要你有一颗向学的心,大学的任何地方都能成为"自习室"。走进曲阜师范大学,影响我最深的便是学校浓厚的学习氛围,无论你漫步在曲园的哪个角落,你总能看到那些捧着书认真学习的曲园学子,他们身上所独有的向学精神,或许是我今后奋斗的目标吧。

于我,一个刚踏入大学校门的小萌新,不可否认,我对我的大学生活是期待的、渴望的,更是迷茫的。教学模式乍换的不适应,来自五湖四海舍友的习惯的不同,以及层出不穷、眼花缭乱的社团活动……我需要适应,更需要思考,我想要的大学生活究竟是何模样?我想要什么,我又在做什么。

……

快节奏的生活按照它的步调有条不紊地进行着。而我呢,是该随波逐流得过且过,还是停下脚步静静思考再出发。大概吧,也许吧,就是后者啊。我从小便认为,只要别人身上有一闪光点,是他会而你不会的,那便很值得我敬佩了。我羡慕很多人。我羡慕那些选择考研一路披荆斩棘的人,我羡慕那些每天能拿出固定时间学习不为外事所扰的人,我羡慕那些将生活安排得有条不紊每天奔走于各类活动却满脸笑容的人,我羡慕很多人。很想有一天自己不再羡慕,很想有一天变成自己羡慕的人。可以吗?我在心里问道。可以的!很喜欢这样一段话,"从前种种,譬如昨日死;今后种种,譬如今日生"。昨日的荒芜就让它随风而逝吧,大学生活刚刚开始,一切都是未知,一切充满希望。所以,去努力吧,去奋斗吧,嘿,我们可是乘风破浪的曲园人啊!让我们隐藏野心,悄悄发光,让我们活成别人眼中羡慕的模样吧。

尘心如练,长悬银钩。愿你能在未来的大学生活中发光发热,展现自己的风采。

此致

敬礼!

童安琪

2021年2月18日

作者简介

童安琪,女,文学院汉语言文学(师范)专业2020级学生。

心之初，梦之始
——写给曲园的一封信

亲爱的曲园：

你好！

转眼间我已在这里度过了一个学期，见证了你的洋洋夏日，金色秋风和银装素裹，收获了友谊，播种下梦想，此后，我还要与你携手迎接春暖花开，走过四季变换，度过四载光阴年华。在这儿，我想写下这封信，记录与你初遇的时光，留下平凡日子中的成长与点滴美好。

还未与你相遇以前，我印象中的曲阜，是有儒家思想浸润，千年文化萦绕，远离浮华喧嚣，而恰适合心灵栖居的小城。游历参观"三孔"已是小时候的事情，但深厚的孔子思想与儒家文化，却在脑海中留下记忆和尊崇，孔林的肃穆，孔府的书香，孔庙的恢宏……而曲阜师范大学更是小城中的一隅静地，在悠悠书香与宁静古朴中涵养沉淀，生发梦想与希望。入学报到的那天，第一次同你有了照面，阳光穿过叶隙，洒下阴凉，偶尔的微风裹挟着蝉鸣与簌簌叶声，是夏日青春的伴乐。林荫小道，西联古建，曲园学子朝气蓬勃的精神面貌，孜孜古训……校园古朴而儒雅的气息吸引、感染着我，这是我心中初见的曲园，绿植环绕，书香氤氲，淳朴大气却不失优雅。

相遇后的第一堂课——军训，伴随着清辉的晨曦与烈日的酷暑，唱响嘹亮的军歌，大学生活拉开了序幕。军训的这半个月，不仅考验着我们的恒心意志，培养吃苦耐劳、团结奋进精神，更给予了我坚定未来、勇于追逐梦想的初心与力量。当我做好了充足准备，满怀期待迎接军训生活时，不想还未开始训练却突发急性肠胃炎，看着其他同学列队离开，自己却掉了链子，身体难受和心中自责参半，失落与难过涌上心头。身边师姐们的关切和照顾给了我许多温暖和

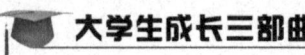

安慰，捧着一杯热粥，心中也暖意围绕。归队后的军训生活中，我始终牢记坚定与努力，从最初的三连到后来的齐步连，那段时光是我难忘与怀念的，不惧苦累，再坚持一下，再标准一些，感知着军人般的信念，我们都在向着更好的自己付出努力，这就是成长的第一步。

初入曲园感受校园美好生活的同时，同许多大一新生一样，我也有过些许迷茫和手足无措，幸运的是，这里有耐心负责的老师，有善良友好的同学朋友，有热心的食堂工作人员，也有亲切温暖的师哥师姐将自己的所有倾囊相助。还记得第一次选课时毫无经验的我，面对着系统空白页面不知如何是好，最终在两位研究生师哥的热心相助下顺利完成了选课；记得在陌生的教学楼打水却苦于没有水卡时，恰巧偶遇熟悉的师姐畅快地帮我接满了水杯；也记得在发烧喝药时来自食堂后厨的一杯热水，一声关切的问候……这是生活中细小的温暖与感动，而曾经刹那的茫然与无助，都在挥手道谢时，在微笑相接时，悄悄地消散无踪了。

大学的生活不同于以往中学时代，不再有人对我们强行约束，每个人不再沿着既定的道路前行，而有了更多的机会与自由，面对着纷繁的选择和尚且不甚清晰的未来，不免一时迷茫，心中升起些许问号：我想要成为什么样的人？大学的意义在于什么？我们为什么要读书……答案或许因人而异，但我们确实应当认真思考。因为对于每个个体来说，我们亦是一张白纸，拥有未知与无限可能，只有自己才能定义自己、勾勒出人生的画卷。读书的过程，正是涓涓细流汇成海洋，点点纤尘积就成山的过程，它对我们的意义不只是学历的提升、视野的开阔、知识的丰盈，亦是在书中不断找寻自我，知道自己想成为什么样的人，想过怎样的人生，先知而后以此为进，这才是读书最大的意义。

西联教室的一面墙壁上写着这样一句话："有光的地方，就有人读书"，漫步在曲园，这样的场景随处可见，触碰心灵。有光的地方就有蓬勃生机，就有冲破土壤、奋发向上的力量。心中不由得想起"最是书香能致远，腹有诗书气自华"这句诗，在这里，在曲园，我们身边从不缺乏勤学善思的读书人，学校沉浸积淀的儒雅风尚与文化底蕴，也在他们身上闪烁着光芒，是火炬与传承，更是希望与梦想。捧一本书，在教室一隅，在树下一角，或安静阅读，或大声朗诵，学而不厌的曲园学子，就在这里耕耘梦想，扬帆启航……

  盛夏之末，与你相遇。

  而我，也已整理好行装，就从这里出发吧。

  此致

敬礼！

尚予欣

2021年2月25日

作者简介

  尚予欣，女，文学院汉语言文学（师范）专业2020级学生。

致曲园的一封信
——风霜雨露，你我同行

亲爱的曲园：

你好！

庄子曾言："人生天地间，若白驹过隙，忽然而已。"时光荏苒，你已经走过了六十五个春秋岁月，依然巍然屹立在东方圣城——曲阜这片沃土上，风霜雨雪未曾褪去你脸上的风华，向外输送了一批又一批的优秀人才，你的历史底蕴和文化内涵也激发我内心的情感，使我慕名而来。

庚子鼠年，是不平凡的一年。正当万家灯火，喜迎新春之际，一场突如其来的疫情打破了昨日的平静，疫情保卫战在九省通衢武汉打响，洞庭波水头心寒，神州万里罩云翳。我在这一年经历了高考的洗礼，带着期许与激动选择了曲阜师范大学物理学专业。高三的苦，只有经历过的人才知道。还好我度过了这一段艰难的时光，在接到录取通知书的那一刻，我知道这一切都是值得的。

盼望着，盼望着，秋风来了，秋天的脚步又近了，一切都像刚成熟的样子，欣欣然张开了双眼，满目的硕果累累，开学的日子又近了。我终于见到了你——曲园，这个让我魂牵梦萦的地方。

初入曲园，是我与你的初次相遇，这里到处弥漫着古典的气息，你是那么的庄重，又是那么的从容。院旁的小凉亭，充满一代人回忆的西联教室，警醒学生的师道墙，还有那辛勤耕作的犁牛之子……我在萃华园，我望西联灯，漫步曲园，这里不乏美景，亦不乏在美景下学习的学生们，有光的地方，就有人在学习，在美景的映衬下，也别有一番韵味。

刚刚步入大学的我，或许有一些迷茫，但曲园带给我的，更多的是收获与成长。

在曲园里,我们大一新生是一个富有激情的群体,忙着认识新同学,忙着适应新环境,忙着参加各种面试、竞选,忙着参加各种丰富多彩的活动……

总是马不停蹄,总是那么活力四射。当然,大一也有许多的迷茫,有困惑,有想家的心情,有受挫后的无奈……但就是这么跌跌撞撞,怀抱着一个青涩的梦,青春年少的我们在曲园开始了一段新的征程。到了曲园之后,也会发现周围的同学都非常优秀,身处这样的环境中,从我们第一只脚迈进校门的时候,相信在我们的心中就有了一个宏伟的蓝图,一个关于生活、关于梦想、关于未来的蓝图。

可是事情并不像我想象的那样顺利,因为刚开学就是人称魔鬼训练的军训,在那个烈日炎炎的夏日,站军姿、左右转、走正步……那时不太成熟的自己总想逃过这魔鬼般的训练。终于军事演习如期而至,那天才发现自己的内心百感交集,才发现这短短几十天的军训教会了我坚持、勇敢和自信,那一刻,忽然间觉得自己成长了。

伴着军训的结束,开始正式上课了,学生会和各种社团也开始纳新了,这时的我再次陷入了迷茫中,选择太多,让我无法定夺,徘徊着、犹豫着,最终下定决心选择了自己喜欢的社团和学生会,积极地去面试,那一刻我明白了一个人拥有自信是多么重要,那时我才懂得,只有大胆地尝试了,才会有不一样的结果。

后来的生活开始步入正轨,上课、参加活动、和舍友们聚餐,生活不是平淡如水的,而是既有惊喜也有意外的。还记得我在曲园过的第一个生日,自己都没有记得,但是我的同学们却给了我一个惊喜,当一群人捧着蛋糕向我走来时,我的内心感动不已。从生活到学习,曲园一直陪着我们度过不一样的春秋岁月。

因为年少,因为青春,因为不甘于现状,所以去追寻自己的目标,不管前方是什么,都要披荆斩棘。我们的青春需要张扬,而不是肆意挥霍,我们需要竭尽自己的努力,去到达我们向往的高度,去给曲园增添一抹不一样的色彩。

是你,让我懂得了坚持;是你,让我学会了自信;也是你,让我收获了友谊。

这一路上,你见证了我的成长,从懵懂无知到壮志满怀。感谢你长久的陪伴!

愿曲园学府,盛世华章,芳华永驻,再创辉煌!

此致

敬礼!

宋书彦

2021 年 2 月 24 日

作者简介

宋书彦,男,物理工程学院物理学(师范)专业 2020 级学生。

你好曲园,让我们一同成长!

亲爱的曲园学子:

你们好!

在这里想和大家分享我的曲园成长经历。时光荏苒,岁月流金,转眼间一个学期已过去。几个月的时光,既美好又充足。此时,感慨在心中油然而生,你好曲园,愿我们一同成长!

刚入曲园门,印象最深的是师哥师姐为我们这些刚到的师弟师妹带路,扛行李上楼。他们身上的地院院服早已成了深绿色,脸颊两边通红。我将从家乡带来的苹果、橘子之类的水果塞给他们。他们却连忙摆手说:谢谢师妹!满含笑意地下了楼,去迎接下一个到来的行李。

军训期间,盘腿坐着休息时,认识了几个聊得来的朋友,算是"偷闲"得来的欢乐。军训过后,迎来了班干部竞选。我报了名,填了资料,请教了师姐,班干部需要做什么等一些问题,便开始埋头准备我的竞选稿子。

当天的演讲,进行得很顺利。我作为第一个出场的人,算是开了个好头。接二连三的竞选演讲,我认真听。在我看来,我的演讲比高中参加演讲比赛时要好得多,讲述了我从小学到初中再到高中,担任班干部时是如何尽职尽责,自认为颇具有感染力,又情感丰富。然而,投票结果出乎意料,我失败了。

起初,我将失败的大部分原因归结为演讲顺序。我是第一个上台演讲的人,在经过一个多小时的演讲后,大家已不记得我具体说了什么。后来,当我再仔细思考这件事情,我想到更多的原因是在军训期间没有让大家从行动上认可我。相比竞选上的班长、团支部书记等,他们的确为同学们忙碌很多、付出很多。即便他们不做演讲,又有谁能看不到他们的辛苦呢?于是,我学习到:行动永远比言语更具有说服力!

毕竟失败了,难免心中沮丧。与家人谈论这件事,他们说:"谁能没经历几次失败呢,以后的路还很长,需要你慢慢地走。"从小到大认认真真准备的事情,或许都算得上顺利。然而长大才发现,失败的现实或许不免要经历许多许多次，即便你也向着成功努力了。所以成长教会我们，失败后一定还要说上一句："没关系，我们再来！"

几周紧张而忙碌的学习后，学校"百团大战"开始了。我报名参加了校新媒体中心与太阳之声社团，两个由衷喜欢的事情——拍照与播音。毛主席说过："不打无准备之仗。"于是，我开始认认真真地做着准备，在B站和抖音学习拍照方法，学着抠图、调色彩，上交自己的作品；了解发音知识，不断练习发声。经过几轮面试，成功进入了新媒体中心，但在太阳之声二轮面试时被刷了下来。我在心里说："没关系！你只管努力，纵使没成功，便也没有什么可遗憾的了。"

在新媒体中心，任务忙的时候，修图修到眼睛近乎辨认不出色彩，需得闭上眼睛休息片刻才能继续做图。可是最后的成品，和师姐们相比，却仍是相差甚远。或许，当爱好变成工作的时候，你需要重新去审视它于你的意义，到底是不是你所喜爱。当它变得有些麻烦，搞不懂，你时而感觉陷入困境，期望和现实存在落差。而当你学会义无反顾，克服困难，继续下去的时候，往往会有大的进步。此时便懂得，坚持的意义。这便是成长！

当我第一次看着那九张从被拍下到调好色的成图时，感觉有韵味了，瞬间满足感爆棚，开心与喜悦之间，我迎来了最初的感动。果然，不负热爱，热爱也将不负于你。它就如同生活，满怀热爱启程，路上一定会有大大小小的惊喜等着你。你只管大踏步往前走！

现在回首在曲园漫步过的时光，感谢许多人，感谢许多事，也感谢自己的努力与坚持、收获与成长。未来的路已启程，漫漫长途，需摸索前行，和自己说一句：奥利给！接着一步一个脚印地走下去吧。曲园，愿我们一同成长！

祝学子们：

希君生羽翼，一化北冥鱼！

此致

敬礼！

李贺
2021年2月21日

作者简介

李贺，女，地理与旅游学院地理科学（师范）专业2020级学生。

曲园杂谈
——致未来曲园学子的一封信

师弟师妹们：

你们好！

我是陈荟璇，来自教育学院教育学专业。这段文字记录了我的旅途，请同我一起感受我心中的曲园。

虽说是济宁人，但那是我第一次去曲阜。

曲阜真的是一座低调、平静的小城，不像大城市那样现代又时尚，川流不息且高楼林立，没有过多的娱乐设施，就连旅游景点都蕴含着浓厚的文化底蕴。在这样一座古城里，我与它邂逅了。

她就好像一位清秀又温柔的城镇妇女，不用化妆，也没用华贵的饰品修饰，自然朴素、干干净净地站在那里，以微笑回应路人的招呼。我想，和她在一起很容易静下心来，远离喧嚣和浮躁。

起初，我对即将开始的未知生活充满了好奇，经过这半个学期的"摸爬滚打"，现在我可以毫不夸张地说，我"恋爱"了——我真真切切地爱上了这所学校，从学习到生活，从现实到梦想。

大学的课堂自由度很高，老师不仅仅是将课本上的内容填塞到学生脑子里。在教育概论课上，老师热衷于提出现存的学校教育问题，并让我们经过小组讨论商议解决方案。在普通心理学课上，我们对比各种心理学家的研究成果，还相互分析自己属于哪个气质类型。课前我们认真准备，课上主动展示，有时还大胆地质疑老师的观点。

大学老师最吸引人的地方，就是他们的经历。我的思绪曾跟着专业课老师到过上海、广州、汕头、美国、日本等地，在20和21世纪间来回穿梭，学习不同文化，了解奇闻逸事。他们不单单是老师、教授，更像是一本本行走的书，有着大气的精装封面和充满冒险与乐趣的故事内容，令人陶醉，不得不爱。

曲园的一山一水,一草一木,一物一人都值得被喜爱。

教餐的石锅饭、二餐的黑椒拌面、西公寓旁的烤蜜薯等都是曲园特色美食,品相优秀,香味扑鼻,让人直呼"人生难得几回闻"啊!

食堂大叔、宿管阿姨、小吃摊摊主、外卖小哥等人都操着一口济宁方言,直言直语、豪爽大方,不拘泥于平翘舌,让我感觉很亲切。

小溪潺潺的萃华园树木成荫,西联教室书声琅琅,晚上灯光篮球场传来广场舞歌曲,强身健体、提神醒脑……曲园在一个小小的城市,展现自己夺目的光彩,它的美丽和内涵是我三言两语说不尽的。

今年是2021年,是我与曲园相会的第一个年头。渐渐地,学校越走越小,越过越熟,越来越珍惜。想到能在这里度过大学四年,我感到无比荣幸。

如果你想充实自己、提升自己,就来曲园看看,在杏坛筑就自己的梦想。未来的一切都是未知的,不必过分忧虑,也不要过度伤感,只需相信自己,砥砺奋斗,脚踏实地骄傲地向前走吧。

夜晚的曲园总是神秘又宁静,我也会时不时地在校园里走走,仿佛穿行于知识与文化的殿堂,洗礼思想净化灵魂。站在大成路的女贞树下眺望,我总能清晰地听到习习的晚风拂过树叶的沙沙声,像是绿叶在为月亮轻舞伴乐。不远处,曲园南大门的灯光和月光交汇,更凸显它的古典与庄严,不禁让人想起曲园的变迁。

月朗星稀,我已渐渐感受不到晚风的凉意,明日太阳又将睁开睡梦中的双眼,照耀着曲园的美丽。

乍暖还寒,幸乞珍重,希望你们对生活多一点欣喜与向往。

此致

敬礼!

陈荟璇
2021年2月10日

作者简介

陈荟璇,女,教育学院教育学(师范)专业2020级学生。

曲园，"缘"来，你也在这儿
——致曲园的一封信

曲园：

　　你好！

　　大一的我，刚迈入曲园这片新的沃土，就遇到了很多令我印象深刻的人或事，不过，毫无意外，这些都围绕"曲园"展开，所以我想将这封信写给曲园。

　　曲园见证了我的"迷茫与忙"。初入大学，我和大多数大一新生一样面临着"迷茫"，并伴随着不知名的"忙"。因为高考这一曾经贯串我过去时光的大目标突然结束了，而大学又面临着各种的可能。有各种新奇的社团、崭新的环境、新鲜的活动和朋友……具体来讲，入学初，我参加了各种面试。有竞选班委的，有竞选学生会的，有竞选社团的，还有小型的知识竞赛……但我主要是希望在大学里提高自己的各种能力，努力达到自己的预期。现在来看，我当时参加的有些活动是盲目的或者不合适的。但是，通过这些面试和活动，我也锻炼了自己的表达能力、与人沟通的能力……所以，总体上来讲，我还是很感谢当时那个敢于尝试和勇敢的自己。在这个"迷茫"与"忙"的过程中，我有小小的成功，也有一些错误。通过各种尝试和反思，我渐渐清楚自己的目标和方向。而现在的我也逐渐明白了"迷茫困顿的唯一出路，是把每一天活扎实"这句话。

　　尼采曾说："人之所以伟大，乃在于他是桥梁而不是目的。"

　　我与"哲学"在曲园相遇。起初，"哲学"最令我感兴趣的是那些伟大的哲学家的"语言"。虽然哲学的许多问题从表面上看极为深奥抽象，但是"哲学"的语言是美的、严密的、深刻的、沉思的……哲学家们运用语言来向我们诠释他们的观点和想法，披露他们所处的时代面貌。我惊讶于他们通过语言来表达他们的思想，惊讶于他们笔下语言的力量，惊喜于他们的语言背后的哲思，惊异于与他们思想的碰撞和"共鸣"。渐渐地，我体悟到了哲学家们的思想，逐

渐打开了自己的视野。哲学的世界是浩瀚而又广阔的，正如每一位哲学家面临的包罗万象的时代。而我希望自己能如尼采所言，去逐渐克服自己，进而成为"自己"。我想，在哲学的带领下，我会慢慢地探寻真实的"自我"，也会慢慢地理解这个新的时代。我很感谢曲园，让我与哲学在此邂逅，使我能够领略到哲学家们思想的神奇。我也感谢曲园让我能够以"哲学"的视角去体认生活、体认世界。

曲园因曲园人而风骨长存。曲园的老师们亲和而又负责，曲园的师哥师姐也亲切而又乐于助人。辅导员总是谆谆教诲，在潜移默化中陪我们成长。师哥师姐也会给予我们很多衷心的建议。在此分享一个很暖心的小故事，就是在开学初，我还没有办水卡。我在图书馆读书的时候，因为口渴就买了瓶矿泉水。没想到，邻桌的师姐看我喝凉水，就把她的水卡借给我用。当时刚入大学校园，对于我来说，一切都是很陌生的。邻桌的师姐我也不认识。但她却因为水凉就把水卡借给了我。当时的我真的特别感动和暖心，以至于现在我还记着这件小事。就是这件小事，让我觉得曲园人是很温暖的。曲园或许也是个非常温暖的地方。

《绿山墙的安妮》中有言："年轻的心还没有飘过太多的阴云，有的只是白云朵朵，彩虹条条。"

我在曲园静待花开、沉淀成长。回顾过去的一学期，我逐渐明晰了自己的方向和自己想做的事。虽然，现在的我还有很多的缺点，但是我会争取努力克服。我将在曲园继续完善自己，努力成长。感谢曲园，"缘"来，你也在这儿……

此致

敬礼！

刘业旺
2021年2月13日

作者简介

刘业旺，女，政治与公共管理学院哲学专业2020级学生。

被曲园唤醒的细胞
——致曲园的一封信

曲园：

  你好！

  时光融金，岁月铅华，又是一年盛夏。作为政治与公共管理学院的新生，伴着夏夜的蝉鸣，我与你初次邂逅。

  打开手机的相册，看着那团四千多人组成的浓密的绿色，竟不敢相信自己真的曾着一身绿衣，在九点半开完会后走回宿舍的路上，半夜熬出浓重的黑眼圈只为让那"豆腐块"更有棱角一些。然后在早上的五点二十起床迎接每天一次的晨检，顶着烈日在绿草地上度过了一天又一天。以至于在军训结束时竟不敢欢呼，只因这太似梦一场。梦醒后，我该去哪儿？我该如何出发？

  时光融金，岁月铅华，这是一年晚秋。我走在金叶满地的路上，却感受不到古人的萧瑟与凄凉，只因沿途风景略暖、身边之人太美。

  潮声文学社、电脑网络协会社、银杏诗社、黄海影视社……日月广场红幅招展，一张张生动而鲜活的面孔闯进我的眼帘。这是我高中梦寐以求的爱好自由，是我曾无数次奋斗的理由。兴趣细胞缓缓舒展……在诗联社，见过一名同学写的诗篇——《同诸君》：

    忙过了最忙的忙
    一同见证过曲园巳时的时光
    已是华灯初上
    心疾操劳但又笑靥绽放

灯火通明，长街之上

努力的车辙驶向前方

时光漂流

青春的梦想闪过金光

爱情迷茫

再到不了那远方

这一无所有的地方

有着你们陪我流浪

正是因此

我们笑对未来，不再恐慌

关于秋天，我最多的记忆仍是着一身黑色外衣，戴着喜欢的眼镜，坐在湖边的石椅上，散漫地翻着纸页，听书声与落叶纠缠。

时光融金，岁月铅华，这是一年寒冬。冬天日照的天气依旧如夏日那般不饶人。上完晚课后昏黄的灯光下是一个个被羽绒服裹紧的身影。

我去看了"12·9环校跑"。这场比赛不像高中举办的活动那样大张旗鼓，尽人皆知。感兴趣的同学就来，比赛没有那么多的铺垫，打了枪就跑，一棒接着一棒。我知他们紧张得不得了，但也看到他们的明媚笑容，那样的笑，只能是源于心底的热爱；我也参加了辩论赛，也是一个寒冬的夜晚，我败兴而归，没有发挥好。但人生哪有那么多成败，尽兴便好。

参加了院里的读书交流会。本身并不是奔着得奖去，只是想把自己的观点、看法分享给其他人听，希求可以博得一丝思想共鸣。后来竟过了班里的评选，晚上微信上收到来自老师的肯定。幸福感支撑着我，让我一页又一页地修改着自己的读书笔记，不觉疲惫。最后院里展示的结果，终是达到了对自己的期待。

在日照时，只觉日照冬天太冷，泰安的冬天不太有风，盼着回到泰安，回到不太有校规校纪的地方。可嘴上强硬着，我分明看到躺在床上的自己怀念起大一生活时嘴角上扬的样子，看到离开学还有两个星期、寒假才过半时我就兴奋地在购置开学物品。曲园，就是一个嘴上再怎么不想承认但就是充满着无数的魔力的地方，它吸引着一代又一代的犁牛之子，为它而歌唱。

时光融金，岁月铅华，这是一年初春。绿意还不明显，我的细胞也在曲园慢慢伸展……

曲园，春意未浓，我还要和你书写无尽的浪漫。

此致

敬礼！

孙乐驰

2021 年 2 月 2 日

作者简介

孙乐驰，女，政治与公共管理学院哲学专业 2020 级学生。

致曲园的一封信

亲爱的曲园:

你好!

刚进入大学的场景仿佛就在昨天,但是现在,我已经度过了半年的时光,而这半年我经历了很多,也有很多的收获。接下来,我想和你谈一谈我这半年一些难忘的经历。

煎熬但难忘的军训

我的身体素质并不是很好,因此参加军训对我来说内心是充满恐惧的。这中间也确实出现了很多的情况,比如因为训练,我的脚掌磨破了,那时候走路感觉都很费劲,一走脚就很疼。不过,这并不是放弃的理由,我仍旧在坚持训练,并且参加了军训拔河比赛。本身就很难受再加上拔河要训练,自己确实是受不了了,但我想的就是一定要突破自己,因此精神上的支持克服了身体上的疲惫,在拔河比赛我们学院获得了三等奖,而且也圆满完成了军训的相关任务。只有坚持到了最后成功的那一刻,才能明白自己的一切努力都不是白费的,都是有意义有价值的。

竞选班委

在高中我是同时兼任两科的课代表,因此在大学我也想尝试成为一名班委,为同学和班级服务,也能不断提高自己的能力。不过,我性格是有些内向的,对上台讲话也是有些打怵。所以，还是要挑战自己。虽然到现在我也不明白自己到底怎么完成的这个过程，但是我居然成为纪律委员，这让我意想不到。之后呢，我就在做自己应该做的工作，但是我的性格和这个工作的要求还是有很大的差距，因此一开始我也是一步步学习一步步改进自己的工作方式。虽然做得不够好但还是要认真干，因为我不能辜负老师、师哥师姐和同学们的期望。我觉得自己的压力更大了，但时刻清楚自己必须要负责任，该做的就一定要尽力去做好。

竞选学生会成员

竞选班委成功了，我还想尝试竞选学生会成员。其实一开始我也是很迷茫的，不知道自己应不应该竞选，我也因此错过了上交竞选表的时间。不过，辅导员老师和师哥师姐一直在鼓励我让我参加，我思前想后终于决定参加竞选。当时已经晚上九点多了吧，我冲到园区内的复印店，但人太多了，我便又拼尽全力冲到园区外找了一家复印店，然后冲回宿舍抓紧时间填表，同时决定加入纪检部，我也联系了一个师姐，没想到获得了参加竞选的机会。我更没想到的是量化部的部长居然邀请我加入量化部，我当时真的不知道该说什么了，就是很感动。我最后加入了量化部，成为其中的一员。很感谢老师和师哥师姐，没有他们的指导我可能一直会很迷茫，在他们的支持和帮助下我的大学生活也变得更加丰富多彩了，万分感谢。

读书报告会

当时我们组是让我讲，我对自己没什么信心。就我，面对很多人的时候连话都说不利索，还要讲读书报告？不过既然是我讲那我就要认真准备的，即便结果是必败我也要拼一把。我讲的是《乡土中国》，初赛在班里举办，我本来想着重讲前三章但是里面有一个问题我一直都没弄明白，因此考虑半天决定放弃讲这一点。我就一直在宿舍对着电脑练习自己讲的状态，差不多有八遍，还不包括睡觉前心里默念，一直到最后感觉闭着眼都能把哪一页有什么、该讲什么都记得很清晰，因此我在初赛取得了第三名。决赛前我也是按照初赛的状态练习，最后取得了第六名的成绩。这一过程离不开组内其他同学的支持，无论是PPT还是一些演讲的方法等都给了我很大启发。同时，我也看到其他组同学的优点，也认识到了自己的不足，对未来的学习也有了更明确的认识。我认为最后的奖励不是关键，更重要的还是自己的突破和对团队精神新的认识。

总　结

总之，在这半年我认识了很多朋友，也遇到了很多优秀的老师，他们都给了我很大的帮助。这半年可以说充满跌宕起伏，但该做的也都顺利完成了。在大学的路还很长，我会继续努力，为实现自己的目标价值坚持下去。

　　此致

敬礼！

宋佳俊
2021年2月15日

宋佳俊，男，政治与公共管理学院政治学与行政学专业2020级学生。

我与我的曲园生涯
——成长回忆录

亲爱的翟名波同学：

你好！

时光荏苒，转眼间，你已经度过了一整学期的大学时光。来到曲园的这半年，收获了许多的惊喜，现在想想，若再回到那个夏天，你也一定会毫不犹豫地选择来到曲阜师范大学。

在生活中，大学的校园生活是丰富多彩的，刚进校门时，你就了解到了五花八门的社团，你能够根据自己的性格爱好参加。你也用心参加了义工、弘道宣讲团、边缘文学社等社团，参加了一些活动，都十分惊喜也很开心。你还如愿以偿地加入院学生会，在宣传部开心地工作、成长，最大的收获就是让你的身心时刻保持愉快，能够认识新的同学，开阔自己的视野，学习别人的长处。同时，你还参加过社会实践活动，这些活动都极大地丰富了你的生活，更能理解父母辛苦供你上大学的艰难。如果说大学生活给了你什么的话，那就是友谊和经历。大学生活让你有了许多新的朋友，大学经历也让你成长了很多，能够从多种角度思考问题。为以后的漫长人生路做好铺垫。

在思想上，你经历了很大的转变。高中时期是为了准备高考，而进入大学，就进入了一个自由的天地，你务必有高度的自我约束力，做到自律、自学、自省。你从一开始的散漫自由渐渐转变为自律、自学。在思想上端正态度，树立人生目标、学习目标。

在工作上，你担任班级心理委员，你会努力配合班干部把班里的工作做好，有需要你帮忙的地方你也会竭尽全力。大学校园就是一个大家庭。在这个大家庭中，你们扮演着被培养对象的主角。老师是你们的长辈，所以你对他们尊敬

有加；师哥师姐是你们的前辈，于是你们都会认真向师哥师姐学习，努力成长；同学们就像兄弟姐妹，你们一起学习，一起娱乐，互帮互助，和睦相处。生活使你懂得了要主动去体谅别人和关心别人，也使你变得更加坚强和独立。你觉得自己的事情就应由自己负责，遇到事情要冷静思考，不要急躁。不轻易地承诺，承诺了就要努力去兑现。努力才能获得收获，一切都应该是自己去争取，生活也需要自己来勾画，不一样的方式就有不一样的人生。

你觉得大学是由孩子到成人的过渡，也是对社会的提前适应，大学不单纯是学习的地方，从一定程度上来说，是你自身多种能力的准备阶段，除了学习，要会做人做事，更确切来说，你对大学的感悟是，在这个过程中你们要经历很多，面对很多家庭、爱情、未来的事业、自己的生活圈等问题，每一个问题都是你们以前考虑不多的，对于家庭，你们怎样从父母对自己的关怀照顾到自己对他们的关怀照顾，即为孝；爱情，你们怎样承担起两个人甚至以后的责任；对于事业，你们怎样完善自己让自己更容易适应这个社会，要学会做人、说话、办事，为自己的未来搭建桥梁，这都是你们要学习的，不过最重要的是提升自己的才能，获得成长。

在曲园的半年，无比惊喜，在曲园剩下的三年半，你也一定会好好珍惜，努力提升自己，做到不后悔，不留青春遗憾。

此致

敬礼！

翟名波
2021年2月24日

作者简介

翟名波，女，政治与公共管理学院哲学专业2020级学生。

春华秋实，初见曲园很美好
——写给我所见美好的一封信

美丽的曲园：

你好！

见惯了低层建筑，初见曲园时，栋栋高楼林立，红色刺激着我的瞳孔，让我觉得美好。

"美好"一词的定义，是那种一见则喜欢的欣喜，是那种让人觉得发自内心的愉悦开心，我见到曲园时，就是这样一种心情。到达曲园时，师哥师姐扛着旗帜带我们"游园"，我了解曲园的全貌，也是在那时。

当时的曲园，树叶依旧绿意悠悠，还有让人能够感觉到温度的柏油马路，我提前了解过曲园的历史，我虽然还没有见过曲阜的古色古香，却有幸得见了日照校区的美。

我们步行走过还带有着些许秋季温度的柏油马路，四旁都是红色油漆刷过的教学楼，不同于我们高中那般的红黄相间，红色的教学楼弥漫着安心学习的氛围，那一刻我想，我梦寐以求的大学，竟然这样让人安心，我想曲园学子应当立志高远一些，方才不辜负这一方净土。

我们走过的地方，经过了庞大的东操场，让我印象深刻的就是"蜿蜒曲折"的"S"楼，据师哥师姐们说，"S"楼从上往下看，是一个大大的"S"形状，有时候很容易在这里迷路，我当时还觉得不可思议，直到我在曲园生活了一个多月以后，第一次从"S"楼出来以后迷了路，四周无人，路灯也算明亮，却也依旧让人心底有些发毛，当然这都是后话了。原来"S"楼还挺神秘！后来还看到了西操场，那里有人在打篮球，三步上篮，手里夺球，眼花缭乱……

这就是我即将要开启新生活的曲园，树木清秀，草木荣枯，我都将一一见证。

后来，银杏叶开始落了。

中午放学以后，我会徒步走过我们军训过的那方土地，满路银杏叶，还有几方石头供给学生落脚，石头的纹路清晰，触感光滑，再铺上一层金黄，我情不自禁地拿出了相机，记录下这一幕。

瑟瑟的秋风拂过，卷走地上的几片枯叶，刚刚脱离树枝的银杏叶被带往陌生的天地，零星时，略显孤单。有些银杏叶落在石子路上，被来来往往的人踩碎了翅膀，没入泥土。我走着，一时竟舍不得去踩踏这些银杏叶，我想到，它们也曾是银杏树的骄傲，高挂枝头，睥睨众生，却甘愿零落成泥，护着银杏树的成长。我想到了龚自珍的诗句："落红不是无情物，化作春泥更护花。"

再后来，日照曲园迎来第一场大雪。

日照的雪不像家乡的雪那样既温柔又飘洒，日照的雪，可以说有些"残暴"，在大风的吹拂下，刮的人脸上生疼，却让漫天飞雪，落在所有地方，挂满雪白，天地苍茫，让人觉得，人间的美好与值得。雪后的曲园，更美。不知是谁在雪地里堆起了雪人，戴了帽子，安装了鼻子，十分美丽，冬日里依旧透露着绿色的树叶满是树挂，给树木穿了一层冬衣，多年不曾见过的美丽景色，跃然眼前。我拿出相机记录了这一幕，并且发在QQ空间和朋友圈里，获得了好友的点赞。有幸，我也在别人的朋友圈里看到了本该是我拍下的雪景图，关上手机，满脸笑意。

我想这就是曲园，不需要刻意去雕饰什么，它就是那么美，只要站在那里，我就能联想到这世界上最美好的东西，可是最后才发现，最美的东西不是别的，正是我们美丽的曲园。

此致

敬礼！

张羽琴

2021年2月15日

作者简介

张羽琴，女，政治与公共管理学院政治学与行政学专业2020级学生。

朝夕曲园

亲爱的曲园：

你好！

2020年9月20日，我第一次迈入曲阜师范大学的校门，红墙绿树、恬雅别致是你给我的初印象。初秋午后的阳光舒服得让人犯困，安置好行装我便和新认识的同学在校园闲逛，迫不及待地想窥探我心心念念的"象牙塔"生活。微风和煦，在湖畔，在树荫下，在假山旁，甚至是在楼前席地而坐，曲园学子孜孜不倦的身影给了我最大的震撼。"有光的地方，就有人读书"，此刻，我眼中的曲园是一位不谙世事的温婉女子，知书达理，袅袅娜娜，在这僻静的海边小城守着一份寂寞，潜心修炼。

军训生活不可不谓热火朝天。"流血流汗不流泪，掉皮掉肉不掉队"，这是军训教官第一天告诉我们的。但说起来容易做起来难，军训时热浪侵袭，迷彩服不透气，后背已经湿了一片；作训鞋不仅磨脚，鞋底还硬得难受；额头上的汗珠流到眼睛里酸痒难耐；为了检查内务能顺利通过，早上四点半就要艰难起床……一桩桩一件件都让我们这些蜜罐里成长起来的孩子叫苦连天、抱怨连连，最初的我对军训也是抱着抵触态度，怕苦、怕累、怕自己受不了。我的态度转变是从学唱军歌开始的，"听吧新征程号角吹响，强军目标召唤在前方，国要强我们就要担当……"连队里所有人都扯起嗓子去喊这首歌，即便是身形娇弱的女生也喊得脖子上青筋暴起，可能大家唱的音调并不准确，但嘹亮的和声带来的势如破竹的感觉刹那间攻破了我的心理防线，眼泪在我的眼眶里打转。这种集体责任感、集体荣誉感让我对身边的同学、对曲园有了更深切的认识，我发现原来我的同学都在"忍"，师哥师姐在"帮"，我的学校也在默默地"扛"：烈日当头下的半小时军姿，没有一个人打退堂鼓；千里迢迢来求学的女生因为想家在队列里强忍泪水,但没有举手打报告;教官会让我们背对着太阳训练,在队列里到处巡视不是为了"挑刺",而是在找不舒服的同学;师哥师姐在不远处的帐篷里给我们倒水、服务……我又想起了同学们五花八门的自我介绍,想起了阳光会场同学们自发的灯光秀,想起了校徽石前的"萃华月,西联灯"。此刻,我眼中的曲园是这样的青年,蓬勃开朗又柔情阳刚,或者,我可以把曲园比作一个和谐的大家庭,温暖人心。

步入正式的学习轨道,我每日在校园里穿梭。大学的学习模式确实让我摸不着头脑,老师在课堂上天马行空,思维十分开阔,课本反而不是必需品,生活和实践成了主角。"成为有思想的人而不是记录思想的人",老师为了培养我们洞悉世事的能力,每节课都让我们分析身边的不寻常之事,并鼓励同学上台解析知识点,如此开放的课堂和学习方式的确让新来的我们一头雾水。但恰恰是这种"散养"教学,迫使我学会了去图书馆查文献资料,迫使我和更多的人去交流,迫使我上台展示自己的学习成果。我掌握了更多除了知识以外更宝贵的东西。能够为我学习提供动力的,更多的是孜孜不倦的师哥师姐,图书馆内一座难求,走廊里处处是读书声,自习室里满是笔尖摩挲纸页的沙沙声,我想这就是"学而不厌,诲人不倦"能够名满齐鲁的原因吧。

"木铎金声,春华秋实。"如今我成了曲园新一代的犁牛之子,我愿在厚重的历史积淀里,在向前奔跑的青春活力里,在"忘却一身济苍生"的博大胸怀里,迎着朝阳,为国为民贡献力量。

此致
敬礼!

朱占祥

2021年2月7日

作者简介

朱占祥,男,政治与公共管理学院政治学与行政学专业2020级学生。

致曲园的一封信

亲爱的曲园：

你好！

萃华月，西联灯，春风杏坛。夏风飒飒，池水潺潺，成了我作为犁牛之子初见这诗意曲园的唯美印象。

记得那时间，正如林语堂先生所言之秋天的况味，盛夏刚过，暑气初消，月正圆，蟹正肥，桂花皎洁，也未陷入凛冽萧瑟气态，那时的温和，如烟上的红灰，只是一股熏熟的温香罢了。也是巧吧，我到达时亦是黄昏。热情的师哥师姐熟练地为我办理好入校各项事宜，师哥们争过行李便将我领至宿舍帮忙安顿，并告诉我这是学院的传统。代代犁牛之子相互帮助，届届传承的情谊，初来乍到的我心间顿时漾起一股暖流。

处暑时节，炎炎烈日，全体2020级曲园学子身着戎装，开始了初入曲园的第一门课——军训。如初升朝阳，乳虎啸谷，尽显中华儿女之方刚血气；吾后浪之辈身似山河脊梁，心如玉壶冰高洁，愿乘长风破万浪。军训八大方阵，各显神通。我努力通过选拔进入棍术方阵，深感受益匪浅。很累、很苦、很热、很渴。全程下来着实有锻自烈火、履过薄冰之感。但这段经历却锻炼了自身的毅力，结交到很多优秀的朋友，同时最后的会演深深体会到了何为团结一心，何为集体主义精神，全体队员训练有素，一起冲锋，杀声震天。我们整齐划一地操练，一招一式，身似劲松。那一刻，满怀成就感、荣誉感，畅快淋漓。

进入曲园这个全新的学府，便是我新的修习生活的开始。哲学专业，有其自己的专业特点，故我应当主动思考，以笔为刀，与书为伍。由于刚刚接触这门专业，自身对它的了解本就少且浅显，所以除了课上认真学习专业课老师的授课，课下也要进行自主学习。正所谓哲学中所言之"爱智"，我喜欢读书，提升境界，充盈灵魂。

新的校园、新的老师、新的同学给我带来了一种新的感觉，并且这种感觉是独一无二的。咱们的校园总是充满着欢声笑语；咱们的校园，总是洋溢着悦耳的歌声；咱们的校园，总是展现着动人的舞姿；咱们的校园，到处都在传播着一种正能量、一种积极向上！奋斗、拼搏的无限追求，咱们的校园，丰富多彩！我们的大学，就像是一个展现自我的大舞台，它为你提供充分的机会。在这里，你就会充满着激情，怀揣着梦想；在我心里，这儿真是个好地方。在这里，我可以播下属于自己的种子，并努力奋斗去实现它；在这里，我将要展开自己的平台，亮出自己的风采。因为在这里，我看到了德才兼备的教师、公正严明的校风，还有刻苦耐劳、全心全意为学生们服务的学生会。来到这里，是我正确的选择。

河出伏流，一泻汪洋；潜龙腾渊，鳞爪飞扬。乳虎啸谷，百兽震惶。鹰隼试翼，风尘吸张。奇花初胎，矞矞皇皇。干将发硎，有作其芒。天戴其苍，地履其黄。纵有千古，横有八荒。前途似海，来日方长。美哉我少年中国，与天不老。在未来三年里，我将怀着新的希望，踏上新的征程，享受学习的快乐，珍惜来之不易的机会。不是一切歌声都只掠过耳旁，而不留在心上。我抱着这一信念去尝试、去奋斗，拉近自己与理想的距离，使它不再遥远。

自盛夏至今冬去春来，不觉之间已过半载。在曲园的日子，收获了许多知识，遇见了很多温暖的人。回想心怀一股温煦的热气，当心怀希望，继续前进。

此致
敬礼！

陈嘉程
2021 年 2 月 12 日

作者简介

陈嘉程，男，政治与公共管理学院哲学专业2020级学生。

我们的最美相遇

致曲园国旗护卫队的一封信

亲爱的国旗护卫队：

  你好！

  记得初次见你，是军训场上教官严厉的教导；是烈日下学生滴滴的汗水；是休息时教官幽默的话语；是检阅时连队出色的表演……

  教官飒爽的英姿，对我们日常的关心让我对这个"神秘"的组织充满了好奇。对国旗的那份热爱，以及对成为一名军人的渴望更是推动我在报名表上写下自己的名字。当军训结束，我还有机会再穿上那身迷彩；当傍晚时分，我还有机会观看完整的降旗仪式；当上课路上，我还有热情注视飘扬的五星红旗，我告诉自己，"国旗护卫队"，你的热爱，你，必须留下来。军训第一天，一个半小时的军姿我坚持下来了，即使汗流浃背，阳光刺眼，身体疲惫，但我内心依然是欢乐的。面对他人的不理解，浑身的疼痛，也只有自己心底的那份热爱支撑着自己。一路的坚持，终于在某一天得到回报，我正式成为曲阜师范大学国旗护卫队的一员，所有的激动都化作热泪盈眶。做护卫国旗的钢铁战士更是让我铭记于心。

  进入这个我满怀期待的地方，我的生活变得更加充实，在这里我见过凌晨安静的曲园，感受过离家千里之外的温暖，感受到了朋友之间真诚的友谊，在这里，我可以尽情地展示自己，把我放心地交给这里的每一个人。有福同享，有难同当，在这里得到了很好的诠释。烈日下我们一起训练，享受着踢正步的快乐，一个月的集训，我们有着共同的目标，只为完美地完成12月9日升旗任务（我们的第一次大型升旗任务），在那一个月里，我们每个人都拼尽全力，只为能够早点交接礼服。国旗是国家的象征，国旗卫士护卫国旗是他的使命与担当。他们的那一身军装，帽徽代表的是荣誉，肩章代表的是责任，臂章代表的是奉献，领花代表的是泥泞，胸标代表的是承诺。即使升旗无一人观看，我们依然倍感骄傲，因为这就是我们的责任。

师哥常常告诉我们："在无人问津的地方训练，在万众瞩目的地方出现。"简简单单的二十个字，却是对我们最好的描述。从此我爱上了那身橄榄绿，神圣、庄严、不可侵犯。背后的付出，所有的一切，在红旗展开那一刻都化作热泪盈眶。不需要你认识我，不渴望你知道我。一日国旗护卫队人，终生国旗护卫队魂。国旗护卫队精神从此影响了我，没有克服不了的困难，没有战胜不了的敌人，没有完成不了的任务。不是有了希望才去坚持，而是坚持了才会看到希望。

夜色难免黑凉，前方必有朝阳，我们踏朝阳而来，伴星月而去。冬日的风寒冷刺骨，但我们的热情依旧不减。我们迈着坚定的步伐踏上神圣的升旗路，朦胧的灯光下肩上的那抹红更加耀人，走过凌晨安静的曲园整齐的步伐，见过晨光微朦的曲园鲜红的旗帜，听过灯光照耀下的曲园叮叮的旗扣声，用身躯筑起钢铁长城，用肩膀扛起如山责任。心中有光，何惧前方，心之所向，为之所动。时怀敬畏之心，想做更好的自己，在路上永无终点。日月同辉之时，迎着晨曦，升起我们的信仰，满怀热血看你迎风飘扬。日沉之时，我们踏上降旗路，肩上扛起的是责任，心中荡起的是信念，落日余晖下，最爱还是那身橄榄绿。择一方天地，尽全力去热爱，说不上为什么爱你，但这就是我不爱其他的理由，愿此生墨绿加身，陪你共看红旗飘展。曲园国旗护卫队，让我们一同成长。

始于向往，敬于纪律，久于执着，忠于热爱，慎始敬终，矢志护旗。

此致

敬礼！

赵婷

2021 年 2 月 23 日

作者简介

赵婷，女，数学科学学院数学与应用数学（师范）专业 2020 级学生。

春华秋实，初见曲园很美好
——致曲阜师范大学义工服务大队师姐的一封信

亲爱的师姐：

你好！

暑气未退，伴着激动的心情，走进了曲园母亲的怀抱。坚实沉稳的砖石红，映衬干净澄澈的天空，人来人往，情意绵长，轻嗅海风的味道，浅享温暖的阳光，红顶之下，青春涌动，有书籍浩如烟海，有学子孜孜不倦，更有人性的温暖善良。

初入大学校园，懵懂而茫然，正所谓儿行千里母担忧，母亲事无巨细地清点我的行李，但是我发现我已经拿不下，正当我不知如何运送行李之时，一位身穿红色义工服的师姐跑了过来。师姐，你知道吗？你的义工服都已经湿透了，你跑过来热情地替我拿起行李，我知道，你已经帮忙运送好多次了，你长得还不如我高，你与我说话都需要仰起头来，可是，你却帮我拿了一大半的行李，这一切都已经深深地刻在我的心坎儿里，时至今日，我还记得你微抬着头，温柔地笑着，慢慢地和我说着话，让我无处安放的心有了着落。到了寝室，你亲自教我如何铺床垫，如何放置行李，你的额头已经沁出了汗珠，但是，你却一直微笑着，耐心地和我说着大学生活的方方面面，说真的，那一刻，我想到了母亲，我一直在想我该如何感激你，但是你仿佛知道了，你对我说，这是曲阜师范大学的传统，这是曲阜师范大学的精神，让我不必过意不去，若想报答那便是把这种精神传承下去，听到这句话之后，我怔然了，时间在这一刻仿佛静止。我想，师姐，你放心，我一定会的，因为这是曲阜师范大学义工的精神，这是属于曲园学子的精神，这是如师姐你这般千千万万曲园学子所坚守的温暖善良。谢谢你，师姐，是你为我的心灵种上了一颗良善的种子。

后来，我慢慢适应了大学生活，在曲园所举办的"百团大战"活动中，我并没有盲目地选择社团，而是听从我内心的声音，走向了义工服务大队，我顺利地成了义工服务大队的一名成员。师姐，你在我心灵种上的那颗种子已经生根发芽，我一直记得你对我说的话，把曲园学子的精神传承下去。

渐渐地，我了解到，曲阜师范大学义工服务大队是一个大学生公益组织，目的是将爱心传承，倡导用实际行动践行义工的志愿服务精神。在曲阜师范大学义工护学部与日照市义工联所共同举办的"小手拉大手，我们有担当"的护学活动中，我又遇到了师姐，你还是穿着那件红色义工服，身体虽单薄，却无处不充满着阳光，总是让人想追寻你身上的光芒。你对我们说着活动应该注意的事项，你的声音还是浅浅的，悦耳动听，能够让人立即平和安静。你说，每个星期的周一到周五，总是会有一群曲阜师范大学义工服务大队的义工们护送孩子们过马路，无论刮风下雨，他们从未停歇，从未退缩。我知道，他们之中一定也包括你。当我护送一位二年级的小朋友过马路的时候，那位小朋友竟然主动拉起了我的手，对我微笑着，干净澄澈的眼睛注视着我，对我说，谢谢你呀，大姐姐，你下次能不能还来呀。真的，那个时候我觉得所有的付出都是值得的，我也能够理解师姐你帮助我时的心情了。虽然早晨寒风凛冽，我却觉得阳光已穿透天空，照射在我们的义工服上，温暖而光芒万丈。

随着时间的不断推移，我们每个人也都会渐渐成长，我也会成为师姐，也会有可爱的师弟师妹，我会一直记得师姐对我说的话，让温暖善良的爱心种子生根发芽，茁壮成长，有朝一日长成师姐的模样，成为爱心种子的播撒者，让曲园学子的志愿服务精神得到传承。

时光陈酿一片叶、一束光，岁月未央一栋楼、一盏灯，春华秋实，夏长冬藏，守望相助，春和景明，初见曲园，真的很美好。

此致

敬礼！

李彤
2021年2月24日

作者简介

李彤，女，政治与公共管理学院哲学专业2020级学生。

曲园里的遇见
——写给曲园学子的一封信

亲爱的曲园学子们:

  在 2020 年这个特殊而意义重大的年份,在这所美丽校园里,我们拥有了一场盛大的相遇。相遇总有千言,却仍道不尽内心波澜。

  结束了千军万马过独木桥般的高考,我凭着三年不懈的拼搏成功上岸。当我收到红彤彤的录取通知书时,我知道我来到了人生的下一个阶段:我将离开我生活了 18 年的故乡,去迎接人生中第一场成年礼,独自面对困难与挑战。我内心欣喜,却不免局促彷徨。但当我想到,我会在那里认识更多有趣的人,我又满怀希望。你们看啊,即使我们素未谋面,可我仍旧会为你们欣喜若狂。

  于是我来到了这里,拥着微风,迎入了曲园的怀抱。

遇见温暖

  拿着几大包行李的入学第一天,我就看到了师哥师姐忙碌的身影。我来的时候正是中午,当时天气很热,师哥帮我一次次地搬行李也毫无怨言。去领床褥时,也看到师哥师姐们随便吃两口饭就要去帮忙,心里忽地一下就暖了,感谢的话由于局促也停在了嘴边,只留下一句句谢谢,默默承担了我深切的情感。

  印象最深的是军训时。我们这代人总是被当作温室花朵悉心栽培,全然不知外面的雨雪风霜。严格的军训和炎热的天气让我渐渐坚持不住,在我逐渐觉得自己要倒下时,教官师姐突然扶住了我,让我下去休息,并大声说道:"坚持不住就去休息一下!"语气仍旧严厉,却也难掩对我们的关切之情。在休息处,那里的师哥师姐们也一直不断关心我的状态。就是那个时候,自己真正体会到了一个大家庭的温暖与陪伴:严厉训练是爱,关心安抚也是爱。

谢谢师哥师姐们,我们缓慢又笨拙的成长路上,是师哥师姐们的温暖体贴,陪着我们慢慢成长,度过苍苍莽莽。

遇见惊喜

遇到与自己志趣相投的朋友是人生的惊喜。幸运的是,来到曲园,我遇到了你们,我的朋友们。

我们来自不同的地方,有着不同的文化,每次用不同的方言讲话就会哄堂大笑。刚认识的时候,我们也都羞涩矜持,每天客气得很。但是真正了解之后,我们才发现彼此是多么相似。

我们每天会一起上课,一起吃饭,分享相同的喜好,每当对方有什么开心的事都会由衷地开心,仿佛幸运的是自己;遇到不开心的时候也会一直陪伴安慰,希望快点好起来。遇见这份让我感动的友谊,我背地里偷偷感谢了上天好久。记得有一次我去拔牙回来后,拔牙处突然就开始流血不止,情况有些严重,我一时间吓蒙了。这个时候你们都很紧张,一个帮我叫车去医院,一个帮我联系医生,一个去帮我买了一些消肿的冰块,你们比我还要着急,马上收拾东西要陪着我一起去。我突然意识到在远离家乡的这里,我拥有了像家人一样关心我的你们,心里暖暖的,仿佛再大的困难我都不害怕了。只因为你们的存在。

谢谢你们,让我在这里有了和家里一样的安全感。我们就像是彼此的避风港,互相的牵挂使我们永远陪伴在彼此身边。你们就是我的家人。

我们每一个人,都由无数个的粒子组成,散落在数十亿的茫茫人海中,所以我们的相遇，是无数个微粒拼命奔走摩擦出的奇迹，我遇到你们，遇到曲园，就是最珍贵的事情！

  亲爱的曲园学子们，愿我们一同行至天光亮。

  此致

敬礼！

叶繁

2021 年 2 月 28 日

作者简介

  叶繁，女，地理与旅游学院地理科学（师范）专业 2020 级学生。

感谢遇见
——写给辅导员老师的一封信

亲爱的辅导员老师：

您好！

说是师生，倒不如朋友来得亲切。

总会有那样一个人出现在该出现的时候，那时你低落沉迷、你郁郁寡欢，你觉得前途堪忧，灰心丧气，在这之后，每当想起那段经历，那个人，嘴角总不自觉地上扬。心里默念：感谢遇见。

那是入学以来第一次考试，不知考试的深浅，也更不知道考试的重要性——我考砸了……那时的我因为这个成绩彻夜难眠。记得您提醒过我们，班委的成绩不可以太难看，也不知当时哪儿来的自信，还沾沾自喜觉得凭借英语成绩应该过得去，事与愿违，又是一个意难平啊。

于是我鼓起勇气向您坦白了。当时放寒假舍友都回家了，我因为18日才回，于是一人在宿舍住着，宿舍的空调给人一种窃窃私语的暖意，我望着窗外的月亮不由得出了神。信息上我跟您说"这次考试可能会让您失望了，成绩虽然没出，但我已经差不多能预估出来大概了，不是很理想"。"这次没考好？我看你上课也不是很在状态，怎么回事呢？跟我说说"，你亲切的语气让我的心扉逐渐打开。于是我呼呼地说了一大堆来到大学后心中的感受，我热爱这所学校，热爱所遇之人，我用我的激情对待每一个机会，我积极探索新事物，我去体会、去感受，可我却忘了……好好学习！或许有的人会觉得，上了大学就是享福的，学习也不累了，想玩啥玩啥。对我而言，并不是如此。我把这一类似的想法又给您输出了一通，我要把曲阜师范大学当成我的杠杆走出去，所以我不能落下学习啊！感觉自己失败了……

"人的一生中，都要经历很多件事。其中，不乏失败的事。面对失败，不同的人会有不同的态度。有些人一听说做什么事失败了，马上就一蹶不振，整天自暴自弃；而另一些人则不同，面对失败，他们总会积极地寻找失败的原因，从头重来。这次考完就过去了，重要的是你学到了什么，那就总结经验，好好做一下下学期的规划，想想自己要做什么、该做什么，没事哈，咱们接着努力。"平时这些经常说的简单话语，在那时却显得格外珍贵，一个人的宿舍，更纵容了我的眼泪，像在地下闷了很久的岩浆突然找到迸发口。

您是我的老师，可我觉得您是我的朋友。

或许是因为相遇太美，那一季阳光更加妩媚，或许是因为您的出现，才有了那一场青春的宿醉！一支瘦笔，写不尽燕莺呢喃，风情万千。那一眼遇见，莫道情深缘浅，终究没有辜负一场盛世的欢宴。感谢遇见，2020年的9月，从遇见您的那一刻开始，一切都好，致2020级政治与公共管理学院政治学与行政学辅导员耿老师。

此致

敬礼！

孟凡珂
2021年2月26日

作者简介

孟凡珂，女，政治与公共管理学院政治学与行政学专业2020级学生。

致张教官的一封信
——金秋温暖有你

张教官：

  你好！

  见字如面。我是2020级三营二连的周宇馨。最近的生活怎么样呢？不再被国旗护卫队训练占据的生活有没有继续充实呢？我想你可能很惊讶，我怎么会给你写信，那是因为你不知道你的那几句看似无足轻重的言语对于一个当时并不太适应严苛军训生活的女生有多么大的安慰和鼓励。

  都说没有军训的大一是不完整的，而没有内务整理的军训也是不完整的，在纪律严明的曲阜师范大学，这两项任务绝对是磨砺大一新生意志的重要课程。报到后一天，我们就已经身着迷彩服站在骄阳下，忐忑地迎接军训的到来。带我们连队的是你和王教官，你们的自我介绍是严肃而简短的，随之而来的训练是严格而充满挑战的，要求更是严苛如军队。同时，不断攻破我心理承受防线的还有内务整理，为了做到有棱有角的"豆腐块"，平整无痕的床单，整洁如新的宿舍，我们一遍又一遍地整改，这简直是我崩溃情绪滋生的温床，当时觉得自己就像是磨盘上的豆子，对眼前的"苦难"只能束手就擒。

  所有的困难糅合，再加上想家的秋风一吹，我的眼泪就地掉了下来，并且难以控制。当我在情绪泛滥和努力克制之间努力挣扎时，你走了过来，还是笔挺的站姿，坚毅不乱的眼神，唯一不同的是那小声的一句"怎么了？"我连忙摇头，心里充满着对受到惩罚的恐惧，但眼泪却失控地流下来。"想家吗？没事的，都会过去的。"你接下来的话语出乎我的意料，"家在哪儿，很远吗？"我小声回答"嗯，在福建"。你脸上的表情温和了些许，微微点头表示理解："那是有点远，不过没关系的，把眼泪擦了吧。""动！"你留下一句响亮果断的口号和不减半分挺拔的背影。我知道,你严肃甚至不近人情的外表和举动是你作为教官的基本修养,是你负责认真的态度,同时也是对突发状况的我的保护;而你简单的几句询问是你作为一个温暖的人的善良,是对师弟师妹的爱护,是对当时的我莫大的安慰和鼓励。

说是因为你的几句话我就马上适应了眼前的生活,这过于虚假,但确实让我提振了克服眼前困难的信心。接下来的几天,我逐渐学会适应,把这些困难看作挑战和历练并乐于去战胜它们。因为有舞蹈基础在身,所以许多训练动作对我而言难度不大,我开始发现军训的独特乐趣。到了分模块选拔前,你走过来问我:"你要不要考虑去队列模块,你动作很好看,那里适合你。"我十分惊喜,不仅因为被认可,还因为这是我战胜眼前困难的第一捷报。后来,你又带着营长过来检查我的军姿,向营长推荐我进入队列模块。可惜的是,因为之前受过伤,所以营长的意见不尽如人意。我永远不会忘记在营长走后,你看向远处叹了口气,然后转过头来跟我说想去尽管去试试的样子;是你让我知道我在这个陌生的地方也在发光,不要让眼前的苟且隐藏了我的光芒。

后来我去了剑术模块,如鱼得水,时常跟你炫耀我的成绩,跟你说我站在了中心位,你也不吝啬给我赞赏,有时还会开个玩笑调侃我。我的生活也在不断走上正轨,内务已经能快速完美达标,和班上同学逐渐熟络,认识了几个交心的好朋友;军训结束,我拿到了"军训优秀学员"的荣誉,我知道,这里面有你的助力。

作为一个南方女生,我是第一次接触到北方昼夜分明的秋天,第一次感受到北方的风土人情,第一次独自面对陌生且迥异的环境。在这个难忘的秋天,原本是微凉萧瑟的,是如"自古逢秋悲寂寥"带有悲伤底色的,但是初次见面的你给予了我这个秋天里第一份温暖和美好。所以,我想谢谢你,张教官,你是让我找到航行方向的舵手,是我坚定上路的助推,是我认识自己和这个校园的明镜。若没有你,也许我的生活不会有特别大的转变,但我会缺少一份珍贵而美好的经历,一份给予我面对未知新生活勇气的经历。

写下这封信，表达对你的感谢和祝福。书短意长，唯愿你万事胜意，同样拥有温暖。

此致

敬礼！

周宇馨

2021 年 2 月 20 日

作者简介

周宇馨，女，政治与公共管理学院政治学与行政学专业 2020 级学生。

幸得金昆玉友，共望杨穿三叶
——致三号房兄弟们的一封信

三号房的兄弟们：

你们好！

有这样一个学生，他从小到大年年跑校，对于寄宿生活却是心驰神往。终于，在他进入曲阜师范大学后，他住进了梦寐以求的学生宿舍，过上了神往已久的寄宿生活。在这里，他遇到了注定相伴四年甚至更久的你们。黄河沙洲、蒙域草原、江城水滨、渤海沿岸，我们虽然来自不同的地域，但是来到曲阜师范大学，来到三号房，我们便成了彼此的家人，成了情谊如铁的兄弟。忘不了开学初我们的彻夜长谈，忘不了隔离期间宿舍里的欢声笑语，忘不了某人过生日时的觥筹交错，忘不了极寒天气一起瑟缩在被窝里的抱怨……历历在目的往事浮上心头，催生着我对你们每个人的思念和回忆。

于总，宿舍的年长者，平日里豪放而不拘小节的老大哥，你善于交际，朋友遍布曲阜师范大学各个角落。平时，同学们对你的评价总是离不开张扬、外向，可外人不知，你看似狂放不羁的表面下其实隐藏着细腻的心灵。出门在外，难免进入逆境，那夜宿舍有人半夜抽泣，你发文安慰，令人倍感温馨。同时，你的幽默感并没有掩盖你的责任心，当初我们在创业培训班创立了"念念有瓷"企业，在包括我在内的成员都为学校事务忙碌时，是你独挑大梁，认真参加培训，使我们在最终的路演中获得了优异的成绩。夸归夸，作为舍长的我也得嘱咐你两句，平时一定要注意宿舍卫生，保持整洁，把细腻用在生活里。

卓然，宿舍舍草，英俊帅气的外表下兼有着有趣的灵魂，参加活动最积极的当数咱俩了。还记得，我们的"海底小纵队"在辩论赛上大杀四方，我们两个作为二、三攻辩配合默契，经验丰富的师哥师姐也难以抵挡。元旦晚会上，我们两个作为政治与公共管理学院唯二的场内男主持，热情饱满，风采尽显。除此之外，你的萨克斯演奏也是妥妥的男神加分项，肯定圈粉不少吧！特长优异，人品也是没话说，在宿舍，你总会向兄弟们分享你的家乡特产，当室友遇到困难时，你总会挺身而出。那晚我排练到凌晨，纵然很累，但消息列表里闪烁着你关怀的信息，令人倍感温暖，难以忘怀。性格人品样样好，如果能多用点精力在学业上，提升一下学习成绩，那你的大学生活就着实令人心生羡慕了。

小奥，妥妥的宅男一枚，你是我们学院新生中唯一一个把"家"搬到宿舍的人，你在床铺上搭建的小帐篷令许多女生都大呼精致，麻雀虽小，五脏俱全，帐篷里日用品应有尽有，怪不得你没课时不肯下床。当然，这就带来了一定麻烦，平时生活最精致的是你，周三检查宿舍时整理物品最狼狈的也是你，我永远也忘不了那次检查宿舍你手拿拖鞋从宿舍匆忙跑出时的情景，着实令人忍俊不禁。虽然平时兄弟们拿你开玩笑的次数最多，但是最受关心的也是你，下学期你就要转专业了，虽然是同一个学院，但是毕竟不在一个班了，兄弟们心里也是十分不舍，希望你以后多多参加学习活动，好好体验一把大学生活，不要总躲在帐篷里，足不出户。

光哥，我最铁的兄弟，平日里形影不离的好朋友，我们自打一进校就十分投缘，军训时在同一个连队，后来又一起进了马学部篮球队、义工支教部，我们有着相同的爱好，做什么事情都在一起，平时对我支持最多的也是你。希望日后，你能实现自己的梦想，也能找到合适的另一半。

兄弟们，希望在以后的朝夕相处中，我们依然能在一起大声地笑、痛快地哭、慢慢地品、深深地悟。平淡的大学生活，因为有你们而变得更加丰富多彩，谢谢你们，感恩的心会一直存于心中，让我们这四年成为一生中最好的回忆。

此致

敬礼！

吴泽文

2021年2月20日

作者简介

吴泽文，男，政治与公共管理学院政治学与行政学专业2020级学生。

曲园初遇，我的大学印象
——致政治与公共管理学院的一封信

亲爱的政治与公共管理学院：

您好！

踏上开往学校的那班列车，第一次透过车窗去打量梦想和现实的交界点，看着它由远及近、由大及小，心中满是难以自抑的激动与欣喜。是的，我们满怀壮志地来了，来到这个梦想开始的地方。

曾经的我们，走过三点一线的高中，高考离我们渐行渐远，如愿以偿欣慰也好，事与愿违伤痛也罢，都已成为过往。

迎新晚会依然在脑海中跳跃，历历在目。那种节奏感里有一种莫名的释然。在欢声笑语中，我们知道，我们的大学生活已拉开了序幕。

初入大学，或许我们会一头扎进期待已久的大学生活里，课堂、报社、社团、学生会……青春大剧轰轰烈烈地上演。经过一段时间的流转，渐渐地，我们发现丰满的梦想与骨感的现实之间有着相当长的距离。没关系，别气馁，在大学里且行且思且珍惜，希望我们仍以欣赏与喜悦的心情保留高考结束那个夏末的记忆，就像《月亮之上》的铃音还记录着我那个暑假的幼稚。随着我们的适应与习惯，我们也许会在原本陌生的校园遇到志同道合的好友，找到点滴熟悉的感动。慢慢地，那个徘徊在昨天与今天边缘的我们不见了，因为我们已学会了思考逝去的昨日与即将到来的明天。"往者不可谏，来者犹可追。"接下来，就让我们在政治与公共管理学院这个温暖的地方随梦而舞吧！在这块沃土上辛勤耕种，柔肩担正义，用我们并不宽厚但足够坚韧的肩膀担起一份责任，舞动青春，完成属于自己的蜕变，收获属于自己在政治与公共管理学院这条路上的成长。

成长的路总是艰辛的，从敲下第一篇属于自己的文字，到一篇篇稿子石沉大海、杳无音信，再到自己的名字慢慢地从"等"字里崭露头角、呈现在读者面前，这个过程可能是一个月、一学期甚至更长，这个过程需要我们足够的勇气、坚强的意志和持久的耐力。等我们回首走过的路，慢慢咀嚼那段美丽的艰辛，我们沉甸甸的成长里会多出一个叫作坚强的元素。

在曲师这个充满活力的大家庭中，用自己的笔尖记下生活的点滴感动，和文字相伴相随，在或许浅显易懂的文字里找寻一些内心深处的共鸣，用简单的文字唱一首心歌。在一次次并不专业的练习后，在一次次上交并不华丽的稿子后，在例会上一次次的交流碰撞后，也许你会和我一样，发现自己早已"无可救药"地爱上了这里！

在大学中，我觉得自己不是一个人在进步，身边一向都有同学在一起努力、一起前进。我将永远记得我们共同学习的日子，我也不会忘记生活中的欢声笑语，不会忘记专业课的学习讨论和感悟交流，不会忘记学习生活中的相互支持、相互帮忙以及相互提醒……这些也许都是生活中的点滴，很不起眼，然而正是在这些不起眼的小事上，我们收获了很多，这其中不仅仅有知识潜力的提高，更包含了友谊之树的成长。

永远不会忘记，政治与公共管理学院师哥师姐们对我的关心与帮助，让我在陌生的城市中感受到无限的温暖：军训前的那天晚上，路痴的我不知道西操场的位置，傻傻地跑到学校东门，最后找到操场的时候已经绕着学校跑了一大圈……走在一起是缘分，一起在走是幸福。因为缘分我们走到了一起，与政治与公共管理学院的你们相遇相逢相知是缘分，慢慢地，我们目标一致往前走真的是一种莫大的幸福！

在政治与公共管理学院，我与你们相遇：有漂亮温柔又大方的辅导员姐姐，有成熟稳重又帅气的班主任，有热情似火的师哥师姐，有善解人意的舍友……与你们在曲园的相遇，是我这一生遇到过的最美的风景！

此致

敬礼！

王苗苗
2021 年 2 月 10 日

作者简介

王苗苗，女，政治与公共管理学院政治学与行政学专业 2020 级学生。

给师哥师姐们的一封信

亲爱的师哥师姐：

你们好！

当我提笔写下这封信时，心中充满了对你们的感激之情。日历翻过，注定分别的倒计时，这又是一场与父母的小别离。飞机在天空划过优美的弧线，我在校门口与父母依依不舍地道别，拖着沉重的行李箱，带着灰色的心情，踏进曲园。我以为自己是孤身一人，还好，遇到了可爱的你们。

初入曲园，懂得"投我以木李，报之以琼琚"。迷迷糊糊走完一系列报到流程，迎接我的是师哥师姐们温柔的话语、灿烂的笑容。记得刚进大学时，面对迷茫与无措，你们出现了，在班群里有条不紊地安排我们填写表格，嘱咐大家要记得带证件，耐心细致地安排着我们的生活，感觉内心突然安稳了好多。你们帮助了我很多，从学习到生活，从观念到做事的方式，从态度到性格的塑造，从个人到班级。任何问题，无论多琐碎、多简单，也无论多重要、多复杂，都能得到回应，即使不能帮助我做决定，也给我提供了很多有用的信息，帮助我更快、更准地达到目标。我当时就在想，我多么幸运能够遇到和蔼又亲切的你们，也下定决心以后也要把这份爱传递下去。

浅入曲园，懂得"宝剑锋从磨砺出，梅花香自苦寒来"。军训如约而至，燥热的空气伴随着教练的口号声袭来。在长时间的训练下，细密的汗珠布满了我们的额头。想喝水，想喝水……我与水都在默契地呼唤彼此。眼神向水杯的位置一瞟，糟糕，水杯没水了。捶胸顿足之余，好像听到了水欢快的声音，原来是师哥师姐冒着烈日来帮我们补充水杯里的水，这是解渴的清泉，也是滋润心灵的甘露。我们在军训，你们便在一旁陪伴。帮我们拍照，留下军训的美好回忆；带我们做游戏，为枯燥的军训增添绚丽的色彩。站军姿虽然只是简单地站着，但是太阳的火舌粗粗地舐着每一个人，仿佛要吞噬所有。汗水沁了出来，汇聚到一起流下，从前额划过面颊再到下巴，每一寸肌肤都忍受着那种痒痒的感觉。想要放弃，你们坚定的目光是无声的鼓励——咬咬牙，再坚持一下！

　　深入曲园，懂得"黑发不知勤学早，白首方悔读书迟"。带着喜悦与新奇来到大学，我总沉迷于各种活动中，却忘了学习，忘了多读好书提升自己。霜露挂枝头，天色蒙蒙亮，你们便早早来到图书馆开始新一天的学习生活。旭日东升，阳光洒在书本上也带来些许属于冬日的暖意，疲惫时揉揉太阳穴打起精神。你们秉承"学而不厌，诲人不倦"的校训，发扬"勤奋，朴实，团结，进取"的校风，努力学习。萃华月，西联灯，春风杏坛弦歌声。掀开每一个拂晓，听书声如涛；展开每一道夜色，看灯火如潮，犁牛之子不负韶华好时光。犁牛之子，尚在耕耘，有兼济天下、承担大任之志，亦有放眼山川奋力前行之势，实是无数曲园人的缩影。是你们的这份沉着，涤荡着我浮躁的心。

　　回顾曲园，懂得"纸上得来终觉浅，绝知此事要躬行"。大一已经过半，总有遗憾。老师、师哥师姐的谆谆教诲也总是萦绕在耳旁，我也为自己树立了目标。初来大学，对一切都新鲜好奇，不遗余力，总觉得自己有一股用不完的劲儿，花不完的精力。但一定要做到心中有数，不可茫然追求那些虚无缥缈的东西，最重要的还是多学本领，打好坚实的专业基础，广泛培养兴趣爱好，锻炼能力。正所谓"凡事预则立，不预则废"。首先我要做到"志有高远，坚定信念，自强不息"。迈向成功最关键的是要有明确高远的目标。从现在开始思考自己要走的路并坚定信念。从现在做起，从一点一滴做起，持之以恒。另外，强健的体魄、与同学的友善关系也至关重要。一个好的身体是学习取得优异成绩的基础，所以积极自主地参加体育锻炼是必不可少的。团队精神、与周围人的合作能力以及人际关系沟通能力都将是未来求职中必备的素质，"三人行，必有我师焉"。再有，乐观进取，不怕失败的可贵品质也是成功的关键因素。大学中人才济济，到处都是佼佼者。失败了不可怕，可怕的是持续的自卑和畏缩不前。我会不屈不挠，百炼成钢。见惯挫折却又坚持下来的人，才有厚积薄发的勇气，相信自己，不经历风雨怎能见彩虹。

　　让我怎样感谢你们，当我走向你们的时候，我原想收获一缕春风，你们却给了我整个春天。因为有你们，我心怀感恩。

　　此致

敬礼！

文金莲

2021年2月17日

作者简介

　　文金莲，女，政治与公共管理学院政治学与行政学专业2020级学生。

致兄弟的一封信

亲爱的朋友：

你好！

9月20日，我迈进了曲阜师范大学的大门，很幸运，进入的是政治与公共管理学院哲学班。在一开始时，我习惯于寻找朋友，因为我是一个在孤独中生活但是害怕孤独的人。

进入大学的第一堂课就是军训，烈日炎炎，毫不夸张地说，军训是苦的，是累的。好在旁边有个能说话的人一起扛，这也使难熬的军训变得轻松一些。一起笑，一起受罚。当时，他比较外向，善于表现自己，他是我们连的负责人，也是我们班级的负责人，他忙前忙后，联系不多。

海伦·凯勒的《假如给我三天光明》中写道："我们最可怕的敌人不是怀才不遇，而是我们的踌躇，犹豫。将自己定位为某一种人，于是，自己便成了那一种人。"海伦的经历便可以说明这句话。她在没遇到莎利文老师之前，是一个情绪暴躁，对生活充满失望的孤独女孩。她用破坏来发泄自己的情绪，大家都对她避之不及。直到莎利文老师走进她的生命时，她的生活便有了很大的改观，她学会了用触觉、用心感受世界，她感受到了无处不在的爱，靠着坚强与毅力战胜了身体障碍，学会了说话、阅读、写作，并考上了理想的大学完成了梦想。她的眼中虽然看不到光，但是心中却充满了光明与爱。海伦的故事告诉我们，请不要将自己定位为一种什么也做不好、什么都比别人差劲的人，因为世上本就不存在这种人。每个人都有自己的天赋，只是早发现、晚发现或从未发现而已。再者，也请不要因为自己的外貌而自卑，因为你有一颗饱满而善良的内心，你要知道，美是由内而外散发出来的。倘若把人生比作蝴蝶，那么现在便是人生的蛹期，即使平淡无奇，也总有蜕变的那一天。人首先要做的是接纳自己，然后才能改变完善自己。

"只要朝着阳光，便不会看见阴影。"你是一颗种子，只有接受自己才能有生长的可能。不知用了多久，你才破土而出。在成长的过程中，风雨阻挠着你，让你满身伤痕。你丧气地垂了头，垂下来便看不见阳光。但绿叶永远在你身旁，它将能量给予你，而你便又抬起头来，朝着阳光，坚强不屈。

我们很像，生活于孤独之中但是很害怕孤独，想要跳脱孤独向前看，但是却无力，也许这就是相遇的原因，让我们去战胜自己，去迎接美好的明天。

红眉阿坚，你慷慨大方、热情阳光、热爱生活、心地善良，你有许多特点：你跑步飞快、眼睛炯炯有神、鼻子挺拔、头发油亮，显然是一个十分帅气的小伙子。这样的你，怎么能活在过去的世界，而不憧憬未来，朝着自己的目标前进呢？

成长，这是时光多么伟大的功劳啊！不论你是谁，都需要走过那条美丽痛苦之路。说它布满荆棘并不贴切，它像一扇玻璃之门，要想成长和改变，必须把它撞碎，然后踏着它凌厉的碎片，不躲不避地一直穿越过去，也许它会把你变得遍体鳞伤，然而那些玻璃的碎片是那么精致而美丽，它们闪耀着迷人的光彩。

经历过成长的折磨，没有在长夜痛哭的人，不能说有过成长，痛苦、折磨都是我们的必修课，希望我们可以一直坚持下去，挺过漫漫的长夜，趟过涓涓细流的童年，人生便开始躁动个性的浪花，一朵朵、一片片奔腾着青春的旋律。它的汹涌澎湃，它的桀骜不驯，时时拍击着岁月的堤岸，助推着人生的航船。

让我们启航。

此致

敬礼！

姜太析
2021 年 2 月 20 日

作者简介

姜太析，男，政治与公共管理学院哲学专业2020级学生。

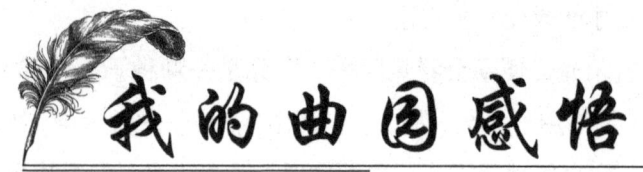

我的曲园感悟

迢迢曲园路　皎皎才星驰
——写给2020级曲园文苑学子的一封信

亲爱的同学们：

　　展信佳。

　　此立今朝，青山恰似少年子，初日扶桑凌云升。时代的排闼而来，青春的热情呼号，年轻的我们，此时已站在人生的十字路口，脚踩无限机遇，面临无数挑战。如何将天马行空的想象收束为前进的力量，如何以少年凌云之志穿破幽寒鸣呃？时代有问于青年，遂遣一纸书信以答。

　　流火秋至，初遇曲园。对于一所耘耕六十五载的学校，我们的面孔稍显稚嫩和青涩。曲阜，尼山境下，千年前贤人留下的一脉文墨，发于其愤慨幽鸣的士风，其儒孝清顺的气节，悠载至今，竟仍续绵存，点化成曲园文苑里一个个簇新的面孔——我们。

　　一点笔墨，一脉延存。横隔了千年的尼山悠月，初入曲园的我们，自当是传递者，也是参与者。曲园文苑，是我们来到的学堂，在这里，灰砖红岩，最初勾勒了文苑俊逸的骨骼；又植梧桐，葱郁扑天，晴时阳光疏忽密落，又窥见文苑澄净的双眼；最后有石砖铺阳，背书人循光勤读，抬眼间，已是一壁言却胜千言：有光处便有人在读书。白墙黑字，却是文苑最邃远的底蕴。

　　曲园锦缀，文苑犹熠。身为曲园文苑的一位学子，手握一笔，应临写苍天我问的担当文章。文以载道，文以弘道。既然我选择了来到文苑，就自然而然受到文学的浸润。

　　中文是什么呢？朦胧之间，"断竹，续竹；飞土，逐宍"。第一首诗脱口而出；

紧接着是关关雎鸠的琴瑟和鸣，蒹葭苍苍的伊人一方，我们耳熟能详的意象；后来绣口吐出，半个腴丽的盛唐，一个清瘦的宋月，战乱里马蹄紧打的元曲；最后凝停在书架上的名著或百家。然而却又狭义了，还有汉代的文赋，隋唐的演义，晋时的竹林隐居，明清士大夫的清谈，以至于一方戏台里罩着四方的戏曲，各个时候人们到处的抑扬顿挫，都是远古的文，历史的诗。

我想，文学竟也无所不包，无所不有。以我的贫瘠不能稍微丈量这片土地，还有许多，近代的慷慨激昂，当代的风云变幻，同着西方的、日本的、美洲的，都是通过文字的眼睛，我们看到昔日的辉煌，未来的招展，和与先哲们的思想交流。立于文苑，我也从最初的惴惴不安到开始迷茫顿挫，文学是为了什么？我想发问，同时去寻找答案。

于是，在曲园文苑，我看到，读书原不是一种目的，而是一种过程。成为文苑的学子，我们学到的，应是一份世事洞明的眼光，以审美的态度，考虑实际与人生的距离。原是落花无情，却也可有"晓看红湿处，花重锦官城"的趣味；虽是遇挫受折，也有"安得摧眉折腰事权贵，使我不得开心颜"的风骨。或是秉烛夜谈，或是快意纵写，学习汉语言文学，亦不是闭门空论天下事，而是切实的、真正的，为师者或为学者，都应是以文载道，人如其文。

迢迢曲园路，皎皎才星驰。我们既成曲园文苑的学子，责任和担当自不多提，应犹记起，六十五载的风雨迢路，超越千年的悠悠文脉传承。我们当下能做的，唯诵文勤读，以有识之笔、有辩之口，去继承和发扬曲园文苑的底蕴。

祝愿大家，在繁忙的生活中，也不要忘记内心的耕耘。犹记曲园锦时，虽是一人，不忘勤勉，且成华枝春满，天心月圆。

此致

敬礼！

翟奕涵

2021年2月19日

作者简介

翟奕涵，女，文学院汉语言文学（师范）专业2020级学生。

以梦为马,不负韶华
——写给自己的一封信

亲爱的自己:

你好!

希望看到这封信时候的你,已经成为我期许的那个样子。

我很普通,不过是万千学子中的一员,我努力地学习,努力地生活;我却又不平凡,我出生在教师家庭,从小便埋下要站在三尺讲台上的目标。缘分,注定我要与曲阜师范大学相遇,他人称它为"曲阜师范大学",而我,更愿唤它为"曲园"。

我不知道什么是年少轻狂,只知道胜者为王。在初入曲园,我便立志要与他人不同,因此,我毅然决然地报名了一个英语口语辅导网课,满心欢喜,只希望能够比他人更加优秀。因为网课,我放弃了与同学熟识的机会,放弃了向师哥师姐学习的时间,虽然生活很单一,我的内心却觉得很充实。很快,班级开始选举班委,我兴奋地报名参加,意外却又在意料之中,我落选了,后来失败便接踵而至:作文比赛以三分之差败下阵来;运动会累个半死也没有拿到一个名次;就连英语,我引以为傲的英语,也不尽如人意。那一刻,我感觉绝望铺天盖地地向我袭来,顷刻间,努力似乎化为了泡影,为了一个虚无缥缈的成就,我放弃的,似乎是整个曲园。

我来自遥远的北方——内蒙古,而曲园则在距离家乡975千米外的曲阜,遥远的距离造就了两地风格迥异的文化,甚至于连高考试卷都是不同的,我看着成绩单上稀稀落落的分数,听着舍友口中的天文数字,开始怀疑来到曲园的选择是对还是错?在无数个夜晚,我睁大着眼睛望着漆黑的夜空,在泪水顺着脸颊流下的时候,想念着北方的灯火。

"你每天起床之前有两个选择，要么继续躺下做你没有做完的梦，要么掀开被子去完成你没有完成的想。"因为我们天生傲骨，所以我们怎能服输！我是地地道道的理科生，命运却将我安排在了心理学，庞大的知识量使我喘不过气来，但是，我接受了命运下的战书：我见过清晨六七点的西联，幻紫的薄雾下笼罩着门前的古树；我见过深夜的图书馆，辉煌的灯光伴着琅琅读书声；我听过上午啾啾的鸟鸣，看过夕阳弥漫的跑道。谁还没有窝在被窝里的早晨呢？但只要醒悟了，便为时不晚。奇迹不过是努力的另一个名字，我开始融入班集体，申请了学生会，得到了心理学社团的证书，跟随师哥师姐去学习，我甚至真的站在了讲台上，用流利的英语为大家介绍自己的家乡。

　　每一个不曾起舞的日子，都是对生命的辜负，从此，要以星星为目标，这样的话，即使掉下来，还能落到树梢上，但是，若再努力一下，从天而降的星星便是你。我也愿长成一棵大树，等你称赞一句良木，因为不愿让未来的你，讨厌现在的我，所以我甘愿做任何事，除了平庸。即使辛苦，我还是选择滚烫的人生。人间一趟，积极向上，不畏将来，不念过往。

　　乾坤未定，你我皆是黑马；乾坤已定，那我便扭转乾坤。

　　于千千万万人之中成就了一个独特的你，我很爱你，也请你继续努力。愿你眼眸有星辰，心中有山海，从此以梦为马，不负韶华。

　　此致

敬礼！

邬佳钰
2021年2月5日

作者简介

邬佳钰，女，教育学院心理学（师范）专业2020级学生。

从高中到大学，从泉城到圣城
——致自己的一封信

亲爱的自己：

　　展信佳！

　　写下这封信的我是已经来到曲园的学生，收到这封信的你是我梦中彷徨的自己。

　　2020年初突发疫情，没有具体期限的网课开始了，直到四五月才勉强开学。开学的下午很热，寒假长期的懒散突然不适应了，一侧的楼层只有一个班，47班变成了A班和B班。高考延期，喜忧参半，看上去班里的同学都开开心心的，实际上每个坐在教室里的人，心里都充满了焦虑和迷茫。

　　谁的青春不迷茫呢？曾经那么抵触老师的说教，到后来还是觉得字字箴言；曾经那么认真写过、画过的思维导图，到现在也不过是堆在墙角的旧纸；曾经那么为难过的人际关系，到现在也只是偶然想起；曾经那么美好的友情，录取通知书下来终究还是各奔东西。

　　很早就收到了曲阜师范大学的录取通知书，一颗心也算是落了地，第一次，一个人，离开家，走向独立。

　　九月底开学，感冒很严重，咳嗽了将近一个月。说真的，适应大学生活对我来说有点难。一草一木，一花一树，都那么陌生。

　　坐在大巴上的时候，从车窗往外看过去，正是夏天，密密的树林，有很多叫不上名字的，绿绿的叶子散发着生命的气息。校园里青砖红瓦的建筑很有古朴的感觉；有些楼斑斑驳驳的，把历史沧桑都印在墙面上，一看就是建成很多年的老建筑了；有些建筑高大崭新，很符合现代审美的从容大气。园子里还有很多花草和石凳石桌，总是有站着坐着的许多学生在读书，时不时有几只喜鹊飞过去，小小巧巧的很惹人喜爱。学校周边并没有遍地的现代高楼大厦，到处是古朴的平房和斑驳的小巷，人来人往，不至于人山人海，但也谈不上冷冷清清。

　　后来，我参加一个个面试，一场场笔试，让自己忙起来。我加入了学生会、扩大了朋友圈、熟悉了曲园的每一条街。写策划书和工作总结、修改文件、撰写文章……我开始谨慎地选择我的生活，我不再轻易让自己迷失在各种诱惑里。现在，我也拥有了很多的朋友，在曲阜的一些人的身上看到了过去的影子，在与济南的联系里看到了新的变化。有一句话讲得很好："我心中已经听到来自远方的呼唤，再不需要回过头去关心身后的种种是非与议论。我已无暇顾及过去，我要向前走。"

渐渐地，我好像适应了这里的生活，也能慢慢欣赏荣曜秋菊和华茂春松。有时候想一想，在圣人孔子的家乡，春天赏百花，夏日乘凉风，秋季望明月，凛冬听雪音，也是一种儒雅的情调。

青是受伤，春是成长。新的一年，新的开始，我很想念实验的人和事，我很喜欢曲园的树与花。想想以前的日子，像坐滑梯似的，一下就滑下去了，我坐在最底层想了想还是觉得难以回去，至少懒得原路返回也懒得绕一圈重新开始，起身拍了拍一屁股灰尘，又晃晃悠悠笑着向曲阜师范大学的人潮走去了，岁月也不算冗长，大概当我十年后再回来见到曲园景色的时候，还是会欣慰地笑的。亲爱的自己，写这封信是想告诉你这几个月来的经历和感受，让你接受从高中到大学的变化，让你明白从泉城到圣城的距离远不止地图上的单位千米。

没有人会一直顺利，愿你更加强大，然后有一天你可以笑着讲述那些曾让你哭的瞬间。不要抱怨生命中的每一天，美好的日子带给你快乐，倒霉的日子带给你经验，最糟糕的日子带给你教训。

米兰·昆德拉在《生命中不能承受之轻》写过这样一段话，我很喜欢："我始终相信，走过平湖烟雨，岁月山河，那些经历劫数，尝遍百味的人，会更加生动而干净。"你慢慢向前走，走过犁牛之子石雕，走遍曲园的廊亭，把努力放在西联晕黄的灯光下，等到苦尽甘来的那一天，山河星月都做贺礼。

此致

敬礼！

陈晓琳

2020年2月1日

作者简介

陈晓琳，女，教育学院教育学（师范）专业2020级学生。

看，你在热爱里遨游
——给自己的一封信

熟悉的朋友：

  展信佳！

  见字如面，慰问安好。我是2020年的你，不介意我就送你到这里了吧。你一定还在理想的路上大步流星，我则停驻在这热爱的节点，帮你留住初识的悸动，留住青春的懵懂。

  还记得报到那天吗？你拖着沉重的行李踏进了曲园的大门，从此与家乡相隔766千米的位置多了一个人生标记。你满怀着憧憬与向往漫步探索，不合季节的绒面床单压在柜底，压住了母亲多余的担心，也腾散出你对大学生活的好奇与迷茫。

  记得你前阵子读的那本书吗？李诞的《笑场》。"未曾开言我先笑场，笑场完了听我诉一诉衷肠"。看着崭新的白色书柜，满目未揭掉的规格标签撞击出强烈的新鲜感，透过整洁的床铺望向宽敞的阳台，幸福与满足充盈心海，翻新的宿舍像是曲园给你的第一份见面礼："欢迎你来，亲爱的孩子。"将东西摆放在书柜上，"师妹师妹，第二层记得留出来，光物理书就能放满了。"看着师哥面目苦涩地比画着课本的厚度，不禁被逗笑，想起前阵子流行的词"甜蜜的负担"。

  我说这是负担，是因为米兰·昆德拉曾言"负担越重，我们的生命越贴近大地，它就越真实存在"。

  我说这是甜蜜，是因为《廊桥遗梦》中我很爱的一句："我今天才知道，我之所以漂泊就是在向你靠近。"而我向你奔赴而来，义无反顾，豪情万丈，只因你是我的热爱。

  还记得你是什么时候立志做一名好老师的吗？无数个挑灯夜战的夜晚，无数个被咖啡浇灌的清晨，我与你的重叠记忆清晰而深刻，因此我清楚地知道你的热爱是那样炽热。拿到录取通知书，上面醒目的一行箴言"学而不厌，诲人不倦"是对你梦想实现的鼓励和鞭策，将这喜悦和兴奋发了个朋友圈，鲜而留言的高中班主任温柔地留下满满期许"学高为师，身正是范"。泪水模糊了视线，因为你读懂了，这，是对你热爱更生动的诠释！

嘿！再想想你刚进校园的青涩，师哥提议带你在学校里转转，神秘和向往冲击着本就不强的方向感，你笨拙地记下，去学院的路边有弯弯曲曲的球形花坛，路上会经过一座高而可攀的小假山，还有题有"萃华园"的拱门……在用脚步丈量学校的过程中，你也发现了许多其他路线，但直到今日，你仍愿选择这条，只因，这是你我"热爱"最初着陆的地方。

不可置信地盯着物理工程学院的大门，像是一个孩子，兴奋地打量着学院精心准备的礼物。沿途的动人风景都抛之脑后，踏入楼内，签收这份珍贵的礼物，白色的瓷砖地板被打理得熠熠发光，大厅硕大的显示屏，造型可爱的椅子……处处展现出这份礼物的用心之至。迎面一个个陌生的面孔上满是心照不宣的笑意，学生会部长室内分发军训服的工作也在有条不紊地进行，满意且憧憬地打量着一切，我怀揣着信仰追逐梦想，我背负着热忱与期冀向你奔来。

波德莱尔有诗曰："我有着使万象更美丽的纯境：我的眼睛，我光明不灭的眼睛！"身临其境，俯首耕耘，你明白曲园及学院为同学们创造最优的学习、生活环境的良苦用心，你也清楚地知道，你热爱这里，缘于你心中对教师这个高尚职业的热爱，缘于热爱的暖流已将你温柔裹护。

我亲爱的朋友，你所在之处"有光的地方，就有人在读书"，希望你能怀揣热爱，用琅琅书声迎接晨曦，用勤恳耕耘阔别晚霞，用努力钻研拥抱黑夜。胸中山河已定，翰墨已在手边，未来的你，执笔勾勒，定是像你热爱的那般图景！

此致

敬礼！

林芷伊
2021年2月20日

作者简介

林芷伊，女，物理工程学院物理学（师范M）专业2020级学生。

与你邂逅，花开满园
——写给曲园的一封信

亲爱的曲园：

你好！

2020年9月，乘着夏日的风，伴着躁动的蝉鸣，我，与你邂逅。

那个初夏，我通过多种渠道了解你，了解你厚重的历史文化，了解你随历史迁移的名字，了解你经久不衰的历史氛围，了解你浓郁的地域风情……

那个夏末，我怀着稚气与憧憬轻轻地走近你：复古的大门、通向校园里的甬路、两旁郁郁葱葱的树木、如同花瓣般散落一地的银杏叶，以及映入眼帘的"学而不厌，诲人不倦"。

2020年，我有幸遇上你六十五周年的诞辰，当孔子文化广场上的倒计时越来越近，当冬天的脚步慢慢来临，当聒噪的世界开始宁静，你像一个年过花甲的老者，缓缓地向我们走来，诉说着你的前世今生；又像一个身强体健的少年，怀揣着梦想与希望向前奔跑。早就听闻你浓郁的学习氛围，走廊上勤奋背书的他、夜灯下依旧站立的他、林荫树下琅琅读书的他……当老文史楼的最后一盏灯光熄灭，当路灯下空无一人，当弯弯的月亮挂上树梢，你陷入了安稳的睡梦中。

我曾站在高处欣赏你的美景，抬头，天空蓝的纯粹、蓝的深邃；低头，俯瞰散落一地的银杏叶，看那随你一起长大的参天大树，欣赏可爱的大橘四处散步。我想，你看着这人来人往、四季更迭的曲园美景，大概也会陶醉其中、流连忘返。春天的你，是"最是一年春好处，绝胜烟柳满皇都"的清新；夏天的你，是"绿树阴浓夏日长，楼台倒影入池塘"的亮丽；秋天的你，是"晴空一鹤排云上，便引诗情到碧霄"的诗意；冬天的你，是"忽如一夜春风来，千树万树梨花开"的稚嫩。

萃华园的泉水叮咚，滴滴答答奏响青春的旋律；银杏林的无边落叶，窸窣作响传达秋日的信号；西联的盏盏灯光，照亮前行的道路；犁牛之子辛勤耕耘，一代又一代曲园学子在这里茁壮成长。岁月在你身上留下了沧桑的印记，却改变不了你青春的多彩，前方的路仍困难重重，却阻挡不了你拼搏向前的步伐。我曾想过用无数个优美的句子来赞扬你，描绘你绚烂的风景，刻画你美好而有内涵意义的形象，书写你厚重的历史文化；我曾想用博大精深的汉字为你献上绝美的诗篇，传播你令人赞叹的学习氛围，描摹你四季分明的校园风景。

　　陪你走过的一学期，我收获满满。我了解了你美好的过去，看到了你优美的校园风光，感受到你和谐的文化氛围。希望未来的路，我仍有所收获，继续和你一起走下去，见证你向前奔跑，见证曲园学子勤奋耕耘，见证你向更高的地方迈进，见证你执笔续写曲园光辉的历史。

　　"萃华月，西联灯，春风杏坛弦歌声，犁牛之子，乐学笃行，博采百家集大成……"当歌声再次在耳边响起，当你的样子再次浮现在眼前，当清脆的鸟鸣开始灵动，我想，那年的邂逅一定是花开满园。

　　此致
敬礼！

迟璇
2021年2月10日

作者简介

迟璇，女，文学院汉语言文学（师范）专业2020级学生。

遇见更好的你
——给自己的一封信

亲爱的自己：

你好！

今天是 2021 年 2 月 11 日，真正意义上农历 2020 年的最后一天。这时候窗外的天空已经有些暗了，时间正以一种察觉不到的方式流动着，在此刻你感觉着它走的是慢的。但其实时间走的是很快的，就像是去年的这个时候，你还对着书桌上那一摞高考模拟卷皱着眉头，而现在的你，已经是一个大学生了。

其实早该给你写信了，毕竟 2020 年是一个很特殊的年份，在这一年里，你度过了自己的 18 岁生日，迎来了人生中的重要阶段——高考。我知道你需要一个总结，但是我更知道，准备高考的日子，是你一直不愿意再去重提的时间，你甚至还需要一点时间去消化它带给你的变化和影响。但是今年都快要结束了，今年的事情，还是趁着现在把我的想法告诉你吧。

首先，祝贺你跨越了高考，完成了来到大学的质变。通往质变的道路不是平坦的，它是由一次次的量变积累来的。这些量变，可能是你桌子上的一张张试卷，也可能是笔袋里的一支支空笔芯。你很厉害，你坚持着熬过了这些"量变"堆积成的日日夜夜，你一定还记得完成高考最后一科时的心情吧，跑上大巴回校收拾行李的时候，车里满是喧嚣，但是你的耳朵却好像什么都听不见了一样，只是努力地忍着眼眶中的泪水，满脑子想的都是终于结束了。但我觉得你应该谢谢你自己，虽说一切都是最好的安排，但是你的付出，会让这样的安排更加心安理得。其实，人生不一定要完美，完美的人生太不真实，你要做的，就是尽力让自己无悔。

接着，你迈进了曲园的大门，成为曲阜师范大学的一员。我记得你说过，你喜欢曲阜这个地方，也喜欢曲园这个校园，所以呢，一定是特别的缘分让你们相遇了。你的手机里面增加了很多关于曲园的照片，照片里记录了你在曲园留下的足迹，蓝天下的西联教室，黄昏光影里的图书馆，还有日光照耀下的萃华园……这里的一切都给你一种熟悉的感觉，遇见的人也是。舍友们温暖活泼，像一群小太阳一样。既已相遇，不负相遇才好，希望你能在这里拥有属于自己独特的大学生活，在以后的四年里继续无悔。之前的你，好像对文学没什么太大的兴趣，但是录取通知书上的"汉语言文学（师范）"，拉近了你和文学之间的距离。秋天夜雨下过后的早晨，你去上写作课，课上老师让你们一起观察外面的天空和落叶，你的心里突然生出一种神奇的感觉。后来你慢慢地明白，原来曾经以为的兴趣，并不是真正的热爱，真正的热爱是深入了解之后的坚定选择。现在的你，开始庆幸自己选择了这样一个专业，希望这会成为你真真正正的热爱。

可能是高中的时候你太过忙碌了吧，你好像没有什么时间去想一些事情。上大学之后，你想了很多，就算是现在，刚刚你还是在想。最后的结论是，你觉得自己还不够成熟，也没有足够的担当，在很多事情上，你还是不够通透。其实这样也好，成长没有必要一蹴而就，而你也不过19岁，所以不用着急，按时长大吧，所有的事情都会变好的，就像从前你怎么也握不稳电瓶车的车把，现在不也是驾轻就熟了吗？如果你遇见了一件事情怎么都解决不了，或许不是因为你的能力不够，而是你遇见它的时间不对，有时候换一种思维，会让你更加快乐，不妨试试。

春晚马上就要开始了，不知不觉又是一年了，那就写到这里吧，以后随时写信给你。新年快乐呀，新的一年万事胜意！

  此致

敬礼！

牛庆庆
2021年2月11日

作者简介

牛庆庆，女，文学院汉语言文学（师范）专业2020级学生。

一往无前，落子无悔
——写给自己的一封信

亲爱的自己：

  展信佳！

  白驹过隙，日月如梭，转眼间，你已迈入大学的校门半载了。你从未想过未来会当一名教师，学习教育学的知识。但我知道，当你在曲园听了第一次课后，你已明白身为教师的责任，并且愿意努力用这大学四年让自己具备语文教师的基本素养。人生中充满着不确定，我知道你选择踏入曲园的门时是犹豫且迷茫的，但人生没有重来的机会，落子无悔，你只能一往无前！

  "升入大学，你发现自己真的成了一个人。"这句话不管怎么断句都是有道理的。离开父母，很多事情需要自己做主，很多责任需要自己承担。你需要选择加入什么社团、交什么样的朋友、参加什么比赛，最重要的是，你要选择走什么样的路。我知道你经常在深夜无法入眠的时候，思考自己过去做的选择对不对，未来你要做什么选择才能成为你想成为的样子。你有时会后悔，为什么要做出这样的选择，它用的这些时间与精力到底值不值得。我想对你说：你可以从上一次选择得到的结果中总结经验，但千万不能让过多的思虑把你束缚，让你展不开拳脚、迈不出脚步。更重要的是，不要做了选择又后悔，犹犹豫豫，有点想做又在心里给自己找理由不做。落子无悔，既然做了选择就不要把时间用在后悔与踌躇中，选择了，就尽力去做。值不值得的评判很多时候太过主观，收获的不仅仅是奖项，还有经验和心理素质的提高。机会常常在犹豫中溜走，无用的纠结只是在浪费时间。勇敢地向前走吧，你看前路漫漫，路上风景万千，何不快意年华、坚定行走！

  希望你克服困难，一往无前。人生从来就不是一帆风顺的，起起伏伏才是人生。前路或许荒野无灯，但只要坚持一下就会迎来属于你的康庄大道。我知道你并不是很有信心学好汉语言和第二专业英语，特别是高中并不是很出色的英语成绩更加使你恐慌。但是，学习本来就是摄入你不会的东西，若很拿手，那就没必要学习了。"宝剑锋从磨砺出，梅花香自苦寒来。"学习的过程就是挑战自己，让自己进步的过程。你不知道将来具体会学到什么，怎么就会知道你拿不下呢，生活像潘多拉魔盒一般，你不知你将会遇到什么。未知的才是惊喜，你只需努力做好你面前的每件事，你就能获得"魔盒"给予你的珍宝。一往无前，翻过挡在你前进路上的一座座山，趟过横在你面前的一条条河，朝着光前进，实现自己的人生价值。我相信，你在那时一定会感到身处天地，心旷神怡！

  我知道你曾无数次地设想大学生活的模样，也知道你叹服于曲园浓厚的学风，也懂你的追求。我是那个一直在观察你的生活、思考你的不足、总结你提高方向的你。我看见了那个报名参加活动又担心自己能力不足拿不了名次的你；我看见了那个一见英语就发怵，想退缩的你；我看见了那个想变得更好，不负四年大学时光的你。我想用信的方式给予你这节"大学第一课"的笔记，你知道，我永远是站在你身边的，希望你读了有所得。

  凡此过往，皆为序章。过去的已成定局，但未来充满无限可能。未知的未来让人期许，我希望你在奔赴未来的途中能时常看看我给你写的这封信，记得自己来时的路，也思考自己下一步该怎么走。一往无前，落子无悔，不忘初心，砥砺前行，扣好人生第一粒扣子，走好青春大学路。最后，我想对你说，不管未来你会面对什么，大胆地向前走吧！愿你不负韶华，不负青春！

  此致
敬礼！

桑晓萱
2021年2月27日

作者简介

桑晓萱，女，文学院汉语言文学（师范M）专业2020级学生。

致曲园的一封信

吾爱曲园：

见字如面，念念曲园。四季际遇，泼墨成画，将曲园学子一腔热爱挥洒至淋漓尽致，一表儒风之长。

春生、夏长、秋收、冬藏，曲园于时代中淬炼，成为无数师生魂牵梦萦的心头一隅。在曲园，本身就是一种美好。犁牛耕杏坛，师道咏学志，听沂水潺潺。千层雕镂，万般打磨，造就了曲园中的石刻之景，字里行间皆是真情。漫步曲园，不禁为其氛围所渲染。一张马扎，一本书，与三两好友结伴而行，于师道墙下细细品读，感受阳光倾斜而下的温度，感悟大学生活的真谛。秋日路过银杏林，满目皆是灿灿金叶，铺满石板路面，或是冬日课间凭窗远眺，捕捉冰雪朦胧间的生机，时间似乎于此冻结，留存曲园的独家记忆。

离家至曲园，学会自我独立是大学成长的第一步。一开始，我们似乎将大学生活过得焦躁而无为。我们应有乘风破浪的一腔热血，但在启程之前更应确定好目标，规划好路线，根据每天学习进度给自己分配好具体任务，合理利用空余时间，认真对待每一件小事，全身心沉浸在当下所聚焦的事件当中，以小见大，发散思维，以曲园观世界，做到真正的"物尽其用，人尽其美"。

孔子故里，斯文在兹；先生之风，山高水长。依托曲阜文化资源，曲园开辟出独具一格的办学理念与宗旨。溯历史源流，与文化长谈，明道弘文，以现代的视角致力于使传统文化"活"起来，方不曾泯灭先人遗泽。

子曰："温故而知新，可以为师矣。"不断复习所学知识，进一步吸收消化，得到全新的体验和理解，从而得到最适合自己的一套方法体系，开拓精神新境界。求学之路，道阻且长。被授予相同的知识，不同人加以处理则会产生不同的效果。单以知故就故是知识的延续，以故创新则是一脉文化的传承。

依据已有的理论支撑，总结前人经验，将有关文化知识进行整合，进一步挖掘新时代下文化的存在意义、实用价值及前景方向，知新、立新、创新，开辟一片新天地。

子曰："赐也，女以予为多学而识之者与？"对曰："然，非与？"曰："非也！予一以贯之。"在学习的过程中，亦是强调中心理论。用一个基本思想搭建知识框架，将不同知识串联贯通起来，找到一个共同点为支撑进行联系，才能达到"一以贯之，多学识之"的效果。文化的多样性离不开文化共性，在多学科间进行交流对话，有层次地开展理论研究与实践探索，打磨出曲园人一颗颗真挚热忱、弄浪无畏的"学术匠心"。

曲园求学之途中，理应辨明方向，去伪存真，才能事半功倍。夯实基础，根深蒂固，所谓的根蒂就是我们所学的专业知识。掌握一手理论知识，便是为实践操作中的运用提供一道基本屏障，既丰富了学识眼界，同时也能节省人力与物力资源，学以致用，在今后的职业生涯中更加游刃有余。

教学相长，风雨兼程。依托孔子思想，曲园文化历久弥新。虚心涵泳，在曲园的学习生活中感悟社会道德规范和处世之道，在吸收的基础上实现创新，才能学以致用。愿学子在曲园思想理念的引导下突破自我、成就自我，感知美、创造美，投身于曲园建设，与曲园一路相伴，共同成长，以至万紫千红满曲园。

即颂

近安

李欣妍

2021年2月8日

作者简介

李欣妍，女，历史文化学院文化产业管理专业2020级学生。

初升骄阳，许我一抹晨曦

亲爱的自己：

你好！

人的蜕变，仿佛一场烟花，一刹那长大，一瞬间成熟。

18岁，所谓的成年。我想说："你好，小白，初来乍到，请照顾好自己。"回忆度过的半年时光，仔细想过，不留遗憾。以真实写下青春，不浮躁，不虚美，不隐恶，不违心，这是你最初的姿态，也是你期待四年生活的现实。

平淡的幸福，踏实的日子。你喜欢稳重的生活，同时，你也是一个要强的女孩子。在你看来，稳重与要强并不矛盾，用沉稳的心态面对不确定的未来，凭借强大的能力去迎接新的挑战，这本没有错。步入曲园，是自己新的人生起点，从军训第一次自我介绍，到中秋茶话会的第一次表演，从运动会开场啦啦操，到元旦舞蹈演出，每一次机会，是自己争取来的，每一个大胆的展现，是对自身价值的肯定。初入曲园，浓厚的学风，勤奋的身影，深深影响到你。你的追求有了层次感，不再有刚入学时的迷茫。你的思想有了深刻变化，看问题的角度不再局限于眼前。你明白，从实际出发，从自身能力出发，追求适当的理想，需要坚持下去的努力与信心。你知道，爸爸教给你的道理"你若花开，蝴蝶自来"是真理，自身的强大，才是走向成功的关键。

你应感谢许多人，感恩父母，因为他们是你最爱的人，所以你下定决心，一定不让父母失望。感谢老师，他们不管在生活上还是学习上，都给予了你温暖。感谢带班师哥师姐，优秀的他们是你的榜样，让你学会许多道理，成为更好的自己。令你印象深刻的，是那一句"你的能力越大，身边的好人越多"，人生中，知己少见，遇见便是缘分。感谢同学，感谢舍友，互帮互助中，你感受到，这是一种快乐。

新的一年已经到来，亲爱的自己，要记住：不忘初心。定下了目标，就不要松懈，慢慢来，脚踏实地。在学习上，多钻研，与优秀的人交流感悟，学会读书拓宽视野，认真准备英语的学习。在生活中，学会慎独、自律，希望你能越来越好，让父母骄傲，让自己无悔。《北京女子图鉴》中有一句经典的话："向内认知，向外行走。知道自己适合什么、需要什么，是一路跌跌撞撞才总结出来的经验，我们终究通过受伤，来做出更多不受伤的选择。"之后的未知，需要你勇敢地发现，克服困难，超越自我。我希望这封信在你21岁大学毕业的那天，再次打开阅读时，会有不一样的感悟，希望你获得更多优秀的品质，认识到更多的道理，从而站上更高的平台。和爱你的人与你爱的人共同奔赴平淡美好、朴实低调的生活。

　　"控制好自己，才可以控制好人生。"好好规划自己，对于你来说，虽然努力是必需品，但是结果也同等重要。"说什么努力，只要自己努力了即便没有做到，也能被原谅，只是在撒娇而已。没有成果的话，努力还有什么意义？"快乐地去奋斗，健康开心是努力的前提，学会合作沟通，谦虚低调做人，这是你恪守的，也是应该继续坚持下去的道理。不要让信任你的人失望，好好爱家人，爱你所爱的人，也要爱你自己。不管做什么，要尽力去做，因为这样，才能做到问心无愧。

　　向内认知，向外行走，一路向前，莫留遗憾。
　　此致
敬礼！

郭泽丰
2021年2月23日

作者简介

郭泽丰，女，政治与公共管理学院政治学与行政学专业2020级学生。

踏着力气踩着梦
——《致半年前的我的一封信》

亲爱的半年前的你：

  展信安。

  半年后的你现在正坐在归程的列车上，回顾五个月的生活与学习，感慨颇深……

  2020年9月20日上午，你来到了期待已久的大学——曲阜师范大学。天很热，柏油路都要晒化了，但仍有好多师哥师姐热情接待新生，帮着我们搬行李、做登记。舍友还打趣地说："来到学校，竟连自己的行李都没摸到。"你真真切切地感受到第一份温暖，满怀希望，憧憬着未来。大学环境是新的，思想观念也是新的，但是你知道，新鲜事物不仅仅会引起好奇心，还会带来压力和挑战。

  大学让你认识到争取的必要性。无论是"百团大战"还是学院里各部门干事的竞选，都要经历填写并提交报名表、面试等流程。和很多同学一样，你也逐渐从开始手足无措的紧张过渡到后来得心应手的从容，成功加入了视点俱乐部的宣传部和学生会的宣传部，看得出与有共同兴趣爱好的人相处你真的很快乐。你也希望能够提高你的写作能力、交际能力，能够满足你对摄影的爱好。不像高中生活的枯燥无味，大学生活更加丰富多彩。参加"挑战杯""五个十阅读"等各种比赛活动不仅使你学习到新技能，更让你体会到人外有人、天外有天。大学自由的氛围虽为我们提供了更多平等竞争的机会，但机会的争取大多需要毛遂自荐。什么都要靠自己争取，天上不会掉下馅饼，大风刮得越狠，就更要握紧手中坚定的勇气。

  大学让你认识到思考的重要性。在尹雷老师的社会学课上，给你印象最为深刻的一句话就是要学会独立思考，要有自己的见解，不要人云亦云。你认为大学与高中最大的不同就在于思考方式。高中学习是由老师在前指着路，说着你要先往那儿再往这儿。而大学思考全在自己，你觉得大学经历中最有价值的是自由的思想，独立的人格。大学就是一个小社会，比高中多了些人情世故。所以做自己很重要。独立思考人生，不偏听，不迷信，永远对现状不满，永远想书写历史，永远去拥抱世间的美好。希望被现实打磨得越发圆润的我们，在二十年后，仍激荡着青春的豪情，五十年后，还放肆着不羁的灵魂。

大学让你学会交际。离开了熟悉的生活圈子，遇到五湖四海的人，你觉得找到相处"舒服"的朋友尤为重要。12月26日你过生日，这一天你很感动。有故友也有新友，给你送来了生日祝福。你很开心，因为新班级里有第一个由衷夸你的朋友、第一个为你精心制作视频的伙伴，还有许多旧日朋友并没有忘记你，给你写信，送上精心准备的礼物。你因此觉得大学不需要去认识很多的人，也不需要去刻意维持某些无意义的关系。活着，还是开心最重要，不仅让自己开心，也要让朋友舒服。学会理解，学会宽容，学会试着站在对方的角度考虑问题。

大学让你学会自制。周六、周日没有课，课堂氛围也不紧张。过于觉得自己"天赋有限"，于是停止了前进的脚步，"差不多就好"成为处事准则；对专业"毫无兴趣"，于是放逐自己的灵魂，乐此不疲地打游戏、看综艺；"不愿付出过多的努力"，于是日复一日地重复自己的无趣；认同"阶层差异"，于是自己给自己设定了一道天花板。逃避和放弃的理由千千万万个，我们总是选择最容易接受的，然后心安理得地放任自己。青春那么短暂，为什么不能过得精彩一些？最好的年纪干着七老八十能干的事。半年前，你憧憬着大学的无拘无束、轻松自在。半年后，你无比怀念高中的充实生活。既然没有路，那就尽快选择方向，保持热血与乐观，努力走着，迎着风雨，勇敢微笑，勇敢挥手。

读大学的价值所在，或许就是做自己喜欢的事，寻找自己喜欢的人，形成自己独特的原则。读大学，学会做人的道理，学会怎么做人，学会做怎样的人。总之，大学是一个不断学习、不断充实，塑造人格的关键时期。四年时间宝贵，你要加油啊！勇敢前行，踏着力气踩着梦。

此致
敬礼！

朱玲

2021年2月10日

作者简介

朱玲，女，政治与公共管理学院政治学与行政学专业2020级学生。

致曲园的一封信
初遇曲园,道一声"你好"

亲爱的曲园:

你好!

初次遇见,你的身姿伟岸而挺拔,你的神情温和而坚韧,你从光辉岁月走来,不显疲态,砥砺前行。我奔向你的怀抱,你在那里,不远不近,为我撑起一片天空,我悄悄走近你,道一声:"你好。"

我们的初遇有着或多或少的巧合,我带着期待的心情来到你的怀抱,前途未知,你以温暖宽厚的心态包容我的无知,告诉我前行之路热爱可抵岁月漫长,我想要为我们的相遇道一声"你好"。原谅我过往的无知,你是我心中的太阳。

我以为足够了解你,却始终没明白你的伟大。你以"学而不厌,诲人不倦"的精神为祖国培养了一代又一代新生力量,六十五年来风雨兼程,六十五年来无怨无悔,曲园的一草一木、一花一石,也浸润着你的汗水,你在默默付出,无私奉献,我想要像歌颂普罗米修斯般歌颂你,你的手一挥,说:"这有什么,我不过在做应尽之事而已。"我的眼眶一热,在你身上,我看到了张富清、王继才、祁发宝、肖思远等人的身影,我好像明白了你的坚持和坚守是为了什么。我为我的浅薄和无知而羞愧,在这次初遇,我想要道一声:"你好。"

在你的怀抱,我尽情地成长。你用温暖宽大的怀抱为我保驾护航,供我肆意飞翔。在这里,我遇见众多良师益友,他们传承着你的精神,在学习上、在生活中带给我美的启迪与感悟,我知道他们都是你派来的天使,培育着我们,你呕心沥血,指引着我们前路的方向。可是,曲园你呢,六十五年来迎来送往,送走一批批有识之士,迎来满面青涩的学子,我知道,我们终将像那些人一样,

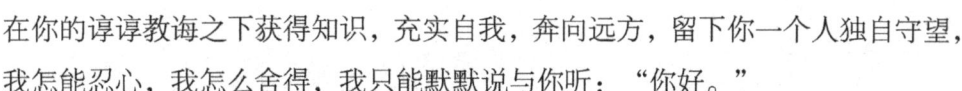

在你的谆谆教诲之下获得知识,充实自我,奔向远方,留下你一个人独自守望,我怎能忍心,我怎么舍得,我只能默默说与你听:"你好。"

沿途多风雨,自以为已经成长的我,遇人处事,总带着一份青涩和天真,是你张开双臂,隔绝那些冷落与风浪,我却无法在你的怀抱里安然度日,未能与你争来荣耀与光辉,反累你至此,我怎么能够平静如以往?你眼含热泪,告诉我:"孩子,谢谢你。"你的谢意如同泰山压顶,我怎么当的起你的谢,我的那份浅薄又天真的心意却被你珍而重之,我的双眼逐渐模糊,我终于明白你像什么,你是那些人,长征两万里,改革奋斗在前线的那些人,明明你们更加辛苦,你们却总是为我们简陋而浅薄的心意所感动。啊,你们多傻,明明可以更好地生活,为什么非要为了我们。我的眼中饱含泪水,只能断断续续说与你听:"你好。"

在你的怀抱,我尽情歌唱,歌唱如花儿初遇甘露,如鸟儿初闻芬芳,如我初遇你,道一声:"你好。"

在过往的时光里,我来到属于你的怀抱,从懵懵懂懂变得更加坚强,在属于你的地方,我进行蜕变,破茧成蝶,奔向逐梦之路,感谢这次相遇,我要道一声:"你好。"

在这里,我为无法用传世的诗篇和美妙的音乐歌颂你而感到羞愧,原谅我只能与你浅浅说上一句:"你好。"

此致
敬礼!

任慧婷
2021 年 2 月 22 日

作者简介

任慧婷,女,政治与公共管理学院政治学与行政学专业 2020 级学生。

踔厉奋发——成长篇

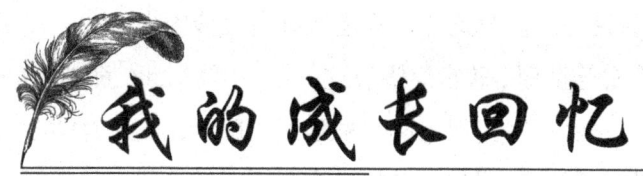

我的成长回忆

感谢自己在曲园迈出的每一个"第一步"
——致自己的一封信

亲爱的戴润洲：

你好！

还记得2018年那个初秋，我来到了曲园。从南门进去，迈出了自己大学生活的第一步。这一步，带着几丝匆忙赶路的慌张，带着少许对未来未知的迷茫，从地上踏扬起了几分晶亮的埃尘，不知再落下的即是四年青春的时光。

从小学到高中，我一直都是一个不爱言语的人，是"始终坐在座位上的孩子"。阳光洒在我的桌前，我坐在属于自己的那个角落读书、写字、学习，甚至绘画，看着同学们跑来跑去，我也最多和前后位聊聊闲天，便又继续开始了自己的读书、写字、学习。我始终想要把自己隐没在人群里，老师手中"坏孩子"的名单里一定没有我，讲台上也一定不会有我的身影。与其褒义或借口般地说我自己是享受自我空间或是淡泊名利，不如说我是没有对未知领域迈出第一步的勇气与自信，或许才是最根本的原因。我写这封信，就是为了谢谢你，18岁决心改变的自己；也是为了谢谢接纳与见证18岁的戴润洲蜕变的曲园。

大学军训是人生最后一次军训，但我当时依旧盼它快点过去。繁重的训练和闷热的天气，很多同学已经吃不消，开始花样"摸鱼"。但我依然秉持着自己一贯的作风——以"低调的好孩子"要求自己，认真对待自己现行的任务，努力做好每一个动作。我不能保证我的动作是最标准的，但我一定能保证自己时刻是百分之百用心的。就这样，只是做好自己分内事的我，却引起了教官的注意。通训结束分连队时，教官走到我这一排，"戴润洲，我想推荐你去跑步连，你要愿意就向前一步走"。跑步连是精英连，每个连队只有两名男生可以去，毫无疑问，这是一项荣誉，但是老乡师哥们在饭桌上的句句吐槽"跑步连太累了，最难的连，魔鬼连"等也瞬间像弹幕一样划过我的眼前。我顿了1.25秒，向前迈了一步。"教官，我愿意。"我要改变，我的心里只有这一个念头，我需要勇敢地走出去，我要去尝试！我迈出的这"第一步"，必定奠定了我整个大学生活的基调。跑步连很苦，苦到教官说"你们不用带马扎了，因为你们以后用不着了"。但是我坚持了下来，直到完成会演，直到成为2018级第一批拥有个人荣誉"军训标兵"的人，我第一次尝试"迈出第一步"成功了。

　　军训结束，学科开课，一切进入正轨。10月一个周六的上午，柔和的阳光洒进宿舍，晒得整个房间都暖洋洋的，窗外鸟鸣清脆，窗内呼噜此起彼伏。宿舍里一片宁静，一声消息提醒却突然划破了空气："宣传部将于九点开始面试，请按时参加。"学生会要面试了，我揉了揉眼，整个人还酥在被窝里。或许对一个清醒的人来讲，床根本没有诱惑力，但是对于一个梦吃初醒的人，这个世界上最温暖惬意的地方莫过于这块床板了。我犹豫了：要起床吗？别人可没起，也不需要起；我去了能选上吗，选不上怎么办？我从来没参加过面试，太紧张了怕露怯。劝你放弃的理由总有千千万万。但使你坚持向前的理由，或许一条就够了。我要尝试，我要让自己勇敢迈出"第一步"。我此时心里只有这句话，所以迅速整理好着装，迈出了宿舍的大门。我希望通过学生会使自己成长，并且通过自己的努力和工作来为同学们服务。与其说我是走出了宿舍，不如说是诀别了以"慵懒"的方式度过大学生活。去面试的路上，阳光耀眼；回望宿舍，那原本以为温暖惬意的阳光，已显黯淡平常。我成功通过面试和笔试，顺利加入了学生会。因为部门属性，我在学校再也没有度过一个完整的毫无工作任务的周末，但是我也得以见识和参与了各个部门各个组织的各种活动。手中的稿子逐字修改，拍摄的照片帧帧细调。现在回想起自己学生会的经历，前行三年走到今天，除了自己不懈的努力和老师的信任与指导，一定要感谢18岁的自己，坚定向宿舍外迈出的"第一步"。

随后，这样的"第一步"越来越多，走上部门讲台的"第一步"，走上支教讲台的"第一步"，走上面对全院全校表演的"第一步"，等等。以前总想，"迈出第一步多容易呀，但是关键是之后怎么办？上了台怎么办？要说什么？会不会出意外情况？太难了！"现在的我明白了：最难的，其实就是迈出的那"第一步"。之后难免会遇到问题或困难，但是你迈出第一步时的勇气与信念，足够你战胜路上遇到的一切，挫折意外的来临在所难免，但战胜困难也会在努力与奋斗中水到渠成！有些人因为害怕失败而放弃了成功的机会。就像曾经有人说的：勇敢迈出第一步，你只会离成功越来越近，而如果直接选择放弃，你以为你这是不给"失败"机会，殊不知，你在放弃的时候其实就已经失败了。

谢谢你，18岁的自己；谢谢您，曲园！

敬祝

一切顺利！

戴润洲

2021年2月14日

作者简介

戴润洲，男，物理工程学院电子信息工程（智能电子）专业2018级学生。

一路成长，一路高歌
——致未来的自己的一封信

亲爱的王晓彤：

  你好！

  现在是2021年1月14日，当我再次躺在家里卧室的小床上，辗转反侧之际，我想起了2019年7月的夜晚，我也是躺在同样的位置无法入眠，但我心里的感受却不同了。我把这种说不出来但又真实存在的力量称为成长，并且坚信这种情绪上的变化得益于我半年大学生活的经历。

  从军训到运动会，从"家乡美"到义工元旦晚会，从领书上课到备战期末，从社会学调研到寒假社会实践，从负责人到团支书，从章丘到日照又从日照到章丘，这半年的事情好像要比高中三年经历的还要多，还要密集。我庆幸自己用时光换取了很多机会，一路成长，一路高歌。

  性格逐渐独立大概是我首先想到的变化。我还记得父母送我到学校离开时的情景，我看着父母的车驶离园区的街道，眼眶一下子就湿润了。在学期生活中，我曾很多次在心情不太好的时候想给家人打个电话，但我知道我是时候学会自我消化情绪了，忍住过一阵之后发现其实也没有什么伤心和焦虑的，时间不会因为抱怨而停止，事情还是要一件一件去完成。现在想起这个学期与父母打过的电话，我会笑着回忆起一天晚上我坐在宿舍楼下的台阶上，吃着刚买来的煎饼王和爸妈视频时候那种骄傲和开心，那应该就是独立换来的成就感吧。

  放弃不留遗憾，坚持自己所热爱的东西，让我变得更加成熟。2019年11月，我成功通过了学校某一社团的三次面试，进入实习期，当时有"家乡美"的排练、社会实践的课程作业、社团学生会的竞选等一系列事情，加上换季不小心感冒，嗓子沙哑说不出话，社团的实习期很严格，每天需要三个小时以上全身心练嗓子，练声时发不出声的那种焦急和迟迟无法完成的录音任务让我倍感压力，我纠结了很久，终于在一天晚上颤抖着双手给部长发了退团的申请。现在想来，当时的事情其实不算什么，但对于当时刚接触大学生活，很多事情还在摸索当中的我来说，放弃这一次社团活动无疑是明智的。说起这件事，很多人说我假如能坚持一段时间或许就熬过了实习期，但我并不这么认为，我觉得当初选择放弃时我是经过思熟虑的，我学到了很多播音、主持、朗诵的技巧，而且放弃这一次活动并不意味着我在这条道路上的失败，我对播音主持的热爱不会衰减，反而通过这次放弃而更加明确和强烈。我以前会为很多事情后悔，是因为我在下决心的时候不够坚定，经过那次的经历，我找到原因，我也告诫和相信自己，以后在做决定的时候要慎重思考，选择了就不要遗憾。

　　学会理解和宽容，凡事多换位思考也是我一个很大的收获。这个收获是在我回到家以后长辈在我身上发现的。有句话说，在家人面前我们往往会把自己最任性的一面都展示出来。大学前的我认为在亲人面前不需要掩饰，对与错可以直接指出来，好与坏必须明确，可却忽略了倾听他们的情绪和意见。这个学期，我进行了两次社会调研，通过走访社会上的许多中年人和老年人，从他人的角度了解了每个人生活的不易，明白所有人的一些决定都是复杂的，它关乎生存、事业、家庭和责任。说实话，我也曾感受到闷闷不乐给他人的心情带来的困扰，感受到被他人误解的难过，感受到努力不被看好的无奈。再次回到家中，我无法再继续安心享受长辈们对我无私的体谅了，我学会了倾听他们的冷暖，学会了带着笑容去迎接问候，学会了耐心、热情地和哥哥姐姐交流。有句话说，所有的脾气都来自缺乏见识和悲悯，真正的理解是不会给任何人造成压力的。我坚信这句话，也希望能继续践行这句话。

　　除了这些可喜的收获，我也在半年的大学生活中发现了自己的很多不足，这些同样是我成长的见证。

　　首先，时间分配不合理，办事效率低。总结半年的大学生活，我惊奇地发现自己晚上在十二点休息的次数少之又少，有的时候甚至凌晨两点才入睡，我想这不是因为事情太多，一部分是因为排练，但大多数原因是时间分配不够合理。大多数时候我的状态是想起一件事就去做一件事，或者来了一个任务就抓紧先去完成一项任务，缺乏条理和规划，细细想来，有些事情需要长时间去打磨，有的事情却应该紧急处理。

其次，专业知识积累少，理论知识不足。过年前，我与一位在北京师范大学就读的高中好友约好碰了面，她送了我很多文史哲方面的书籍，在交流中，我发现她这半年来几乎天天都要读书，还不辞辛苦去了全国其他一些大学听讲座，她惊奇于历史和文学中一些与我们过去的认知不符甚至相悖的想法，为能钻进文史哲的知识海洋而兴奋。每每想到，我都羞愧不已，这半年来，自己虽然对课程学习并未放松，但也仅仅停留在上课、作业和期末考试之间，对于专业知识的扩展少之又少，书桌上那本《政治学的邀请》只看了一半，对时政新闻知之甚少，即使知道也没有进行探究。这些缺漏很快就在我身上体现了出来，在写读书笔记、课程论文、实践报告时，往往会出现词穷、口语化、专业知识无法输出的窘迫状况。

最后，自主学习能力不足，缺乏发现并解决问题的素养。在自主学习的过程中，我发现了自己耗时长、成果少的现象。在上课过程中，缺乏自主复习和预习的积极性，对于理论不够熟悉，在老师答疑环节竟找不到自己不理解的点在哪里，有些知识只停留在了"记住"层面。

2020年已经过去了两个多月，在这两个月里，我很高兴能够找出很多问题，许多在学期生活中没有解开的心结也在几个不眠夜晚的沉淀中解开了。这次疫情来势汹汹，但2020年并不能因此重启。同时，我相信它并不能阻碍我们的成长，我甚至感到通过在家里的这些日子，我更明白了自己这半年来的得失和下一步的目标行动。

不管是网课还是回到学校，我认为自己首先要学会规划时间，比如将近期的事情列出时间表，判定事情的轻重缓急和任务要求并列出计划，将忙碌焦急或空虚无聊都化成游刃有余和胸有成竹。

同时趁疫情期间将学期内的读书计划和笔记完成，不开学的日子读完两本专业推荐书目和一本历史评论书目；开学之后每周抽出一天的时间专门到图书馆阅读专业书籍。继续学习专业技能，多请教师哥师姐，通过网络课程等其他方式学习公文写作、课程论文写作和实践报告打磨。

以上只是大体的计划，前段时间跟一位学长交流的时候，他提醒我大学不应该只是重复地学习，参加活动也不能只以娱乐为全部内容，在规划好自己生活的同时，多参加一些专业性知识型的比赛，找出自己的短板，将自己的专业做到极致，才是未来应该做的，这也正是我对2020年和以后大学生活的展望。

　　2019年下半年的大学生活虽然插曲不断，但惊喜连连，在这半年的时间里我收获满满，随着时间的推移，大学生活里还有很多等着我去挑战。我相信，2021年会是我继续成长的一年，更会是我们继续不服输，克服困难的一年。坚信我们能够共同打好疫情防控阻击战，待来日春暖花开，肆意生长，一路高歌。

　　最后，希望未来看到这封信的你已经更加成熟，更加清楚自己想要什么了，加油！

　　此致

敬礼！

王晓彤
2021年1月14日

作者简介

王晓彤，女，政治与公共管理学院政治学与行政学专业2019级学生。

一切都是最好的安排
——致自己的一封信

亲爱的刘嫚：

你好！

还记得录取查询的那个晚上，你紧张地打开查询网页，被成功录取的开心瞬间又被录取的专业打碎。"通信工程"，一个你从来没接触过的专业，"物理"一个你最学不会的学科，那个晚上你哭了很久，或许是对以前的懊恼，或许是对未来的迷茫……

几天后，录取通知书的到来改变了你的想法，红色的录取通知书就像是一封热情的邀请函，它告诉你："来吧，说不定你会喜欢上我。"所以2018年的秋天，你和所有的大一新生一样怀着激动又迷茫的心情来到曲园，透过车窗看着这个陌生的地方，在这里你将度过四年的大学生活。孔子文化广场中物理工程学院的牌子下坐着一群师哥师姐，他们帮你办好入学手续，并由两个师姐带你去宿舍，路上她们为你讲述开学后应注意的事项，非常耐心地为你答疑解惑，大包小包行李的重量被师姐们"强行"分走，仿佛心情变得轻松起来。自此你与曲园的故事也正式开始。

开学第一天，一位老乡师哥带着大家一起逛校园，那是你第一次走遍曲园的每一个角落，虽然没能记住各个地方的名字，但曲园的美景在你的心里留下了深刻的印象。还记得在曲园的第一个春天，你拉着舍友满校园跑，想把曲园的每一朵花都留在自己的手机里，萃华园、百龙亭、银杏林、孔子文化广场……曲园的美，让你暂时忘却了专业的不如意，每个地方都忍不住驻足欣赏，手机里一张张全是曲园的风景，每一张都是独特的记忆。

初入校园，温暖你的除了曲园美景，还有可爱的舍友们，由于没有天南地北的跨度，大家相处起来格外和谐，大家一起走遍曲园的每一个角落，尝遍曲园的每一种美食，在这个陌生的地方，互相陪伴，彼此温暖。一间温馨浪漫的小屋，几个志同道合的人，一段真诚浇铸的情感，便组成了大家求学生活中最珍贵的记忆。

初学专业课程觉得有些费劲，许多知识也无法理解，但通过后续的不断学习，你发现认真学也没想象的那么困难，学习生活步入正轨后，你也渐渐了解了这个专业。还记得你第一次在实验室完成实验项目时的开心，还记得你第一次焊接电路板成功点亮流水灯的激动，还记得你第一次独立编写出程序的兴奋，还记得你第一次参加电子电路设计大赛，将自己的理论知识与实践操作结合，与两个队友一起连续熬在实验室好几天，组装小车、编写程序、撰写论文，最后完美地完成题目时满满的成就感……突然，你发现自己喜欢上了这个专业。

人的一生中会遇到很多人，经历很多事，或许最初的选择没那么切合人意。在曲园的两年半时间，你度过了充实的大学生活，学会了以为很难的知识，掌握了许多不曾接触过的技能，认识了一群志同道合的朋友、可爱可敬的老师……你发现一切都是最好的安排。所以不管是好的还是坏的，快乐的还是悲伤的，不要懊恼，不要沮丧，更不要只看在一时，要把眼光放远，把视野放大，相信未来一定会有惊喜的改变。

此致
敬礼！

刘嫚
2021 年 2 月 25 日

作者简介

刘嫚，女，物理工程学院通信工程专业 2018 级学生。

感恩相遇　不负韶华
——给师哥师姐的一封信

亲爱的师哥师姐：

好久不见！

从2019年入学到现在，转眼间走过了一年半，在这一年半的时间里从新生慢慢成长，我获得了太多师哥师姐们的帮助和鼓舞，我感激于每一个人的耐心指导。但今天在这里，最想要特别感谢的还是你们，从"大学的第一课"——军训起，就为我带来深刻影响的你们。

2019年9月我们第一次见面，大学的第一堂课很荣幸能够成为你们的学生。从军训的第一天起，师哥就一字一句地强调队伍的纪律，小到仪容仪表，大到军姿报告。第一次犯错，全队跟着受罚，在被晒得滚烫的地板上艰难地做着平板支撑的我知道了什么叫作"纪律严明"，我在心里告诉自己：不只是在这里，在往后的生活中也要严格遵守各项纪律，这是你们教会我的第一个道理。第一次被营长训斥，第一次全连队面临着被集体惩罚内心慌乱而又委屈，那一天师哥自己一个人扛下了所有，连队总共120多个人，你做了120多个俯卧撑，我听着前排带有哭腔的报数明白了什么叫作责任与担当。无论身份如何，一个人要勇于担当自己角色的责任。

军训14天，从烈日炎炎到阴雨连绵，从早晨七点到傍晚的五点半，你们放弃了自己原本的学习时间，每一天都陪在我们身边，教我们新动作和新口号、帮我们纠正军姿、带我们唱歌、嘱咐我们要好好吃饭要好好照顾自己。我听见你们的声音一点一点地变沙哑，路上偶遇看到你们眼睛里布满的红血丝，会演彩排那天下午看见人群散去师姐一个人坐在操场角落里孤单疲惫的身影，所有的一切都在告诉我什么是认真与付出。两周的时间好像很短又好像很长，短到一眨眼训练的日子就匆匆结束了，长到我们从互不相识、生命轨道互不交叉的陌生人慢慢地建立起信任和依赖，分连队那天，你们和我们那一张张被泪水打湿的脸让我感慨，原来短短的几天彼此之间可以拥有最深厚的感情，我们既不舍得分离也不舍得说再见。这么长时间过去了，新生逐渐入学，我们逐渐成长，再次在校园相遇时我们已经不再是身穿军装见到你们说"教官好"的小孩儿，你们亲切地喊我们"师弟师妹"，我们称呼你们"师哥师姐"，但那年军训的 14 天却一直镌刻在我心里，成为我大学四年最最难忘的时光。

"愿你在大学里找到自己喜欢的事、想做的事，不断充实自己，越来越好"，这是师姐曾经给予我们的赠语，这句赠语像是一个承诺让我在不断丰富自己的道路上拥有了强大的动力。都说"有时候一件事、一句话、一个举动真的可以影响另一个人的生命轨迹"，从军训那天遇见师姐的那一刻起，到后来的慢慢熟悉、慢慢了解，她对自己所热爱的事物的坚持与专注、为了实现自己的目标和理想不顾一切的勇气和乐观积极永远温柔待人的态度都深深地影响了我，这也是现在我一直努力变得更好的精神动力。要看见光、追随光、成为光、散发光，越来越好，成为一个优秀的人。

虽然感谢可能迟到了一年，但心意从未改变，始终感恩于 2019 年 9 月和你们在操场上的相遇，感谢师哥带队时的担当与负责，感谢师姐从一而终的认真与付出，感谢每一位教官的陪伴。我会永远记得会演结束解散的那天下午，你们站在主席台旁边的阶梯上迎着落日的余晖喊着响亮的口号拍着集体的合照，那是我见过的最美、最能书写"青春"二字的合照，而你们每一个人都拥有着最灿烂的笑脸。我会将你们教给我们的道理铭记于心，在今后的学习生活中面对困难也能有军训时不轻言放弃的坚持和毅力；面对梦想也能有不害怕胆怯，勇于追逐的勇气和自信，认真而又专注地做好生活中的每一件小事，永远积极、永远温柔善良、永远年轻、永远热泪盈眶。

感恩相遇，我们不负韶华。

此致

敬礼！

孙钰茜
2021 年 2 月 2 日

作者简介

孙钰茜，女，教育学院心理学（师范）专业 2019 级学生。

春华秋实，一眼万年
——致曲园的一封信

亲爱的曲园：

见字如面，情意拳拳。

我眼中的你是什么样子呢？每当向亲友们描述你的时候，我都会格外激动、自豪。回顾与你相伴的时光，记忆便回到了2018年。那是一个初秋已至，余夏未消的9月，我背着行囊初遇了将要陪我度过四年的你——曲园。

初次见面，对你这里的一切都感到新奇，古老的红瓦青砖与现代化的教学楼交错而建，仿佛来到了连接古今的时空节点，书香蔓延的图书馆与清雅温凉的萃华园相称，显得格外美好。向西走着，便不知不觉来到了古韵浓厚的西联教室，看到的第一眼，便喜欢上了这里。在一位师哥的带领下，我欣赏了你的全部，与你的第一次见面，便深深地爱上了你。

渐渐地，时间久了，对你也就熟悉了起来。

秋日的你，落叶缤纷，金黄满地，温润的秋风与淅沥绵绵的秋雨融为一体。每次与同学走在系楼旁的林荫小道上，都要驻足拍照，每一帧都舍不得丢弃。

冬日的你，可以说是格外的美好，仍记得那个周末，在教室上自习，忽然下起了雪，走出生命科学学院，白色的大雪覆在美丽的萃华园内，走到亭子旁，看着纷纷扬扬的白雪，忽然想起了高中课本上宋人张岱湖心亭看雪时的场景，真的是身临其境。

春日的你，是花鸟的天堂。粉红色的垂丝海棠在春风中摇摆身姿，桃李园内的紫荆与紫薇花争奇斗艳，一旁看热闹的迎春与连翘让人着实分不清楚……在花海的相拥之中，春日的你香气浓郁。

若说最爱，那还得是夏日的你。夏日的你，万物皆翠，生机盎然。每次走进萃华园，都会听到生动有趣的蝉鸣声、蛙鸣声，它们与图书馆前琅琅的读书声浑然一体，格外相称，湖内的荷花竞相开放，粉白相间，一朵一朵绽放多姿；每当走到西联教室前，师哥师姐们的读书声更是构成了夏日最和谐的乐章，最亮丽的风景线；每当夜幕降临，走进西操场，晚风温柔且带有一丝凉意，约上几个朋友一起散步、聊天，成为最惬意的美好时分。如此难忘的季节，每一帧每一秒都是一种岁月静好，怎能叫人不爱呢？

在与你相处的日子里，最让我感触的不是四季的美丽，真正让我一眼万年的，是你浓厚的历史文化底蕴与淳朴的学风氛围。身处孔子故里，你的历史自然称得上是源远流长，从孔子像到犁牛之子，从西联灯到教师博物馆……身在其中，我无时无刻不在感受着内涵丰富的儒家文化。作为新时代的青年，好学乐学是我们所应具备的独特品质，这一点在万千曲阜师范大学学子身上体现得淋漓尽致。任何一个人，无论置身校园的哪一方位，都会听到清亮悠扬的读书声，尤其是西联前，是广大曲阜师范大学学子学习的热门之处。说老实话，在与你相见之前，这样的场景我从没见过，也没幻想过，与你结缘之后，视与听的双重冲击，才真正震撼到我。起初只是路过看到师哥师姐们背书，而每当到了考试周，我也不知不觉成为其中的一员。每次看到充满斗志的曲阜师范大学学子，我都想起了那些为了理想而执着追求的追梦人，他们用别人放松休闲的时间浇筑着自己崇高的理想，此刻勤奋的曲师学子，便是那勇敢无畏的追梦人，我们不忘初心，坚信努力终会换来收获。千年前，孔夫子言："犁牛之子骍且角，虽欲勿用，山川其舍诸？"与你相伴的每一位赤诚曲师学子，都是中华大地明日的栋梁之材。

在我眼中，春华秋实是你独特气质的真实写照，一眼万年是我对你深深的热恋，经历了将近三年的相处时光，我想，你是美好的，是充满希望的，你的方圆之地，适合每一个追梦人在此成长！

纸短情长，言简情深。

此致

敬礼！

高博闻
2021年2月

作者简介

高博闻，男，生命科学学院生物科学（师范）专业2018级学生。

美好与你环环相扣
——致曲园的一封信

亲爱的曲园：

  你好！

  东流逝水，叶落纷纷，荏苒的时光就这样自然地流逝着，转眼间我遇到你已经一年多了。明知年华终将逝去，而今我站在青春的潮头静静眺望，盼着春的复苏，盼着夏的活力，盼着秋的澄澈，盼着冬的温柔，盼着我与你能有更多个四季。

  曲园，你知道吗？其实我第一次听到你的名字还是高中时，我最喜欢的老师就来自曲园，那是我第一次认识你，从此一个小小的愿望便在心里扎下了根。自此之后，我的心中总是涌动着一股暗流，就像是每年4月看到图书馆前风吹杨柳时温暖的心情。

  后来，高三每一个不甘平凡的日子和使人煎熬的深夜都不断打磨着我，只为能够在梦想的路上奔赴更远。那年夏天来自你的一封"邀请"，便定下了我们的四年之约，接过红色信函的一刻，草莓味的酸甜涌上心头，我只管去奔赴一场滚烫的星河理想。

  初见你，我是胆怯无措的，因为对于你的一切我知之甚少，但我唯一确定的是夏天的你可真美，花开得那样艳丽，阳光中透着的温柔让我无比安心，我开始尝试着去读懂你，我的犹豫和问题也在与你的相处中慢慢有了解答。

  一年以来，我们的相处越来越默契。

  我慢慢地去熟悉你的一切。夏天，你携着灿烂的花朵而来，伴着阵阵蝉鸣，哪怕是在燥热的盛夏，宁静幽篁的萃华园也能抚摸我的心灵；秋天，是微风扫落叶的萧瑟，是不息的余温连绵，愁愁的风吹过丰收的梨树，澄澈的蓝天下，犁牛之子像静静地勉励着我的梦想；冬天，我最想念的是西联外昏黄模糊的暖光，是校外热烘烘的烤地瓜，是又酸又甜的冰糖葫芦和教餐的麻辣烫。噢，对了，因为疫情我还没见过你的春天呢！萃华月，西联灯，垂柳新绿，樱花含苞，我仿佛已经看见春天的你在召唤我，这个春天我一定要好好记录。

我也在与你的相识中慢慢成长。初见你时，我还沉浸在高考失利的懊悔中，是你让我明白我能做的就是不要放弃，勇敢面对。古朴的文化底蕴、浓厚的学习氛围、向上的校园环境都让我重燃斗志。原来只要努力，不管在哪里都能抵达远方。于是我伴着你晨微的曦光开启一天的读书学习，踏着你沉沉的暮色回到温暖的宿舍，一点点的努力终于在期末得到了令人惊喜的成绩，原本不擅长的专业在此时看来也不再是个难题。

我也开始勇敢地打开自己，积极地参与到各种活动中去，在与他人的相处中收获珍贵的友谊，在社团及工作中不断提升自己，在实践活动中慢慢挑战自我。如果回到一年前，见到那时还内向犹豫的自己，我一定会告诉她："看吧，你一定行的！大胆去做吧。"我遇到的每一位老师、师哥、师姐，也像是星星般在我的前行路上发出光芒，指引我成为一个更好的自己。

一朝一夕，皆是风景。从宿舍到食堂再到教室，是我不可或缺的日常，也承载着与你相处的点点美好。从春意渐暖到仲夏蝉鸣，从秋意阑珊到银装素裹，我们从来都不曾错过彼此的成长与变化，我们都在按时长大。亲爱的曲园，遇到你以来，许多的热爱和美好都开始慢慢与你环环相扣，正如风会记得花香，我也会记得在曲园的时光。

此致

敬礼！

翟筱萱
2021年2月20日

作者简介

翟筱萱，女，物理工程学院物理学（师范）专业2019级学生。

曲园相遇，我们一起成长
——致舍友们的一封信

亲爱的舍友们：

  你们好！

  不知不觉和你们相识已有一年多，一年的光阴，说长不长，说短不短，但足够我们建立深厚的情谊。在报到之前我还在想我大学的舍友会是怎样的人呢？这可是要同住四年的同学，一定要能好好相处才行。在期待与忐忑中，大一新生报到那天到来了，我在宿舍第一次见到你们，我的舍友——文洁、阳阳与真真。我跟妈妈在忙碌地收拾行李，文洁默默的坐在自己的书桌前，戴着耳机，看起来十分的高冷。阳阳和真真坐在自己的床上，与我们搭着话，看起来十分文静。我当时心想：这三个小姑娘看起来都比较内向，跟我一样，要想熟络起来还真需要一个漫长的过程。

  可是，后来我便发现我的第一印象是错的。看起来非常文静乖巧的阳阳和真真，你们并不是那种内向安静的小姑娘，只是比较慢热。在跟大家不熟悉的时候比较拘束，后来大家慢慢"打成一片"，你们变得十分阳光活泼。虽然在遇到一些事情的时候也会比较烦躁，但是并不会畏惧退缩，也不会埋头哭泣，而是一边"吐槽"，一边前进。我非常佩服你们的韧劲，面对困难不逃避、不放弃，这也影响着我，让我变得更加开朗、更加坚强。

  还有当时感觉最难相处的文洁，其实一点儿也不高冷，反而是我们宿舍最暖的那一个。你会记住宿舍所有人的生日，提前与其他人商量，给过生日的人准备生日蛋糕。为了保持神秘感，瞒住我们，还找一个理由偷偷跑到蛋糕店拿蛋糕制造惊喜。不知道文洁你是否还记得，有一次我心情不好，还没有完全适应大学的生活，在与家人打电话的时候，没有控制住情绪哭了起来。挂断电话没多久，我收到了你的 QQ 消息。你发了一连串鼓励的话，不是一句"没事吧"之后便询问前因后果，而是作为同学发自内心的温暖的关怀。在一个未适应的陌生环境里，有人真正关心你，为你担忧，令我非常感动。在这个四人组成的小宿舍里，你们的温暖让我有了一种归属感，有家的感觉。

时间过得真快啊，我们都已经大二了，大一入学时的景象还历历在目，转眼已经成为过去。我们一起度过了大学里的第一个考试周，互相打气，共同复习；我们一起参加了学院运动会，为彼此加油助威，为彼此所获得的荣誉而欢呼自豪；我们一起游玩"三孔"，骑着小黄车探索曲阜的夜景，互相拍照，合影留念；我们一起打卡奶茶店，分享美食……我们一起做了好多好多事，完成了我们一起制定的一个又一个的小目标，也各自谱写着自己的大学篇章。在剩余的大学时光里，让我们一起迈步向前吧！无论是难以攻克的专业习题，还是困扰许久的生活问题，我们一起努力战胜它们、解决它们，让我们的大学生活更加丰富多彩。

大学时光只有短短四年，但是我们的友情还会在以后更多的四年中延续下去。或许大学毕业之后，我们会因为发展方向不同而减少联系。但是，无论以后我们发展如何，这段美好的回忆会相伴我们终身。

时间从来都不是隔断我们的利器，反而是沉淀我们的良药。希望我们都能按照自己的规划，完成一个个小目标，让自己的大学生活圆满无憾。憨憨们，加油！

祝：学习进步！万事顺遂！

此致

敬礼！

杨佳馨

2021 年 2 月 28 日

作者简介

杨佳馨，女，物理工程学院通信工程专业 2019 级学生。

给王宇老师的一封信

尊敬的老师：

您好！

惊鸿一面，始于颜值

第一节 IT 课。

初秋的阳光刚刚好，那天的风也温柔。

作为一名刚进入大学校园不久的萌新，我带着一种哈利·波特和赫敏进魔法学校的好奇心情，对接下来四年的世外魔法般的学习和生活，既充满了热爱和好奇，又对陌生的课程心里有点小小的打鼓。

"大家好，我是你们这学期大学 IT 的授课老师。"

循顺着声音传来的方向我抬起头和舍友低声感叹"不会吧！这么年轻的老师，我还以为他是同学"。"对啊，这白衬衫、金框眼镜，有点青春校园偶像剧男主角那感觉，没想到曲园里藏着这么个宝藏老师。"

我想，还要谢谢您的出现颠覆了我对大学老师的刻板印象，原来大学老师可以这么年轻还有颜值，至于才华嘛，还有待了解观察。

一丝不苟，敬于才华

三节课下来我决定收回我上边的话，妥妥的颜值与才华兼备的宝藏老师。

您塑造了一个与传统"理工男"完全不同的形象，诗词引经据典信手拈来，按常理应该枯燥无味的IT知识却在您幽默有趣的讲解之中无形地被我们吸收。开玩笑地称我们为"小屁孩",却用对待朋友的态度和我们交流,用对待孩子的态度尽心竭力教导。您分享着您的经历和见闻,输出着您的认知和观念,默默地激励着我们。第一节课您分享的一些知识有些在今天依然激励着我前进,以至于后来每学期只要有机会,我都去蹭一次您的课,每次都能点醒那个迷茫或消沉的自己。

虽然一学期的课程并不多,但每次上课都能有所收获,积攒在一起便成了珍贵的"财富"。通过课本理论知识和上机实践练习的轮番操作,一学期结束,面对期末考试的时候大家也都多了一份自信。

德为人先,忠于品行

(一)读书:教学严谨　传授给我们知识和技能

您除基础知识的讲授外,加大了上机课程的应用训练,引导我们主动学习和积极参与课堂互动。课前会布置预习内容,然后在课上检测预习效果;上机操作练习也都会认真细致地指导、批改和反馈;还有线上分享知识和答疑。哪怕是晚上突然有问题向您请教也会得到及时的回复和详细的解答。《礼记·学记》中说:"学然后知不足,教然后知困;知不足然后能自反也,知困然后能自强也;故曰教学相长也。""教学相长"是每一位教师都希望达到的效果,您也不例外。每次和您说在您的课上学到了很多,您总会回答"我传授了很多,也从学生身上学习了很多"。"惟曰孜孜,无敢逸豫"——作为一名青年教师,您以一种蓬勃昂扬的学习状态为我们树立了榜样。

(二)做人:谆谆教诲　教给我们课本外的人生

有幸成为您的课代表,除了平时的课程之外,在您身上也学到了很多为人处世之道,对待工作的一丝不苟,对生活的投入和热爱。分享自己的阅读书单,传达着阅读是一场永无止境的旅途;下雨天跑下楼去救助一只小鸟,流露出对生命的尊重与保护……大学遇见一大束的精彩,是您在讲台上的意气风发,是您在生活中的积极自律。身正为范,给我以美好;殷切寄语,予我以希望。温暖又坚定,平凡但伟大。

大学生成长三部曲 ——记录大学生成长的100封信

亦师亦友，久于陪伴

唐甄在《潜书·讲学》中说："学贵得师，亦贵得友，师也者，犹行路之有导也；友也者，犹涉险之有助也。得师得友，可以为学矣。"这句话正适合您，虽然在曲园传道授业解惑不算太久，却深受学生喜爱；学识渊博，也仍旧好学不倦。您既是一位有学术素养、能做到因材施教的老师，又是一位亲切温和、善于将书本知识与人生哲理糅分在一起娓娓道来的朋友。

在您的课上没有代沟和身份的差别，所以我们都亲切地叫您"宇哥"，上课时严肃认真，下课后也和我们打成一片。吸引我们去上课的动力更多的源于你的亲和力。

短短一学期的课程后您并没有和我们就此"分道扬镳"，依然会出现在我们的朋友圈里，以精神式的形式陪伴着我们。当我在后来的学习过程中受挫或迷茫时，和您聊一聊总会得到继续前行的力量。"教师是我毅然选择的职业，也是我热爱着，打算奉献一生的职业，我相信，若干年后，我依然会保持着这份热情。"永远也忘不了这句话带给我的触动，并且让这个小女孩心里种下了从事教育行业的种子。这趟行程中，所有的景色和知识，都不及那一刹那所给予我的感动。人生太短，或许以后我会离开学校走上社会，或许师生之间没有太多相见的机会，或许多年后我会忘了SQL语句怎么写、Excel函数怎么输，但永远记得这个叮嘱我们要快乐的您。学贵得师，亦贵得友。老师之于我来说是良师也是益友，是融化山间残雪的春风，也是带走酷暑燥热的秋水——如沐春风，如临秋水，如斯人也。

点点星光，璀璨曲园

这封信，给我的IT老师，也给每一位曲园的老师。

有幸在曲园遇见你们。一言一行彰显人格魅力，一举一动体现师者风采，一字一句饱含谆谆教诲，一分一秒无私奉献青春。"桃李不言，下自成蹊"，我遇见的老师仅仅是教师队伍中的一部分，还有更多伟大的老师在自己的岗位上兢兢业业，用你们独特的人格魅力影响着每一个学生，为学生的成长提供着宝贵的经验和指引。刻在木板上的名字未必不朽，刻在石碑上的名字未必传世，而你们的名字刻在了我们的心上。从金黄落叶的秋季，到冰雪覆盖的冬季，走过生机盎然的春季，步入烈日炎炎的夏季，四季皆是你，你皆在我心。

"曾经沧海难为水，除却巫山不是云。"人们都说"年少的时候不能遇见太惊艳的人，误终身"，但是在曲园，我可以放心大胆地去遇见不同的老师，汲取不同的知识，因为你们是无数颗闪耀的星星，在不同的星域默默地发光，引领着每一个探求知识的"曲园人"。

在这个蓝色星球上，每一个人都是星辰，不同的是，你们是星辰，也是星辰的点亮者。大家常说，在曲园，有光的地方，就有人在学习，在我看来，这束光既能照亮夜行学子奋斗的路，也是一位位耕耘者默默燃烧奉献自己的见证。

不说"春蚕到死丝方尽，蜡炬成灰泪始干"的无私奉献，不提"随风潜入夜，润物细无声"的默默培育，不写"落红不是无情物，化作春泥更护花"的倾情守护，只想说谢谢你们构成了曲园的点点星光，陪我们长大，促我们前行。正所谓老师如山，宽容为径，循径登山，方知山之高大，师生交心，心心相印，方知心之高尚。以灯传灯，心灯长明。念念不忘，必有回响；逢风劲雨狂，传灯之恩情于心何敢忘，唯望千灯万灯相继，传灯之人，得闻回响。

最后祝老师桃李芬芳满天下，教泽绵长遍九州。

敬颂

教安

赵音离
2021 年 2 月 24 日

作者简介

赵音离，女，历史文化学院文化产业管理专业 2018 级学生。

最美的际遇
——写给自己的一封信

身在曲园的自己：

你好！

犹记报到那天，天色朦胧，一个还未褪去稚气的女孩心怀忐忑地背上行囊，离开家乡，赶往曲阜市静轩西路57号。当车子缓缓驶入曲阜师范大学的大门，你坐在车里，满怀期待地探出车窗，你看到了校领导热情的笑容，听到了辅导员暖心的询问，感受到了保安叔叔无限的耐心，那么多不曾相识的人的温暖，都在曲园。而后西联前传来即将考研的师哥师姐们的琅琅书声，那认真的模样深深刻在了你的心底，迈步在曲园，朝前看，这里应该有你长大的样子。

走出高中，步入曲园，于思想单纯的新生来说，不过是学习的转场之处；而于心怀期待，富有理想的青年来说，则是新起点、新生活、新挑战。没有了精确到秒的作息时间表，没有了高考的压抑，初入大学的我们蹒跚地学着独立：收拾行李、打扫卫生、寻找教室、认真听课……每一天都是我们成长和成熟的见证，一切都要自己安排、规划，独特而又骄傲地体验。

宿舍里有海南的和东北的小可爱，但南方人和北方人的融合也没有想象中那么困难，大家很快打成一片，分享家乡的美食，畅谈以往的趣事，聊着对曲园的初印象……北方人的粗犷热情，南方人的温柔细腻就在这样一方属于我们的天地巧妙地组合着，快乐而又温馨。周末时，和室友漫步在曲园，欣赏着"青砖黛瓦"，曲阜校区说大不大，说小也不小。从实验中心到物理楼，从北公寓到西操场……大学校园之"大"和高中校园之"大"完全不同。它是绚烂的、包容的、浪漫的，不仅仅是校园，大学人文亦是。有人说：大学是一个人的大学，高中是一群人的高中。从某种程度上来说，是的。

踔厉奋发——成长篇

当秋风吹起，暖阳遍地，你终于开启了大学征程，却发现，大学生活与高中时的想象大相径庭，没有所谓的轻松惬意，也没有所谓的随意，有的是大量可以自由支配的时间，是考验自我管理能力的方方面面。高中的生活，犹如一条直通到底的大路，只需要埋头学习，就可以走到终点；到了大学，每走一段路都会出现一个岔路口，这或许让刚进入大学的你一时无所适从，但经过一段时间的适应，终会明白：人生际遇便是由一个又一个选择题构成，你只需要认真对待每一次选择，不惧不莽，坦然面对。

在不同的教室学着那些传闻中的"杀手课"——高数、大物，课时的冗长、无法立刻知晓的"知识点"面前却有点手足无措，课余丰富的社团活动激发着青春的激情，QQ微信群里永远都是"99+"，各种餐厅使得每次下课都纠结吃什么……每每走在曲园的林荫道上，你第N次彻悟，自己已然是个大学生了。

故事就这样开始了，没有反抗，没有妥协，也没有后悔，一切都刚刚好，一切都是最好的安排。曲园，不是你喜欢的样子它都有，而是它所有的样子你都喜欢，你已经没有理由不爱上这里了。这是你们开始的时候的故事。那么，接下来的故事，让我们一起期待。山有顶峰，海有彼岸，志之所趋，无界无怯。你要倍加努力，成为人群中熠熠闪光的自己。

　　此致
敬礼！

董晓龙
2021年2月21日

作者简介

董晓龙，女，物理工程学院光电信息科学与工程专业2019级学生。

给自己的一封信

亲爱的李欣玥：

你好！

时光如流，你已在曲园度过了一年半的时间。回想在曲师的点点滴滴，无数闪光的瞬间汇聚成溪，从你面前流过，时而激荡，时而温柔。将目光凝聚于时间深处，你知道，你愿意把这份短暂但美好的记忆流于笔尖，献上一名曲园学子最真挚的话语与情感。

"曲"字怎么念？是小口微嘟，似对四年时光饱含轻轻一吻；"曲"字如何写？是横平竖直共六笔，端正人格纸上跃。正襟危坐，在纸上工整书写下"曲"字。这看似简单的线条笔顺，其实何不蕴藏着我们曲园犁牛之子的精神呢？

第一笔，是一竖，似是曲园师生堂堂正正的态度与品格。

清华校长梅贻琦有言："所谓大学者，非谓有大楼之谓也，有大师之谓也。"曲阜师范大学自1955年建校以来，招贤纳士不计其数，正是因为一代又一代曲园教师的潜心研究与教学，才有了现如今我们在教育与学术方面的累累硕果。曲园教师饱读诗书，呕心沥血，曲园的莘莘学子也不断地为曲阜师范大学增砖添瓦。讲台上，有曲园人在抛洒芳华；案几旁，有曲园人在笔耕不辍；政坛上，有曲园人在兢兢业业；实验室里，有曲园人在一丝不苟……在社会的各行各业，你都可以看到曲阜师范大学学子的身影，他们走进社会各个领域，有一分热，便发一分光，正如"曲"字第一笔，顶天立地站，便是有担当。

再一笔，当横折，似是曲园学子在潜心求学，问道经典。

当稻谷弯下腰，才意味着成熟；当人俯下身，才能求得真理的力量。只有低下身来，谦逊地做人、做事，才能获取最真实的知识，学到最精深的学问。曲园学子做到了这一点：综合楼的灯总是最晚才熄灭，西联教室前从不间断琅琅书声，而傍晚，伴着微凉的风，借一盏灯，那光束便裁剪出一个个奋斗拼搏的身影……我们俯下身去，为了求学，为了收获，为了成长。

另有两笔为双竖，似是曲园人携手光阴常相伴。

校园里，有人为学业不停奔波，在奋笔疾书耕耘"学田"；有人成为社团骨干，继续为自己所在的部门贡献力量。每一位曲园学子都以不同的身份参与到学校的建设与发展之中。而对你来说，时光荏苒，你来到中国教师博物馆也有一年多的时间了。作为一名英文讲解员，你学到了不少专业讲解知识，也收获了许多值得铭记的感悟。

成为中国教师博物馆的英文讲解员后，你面临着全新而严格的要求。文物有千年，话语要传新。在老师和师哥师姐的指导帮助下，你向着成为优秀讲解员的目标不断迈进。在讲解中，你逐步认识到，博物馆不仅是一个保存文物的场所，它更应该是一个传递文化使命的永恒性存在。而中国教师博物馆，则是肩负着"讲好中国教师故事，塑造中国教师形象"的责任。你深知，把中国教师的魅力向外界传达，让社会各界于潜移默化中形成尊师重教的道德观念，是作为讲解员的应尽义务之一。鲁迅博物馆馆长来校开展讲座时，你参与了现场的礼仪服务和后台操作工作；泰国高校教师代表来馆参观时，你负责讲解并协助制作拓片，第一次完成这项工作难免会有不尽如人意之处；而当带领曲阜各行业代表进行参观讲解时，你真正体验到了独立讲解的使命感和责任感……凡此种种，不胜枚举。而如今的你，已经成为中国教师博物馆的一名首席讲解员，在你眼中，那些文物不再是放在展柜中仅供人观赏那样简单，无论是鲁迅的"戎马书生"印章、陶行知手稿，还是那些书页泛黄的老课本、清末学堂的戒尺圆规，它们的呼吸尚未停止，它们的生命仍在延续，教师的力量、教育的伟大在此地完成了时空交汇。这些都是中国教师博物馆带给你的独特体验和宝贵经历，是你大学生活中最浓墨重彩的一笔。

孤木不成林，我们每一名曲园学子，都在老师的教导下、同窗的鼓励下，一步步向前走，踏实而坚定，自信且昂扬。如同"曲"字的双竖，有恩师携行，有友人相伴。

信书于此，停笔，静坐，一个小小的"曲"字从笔尖滑落于纸上，而大大的曲园则深藏你心，缓缓念道："犁牛之子骍且角，虽欲勿用，山川其舍诸。"看向窗外，春光明媚，正是读书好时节。你相信，一代代的犁牛之子，秉承着"学而不厌，诲人不倦"的校训，在曲园里，必将继续书青春之美。而你呢，也早已准备好行囊，即将继续在曲园谱写自己的人生华章！

  海阔凭鱼跃，天高任鸟飞！祝你身体健康，前程似锦！

  此致

敬礼！

李欣玥
2021 年 2 月 5 日

作者简介

  李欣玥，女，历史文化学院历史学（师范）专业2019级学生。

时光荏苒处，青春长少年

亲爱的朋友们：

你们好！

时光荏苒，一眨眼，我们的大学生活已过去了一年半了，在这一年半里，我们经历了初来时的惊喜、彷徨、困惑，然后到清醒。我们的思想发生了翻天覆地的变化。

首先，刚开学时，一切都是新鲜的，全新的风景，全新的人。那时，我们的内心满是惊喜和期待，兴致勃勃，渴望熟悉每一处风景和每一个人。

但当所有的一切开始趋于稳定时，我开始进入学习状态。开始思考人生，思考之后，才发现自己这一路走来，根本没有一个确切的目标和计划，只是每天看课表拿书本去教室，常常上课睡觉，临到放假时，便是去逛街，或者上上网。这种生活，没有一点方向可言。只是浑浑噩噩，时间便过去了，这也更增添了内心的惶恐和迷茫。

于是，我开始重新思考，如何才能走好自己的人生路。终于明白，大学并不是用来玩乐的地方，它是一个需要我们去奋斗的地方。要想让自己的人生更加精彩，靠投机取巧是不行的，必须脚踏实地，一步一步坚持并努力着。当你选定一个目标并朝之奋斗时，整个世界都会给你让路！时间总会让我们认清自己，开学以来这么长时间的经历，让我对未来有了更大的信心。

有人说，大学不过是高中的延伸，在这里还得继续高中的那种拼命苦学；又有人说，跨进大学校门，前途和事业便有了保障，可以痛痛快快玩四年了。我认为，大学是一幅空白画卷，等着你用智慧和双手描绘属于自己的七彩青春。带着那句"对人真诚，对己严厉"的誓言，我跨进了大学校门。记得高中时，心中充满对大学生活的无限憧憬：轻松洒脱的生活，半天上课，半天休息，这些都是我高三紧张烦闷学习的最好调味品。然而当我第一眼看到安排得密密麻麻的大学课程时，我那些美丽的幻想禁不住全都破碎了。上午四节，下午四节，有时晚上还有两节，比高中的课还要多！那一刻，我真有种才出龙潭，又入虎穴的感觉。可当我把这样的想法跟一位学姐诉说时，她跟我说了一句奥斯特洛夫斯基在《钢铁是怎样炼成的》中说过的话：当你回首往事的时候，能够不因虚度年华而悔恨，不因碌碌无为而羞耻。是啊，青春，更是任何人只能拥有一回，如此美妙的年龄怎能荒废？所以，当大家还辗转于精彩纷呈的派对，丰富多彩的社团活动，各种各样的讲座时，尽管每一项都充满着诱惑力，我选择了一条寂寞的学习路，因为那时单纯的我认为只有学习好才最最重要的，其他的一切在学习面前都是无足轻重。我每天往返于宿舍、食堂、教室，三点一线，学习成了我生活的全部。每门课程，从课前预习到课上专心听讲，再到课后复习，我都倾注了比其他人更多的热情。可当我静下心来仔细想想，如果一直这样下去，四年后除了学习成绩优秀外，我还有什么呢？显然，这样的生活是紧张但不充实。一次在网上看到的一句话给了我极大的启发：人是立体的，并不仅由某个点或面组成，我们不该给自己定死一个方向，应该各方面都尝试、体会，就像是无论偏重哪种颜色，单一的一种永远不能组成彩虹一样。顿时，我明白了大学的生活应该不单是学习，还应该有更丰富多彩的内容。

    大学生活与高中生活的差别实在是太大了，这一结论大一入学就能得出，特别是刚刚结束高三那些苦日子后，有更大的感触。一下子压力少了很多；老师基本不会拖堂，同学们的课余生活不是太丰富。但是还有很多事是新鲜的，富有挑战的。比如人际关系在这之前是完全不必考虑的。而在大学的几年中，每个人要接触的不仅是朝夕相处的同学，还有更多的对外的机会，人际交往能力都会得到不同程度的提高。积极应对，个人的性格、能力都会有很大的变化。我想，在这四年的时间里，我们学到的将来对我们在社会上生存是很有用的。

    此致

敬礼！

纪智娜

2021 年 2 月 25 日

作者简介

纪智娜，女，政治与公共管理学院政治学与行政学专业 2019 级学生。

给曲园的一封信

亲爱的曲园：

如果你是风，我便是夏日庭前风铃丁零零的脆响；如果你是光，我便是被你所照亮的漫漫长夜的一抹亮光；如果你是火，我便是被你融解为温流的极点坚冰。我与你交集在一望无际的地平线，像大海深情的白浪拥抱岸边柔软的细沙。我愿捧着一腔热情，不知疲倦地歌颂你——我亲爱的曲园。

我来曲阜师范大学已经有了一年半之久，说长不长，说短不短，一年半中我对学校逐渐熟悉，逐渐理解了曲阜师范大学"学而不厌，诲人不倦"的校训，在这样的朝夕相处中，我全然没有了初来乍到之时的那股子"懵懂的驯鹿"误入深林的迷茫感，席卷而来的是源源不断的关爱，换而言之，我成了曲阜师范大学的儿女，曲阜师范大学的一份子。

还记得那时，当我还是一个刚离开中学，步入大学的毛头孩子，怀着紧张和对大学生活的憧憬和期待，我走向了曲园。进入大门，放眼便看见了那几个金色大字"曲阜师范大学"，我的心突然涌起一股庄严感，一想到我将在这里度过四年，一股热流便涌上我的心头。那时你美在庄严和肃穆。

在你我相遇的第一天，我只是一个迷茫在森林中的稚童，但我却骄傲着。当校长对我们致欢迎词时，我的心脏开始冲击着胸膛，似要跳跃出来。在周围的喧嚣中，我感到一种奇异的感觉，将我与您紧紧相连，仿若迷途的羊羔找回了羊群。这儿，是我第二个家。我与几万名同样怀着热血的同学相拥。

清晨，阳光洒向慢慢恢复生机的教学楼，洒向校门口那几个仿佛镀了金的大字，似乎是那夜晚熠熠生辉的星辰，承载着无数学子遥远的梦。我迎着光向前大步走，带起微风阵阵，无意拂起的早起的草儿甜甜的笑。抬头，看那不知何时烂熟于心的八字校训，又低头看向一旁开了又谢且发出清香的桂树，不由得感叹时光荏苒。

还记得我第一次走在校园的大道上，来来往往说笑的同学，身上洋溢着快乐的味道，并不只他们，还有这里的一花一草，仿若伊甸园般美好，烦躁的心情，被柔软的风轻抚，直至平静。我也微笑走过这，沉闷之气全无。不远处，几个同学帮助老师搬着作业本，一些叽叽喳喳的女孩欢快地向老师问好。望着他们，我也开始以礼待人。

和你相处一段时间后，经历的许多事至今还历历在目。还记得当时运动会上那肆意奔跑，拼搏向上的那一道道背影；记得当初元旦会演晚会上那或让人欢喜，或让人感动的一个个的节目；记得当初远足拉练中那互帮互助，永不放弃的一道道风景；记得平日里走廊上的琅琅书声，课间中的阵阵笑声……在这一个个瞬间中，你微笑地看着，陪我们经过那春夏秋冬，喜怒哀乐。而我们让你的美中充满生机活力。

那个初冬的夜晚，我第一次参加学校的元旦晚会，我紧紧裹着大衣，看着夜晚的曲园，就像一位沉沉睡去的婴儿，不时露出甜蜜的微笑。那晚的表演十分精彩，宽敞的大厅里洋溢着暖洋洋的气息，就像你睡着时裹紧的袄被。看着舞台上表演的同学，我仿若重新认识他们，平时嬉闹的同学们，此时收起玩心，舞蹈着。

课堂上，学校的硬件设备是比较简陋的，但像诗一般的学习氛围却是无人能比的。同学们是每一堂课的主人，老师给予了同学们大量的独立思考、独立创造的空间。老师用独特的教学方法引领我们在知识的海洋中遨游。同时，学校也开展了许多独创课程，在潜移默化中培养了我们的能力，提高了我们的素质，使我们成为一个个既有个性，又充满自信的学生。老师的点点教诲如丝丝春雨落在我记忆深处，相伴永远。

最后衷心祝愿亲爱的曲园，桃李满天下，辉煌誉五洲！

此致

敬礼！

崔迪玥
2021年2月25日

作者简介

崔迪玥，女，政治与公共管理学院哲学专业2019级学生。

亮丽曲园记心间

曲园：

  你好。

  我隔着千里与数度春秋，纵山河路远，竟觅得终生一缕光，从此这般，没齿难忘。

  你之于我，杯中美酒，醉人，也自醉。初入曲园，彼时的我，大抵应是人生灰暗的一段时间，我踽踽独行数个无边暗夜，终日惶惶，不得归途。不知前方为何，亦再难将息。那些深远的记忆依旧清晰，我依然记得，与你的第一次碰撞，你却用千秋万载的胸怀，包容了我的无知，我庆幸，也感激。

  犹记得，天光明媚，我奔赴与你约定的日子，鲜少漫漫长路，终归还是多了些忐忑。我始终记得那日你的面容，似是皎花照月的少女，眉目艳皎月，一笑倾城欢。新生接待的师姐们特别温柔，记得有两个一路陪我走进宿舍园区的师姐，稍稍抚慰了忐忑不安的我。

  我与你，从伊始的懵懂与憧憬，到现在的坦然与平淡，这许多日子以来，有超脱预期的失落，当然也有努力过后由衷的喜悦。怀着忐忑与好奇，缓缓踏入你的大门，这些日子的经历予我欢愉，虽有焦躁、失落，但欣喜早已成破竹之势，成败明矣。

  早初，确实是有过对置身之地的失望与不满，但经过时间的磨合，我逐渐了解你、接受你，并喜欢上你。走过高中三年的岁月，接受过高考的洗礼，总想着轻松惬意、自由潇洒的大学生活近在咫尺。其实不尽然，走入大学校门，才发现以前的自己是多么的愚昧无知，你可以选择自由，可以潇洒，但等待你的将是无尽的黑暗，只有真心地融入其中，才能发现，大学是你人生中的新征程、新起点，在这里，畅快肆意地嬉笑怒骂变得那么的幼稚，在这里，我开始深刻地思考，思考自己的未来。当然，每个人都应有各自的理想。

忐忑地迈出与周围交往的第一步，此后，渐入佳境。抱着锻炼自己的心态忐忑地递交了边缘的干事竞选，因为自己一直以来热爱文字，热爱写作，便毫不犹豫地选择了边缘的编辑部，得幸运眷顾，幸而中选。而后，我又进行了以往不曾有过的尝试，竞选了学生会，紧张与自信激烈交织，不论成败，去试过便不留遗憾，不承想，得其接纳。多次经历使得我也与周围有了更多的交集，渐渐融入这个环境，性格变得更为开朗，也通过许多的任务丰富了自己的工作经验，感谢这许多的磨砺。

感谢这一刻的相遇，三千繁华，青丝成簪，道不尽那流年。愿苍茫世间，终有一僻静之处，携一壶桃花醉，煮一杯清茗，设一盘永不落幕的棋局，察世间百态，谈笑风云。愿你我在那淅沥雨幕下纸伞为伴，愿你我常在，情亦不变，芳华亘远。亦有许多可爱的人啊，感恩相识相知，宗此不变。

与你相交的生活已悄然而逝，其间夹杂些许悲欢、心酸，却也有收获的喜悦与蜕变。往者不可谏，来者犹可追。新的征程已然开启，新的希望正在前方。

我要用四年时光加强自己的口语能力、思考能力、交际能力等；用四年提高自己的知识水平，提高自己的身体素质、道德素质、心理素质；用四年把自己锻造成一个优秀卓越的准社会人。一切的肯定皆源自我心的决定，即使艰难，但我将全力以赴！

不求功过，只求不留遗憾，愿往昔回忆大学生活，其必辽阔高远，不负岁月与天地。

  此致

敬礼！

董鑫宇

2021 年 2 月 12 日

作者简介

董鑫宇，女，政治与公共管理学院哲学专业 2019 级学生。

春华秋实，初见曲园很美好

亲爱的师弟师妹们：

你们好！

芸芸众生中，每一个生命个体，都曾有过酸甜苦辣，如果可以的话，都可以谱成一章章乐谱，编写成一部部诗集的。只不过，每个人的乐章或诗歌风格不同而已，有的激越，有的低沉，有的激越和低沉交错进行，只是交错的时间和刻度不同罢了。但不管怎样，只要有心路的成长，都是那么动听、悦目，正是由于人生不同的风格，才构成了我们这个多姿多彩的世界。

2019年的暑假结束，新生陆陆续续到大学报到。儿行千里母担忧，昔日少年背起行囊就要远航。师哥师姐们挑起迎新的大梁，事无巨细帮助下一级师弟师妹，是政治学院代代相传的优良传统，登记扫描认证，办理餐卡，分配宿舍。"嘀嘀——"一声，识别成功，政治与公共管理学院欢迎你的加入！

师哥师姐们早早地赶赴迎新工作一线，从学校报到到宿舍整理、周边介绍，形成新生报到"一条龙服务"，还为我们精心准备了大学车票和钥匙链纪念品。各位领导老师也莅临新生报到处进行指导，并特意指出新生签名墙和纪念品的设计非常用心，希望我们可以开开心心地开始大学生活。

带班学长对我们2019级新生的到来表示热烈欢迎，他强调大学四年的重要性，并希望同学们珍惜时光、努力学习、享受生活，在快乐中成长，在成长中收获，努力成为"坐下来能写、站起来能说、走出去能做"的政治与公共管理学院学子，奋力拼搏成就更好的自己。本次新生见面会的召开，有利于我们更加了解大学四年生活，为未来做好规划，顺利度过丰富充实的校园生活。见面会的举办有助于拉近同学们的距离，促进同学友谊的形成，增强班级凝聚力与向心力和对曲园，对政治与公共管理学院的归属感与认同感，为我们今后丰富多彩的大学生活奠定了基础。

初入大学，教官就是我们的第一任"老师"。是教官教会我们对待军训的态度，教会我们要礼貌、懂感恩。一招一式，教会我们的不仅是整齐划一的标准动作，更是教会我们团队精神。教官，你们辛苦了！烈日炎炎，师哥师姐们放弃自己的课余休息时间为师弟师妹们运送水桶，帮体力不支的师弟师妹补充能量。恩师难忘，老师在军训期间多次亲临现场指导相关工作。老师看到我们通过短短几天的军训，眼神从懵懂到日益坚毅，纷纷表示欣慰，并希望我们能够将军训学到的吃苦耐劳的精神带到日常学习生活中去。军训会演上，手持一红一绿彩旗的旗语方阵，动作铿锵有力，听那干脆利落的旗声，看那整齐划一的动作，展示了我们的激情与活力。挺拔的军姿，坚毅的步伐，我们昂首挺胸，我们风华正茂。队列方阵练就的就是铮铮身板！褪去了最初的稚嫩与青涩，增添了几分坚毅与果敢。冲锋我在前，陷阵首当先。堂堂男儿身，一勇敌万难。军训转眼早已结束，"稍息！""立正！"声是否还回荡在你的耳畔？教官时而严厉时而温柔的面孔是否还浮现在你的眼前；绿茵场上，他们是我们的"魔鬼教官"；脱下军装，他们是我们可爱、善良、帅气、美丽的师哥师姐，为我们的生活和学习提供了不少帮助。

　　大学的课堂不同于高中，老师每堂课都会讲新知识。所以课前预习是必不可少的一环。课前做好充分预习，才能在有限的课堂时间抓住重点，有针对性地听讲。课后老师不会布置很多作业，我们要自觉地巩固练习，才能更好地掌握知识。大学从不会局限于课堂的学习，而是提供一个更加自由、广阔的平台。课余时间，同学们可以多泡图书馆，学习课堂以外的知识。另外，积极参加社团活动不仅可以丰富我们的课余生活，还能锻炼我们组织策划、人际交往等各方面的能力。

　　少年强，则国强；少年进步，则国进步。我们理应不忘为国弘文初心，书写教育奋进之笔，鼎力开创圣地学府千秋伟业。答好曲园复兴答卷，同心共筑民族复兴中国梦！

　　此致
敬礼！

王若琳
2021 年 2 月 20 日

作者简介

王若琳，女，政治与公共管理学院政治学与行政学专业2019级学生。

你好曲园，让我们一起成长

亲爱的师弟师妹们：

你们好！

时间就像一首慢慢吟唱的歌曲，有时高亢，有时低缓。现在想起初踏大学门的场景，仍然保有着一种崭新而热烈的心情，感受着这所学校洋溢着的学习氛围，听着时不时传来的体育健儿们的加油声和呐喊声，还有来来往往的曲园学子。他们都在向着自己规划好的方向前进，留下的总是令人赞叹的坚实的脚步。

而当时的我，只是一个刚刚接触到大学生活的大学生，有着迷茫和不知所措，所幸，在军训的过程中，就会有身为"过来人"的师哥师姐分享经验，向我们讲解在大学与在高中有哪些不同，在大学应该更加注重哪些方面的发展，而且也以一些专业名词向我们介绍政治与公共管理学院的教学特色和我们需要具备的专业素养，让我们能够在生活和学习方面更好地适应，能够早日成长为一名名副其实的大学生。

在当年，参加了大一新生的秋季运动会。运动场上，我们挥洒着汗水，班级荣誉接踵而至，一声声为同学加油的声音从偌大的操场传来。课堂上，让我印象深刻的，是几位学识渊博的老师、教授为我们讲述关于本专业的发展前景、就业方向、课程安排等一系列实为我们最为关心也有些不了解的事情，让我们更加明晰了身为政治与公共管理学院人该有的政治与公共管理学院魂，应该在日常的学习过程中注意的细节。

通过上述几个事件，我们深深感受到政治与公共管理学院给予我们新生的安全感和包容性，它切实地告诉我们，既然当了曲园的学生，曲园就会为我们提供足以优越的条件。更加令我们欣喜的是，曲园也不忘了解我们的各项需求，并且也做到了尽量满足。

在这里，因为图书馆人员过多，导致秩序有些许的混乱，而学校立即做出反应，制定更为切合的规章制度，并借用大数据等一系列现代化的管理设备，从而使我们的图书馆重归有序、寂静的环境，激励着我们更加努力地学习，充实自己，让自己不负大学四年时光，塑造政治与公共管理学院人的专业素养。

当遇上曲阜师范大学六十五周年校庆时，曲园不仅着眼于外在艺术环境的营造，也时时不忘"学而不厌，诲人不倦"的曲园校训，为我们请来了各校优秀的教师，举办与专业方向相关的讲座，而此时正值疫情的特殊时期，于是运用了发达的网络技术为我们开设了网络课堂，使空间和时间不再是限制接受知识的障碍，让更多的曲园学子可以接受知识的熏陶。

回望这两年的大学时光，有过感动，有过难过。重要的是，我们懂得了大学生应该做的事情，也在一步步让自己变得越来越好，在各类自己能够驾驭的领域积极参与，在有难度或比较陌生的领域，也在引导着自己接触并尝试参与。因为生活并不只是简简单单的直线或空白式的样子，而应是起起伏伏或丰富多彩的图景。

在曲园，感受着它既有的呈现给我们的美好，进取向上，以此向它展现我们所能够到达的高度，形成一个双向互动的良好态势：曲园向我，我爱曲园。使双方都能够得到彼此想要的成就感，我觉得，曲园做到了！

而在将来，我也会更加努力地反馈给曲园想要的。我也相信，曲园会更加深入地了解我们，为我们打造越来越适合发展的学校环境，为每一位曲园学子助力。在这里，请允许我对曲园说一声：你好，曲园，让我们一路同行。

此致

敬礼！

王欣

2021年2月13日

作者简介

王欣，女，政治与公共管理学院政治学与行政学专业2019级学生。

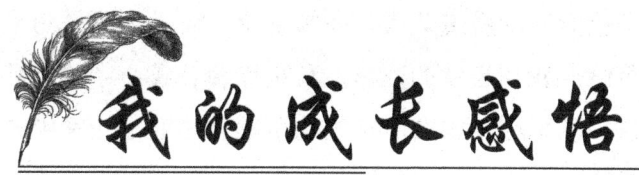

我的成长感悟

于荒井中捞月光
——写给母亲的一封家书

敬爱的母亲大人：

  展信佳。

  虽说"近乡情更怯"，但是"居远亦思亲"。每次与您视频，您总是想着再给我些零花钱，害怕我独自在外过得委屈，我看着您穿了几年的白色毛衣，领口已经变成深灰色并布满了毛球，忍不住想方设法地省下钱等春节来临为您添置件新的。拮据的经济，如荒井般的物质生活，我努力从中打捞感动与惊喜，如一汪清澈月光。

  开源节流才能来日方长。曲阜师范大学十分贴心地为学生们开设了各种勤工助学的岗位，为了"开源"，我报名到系楼前清扫落叶，虽然此"源"还只是"涓涓细流"，但我也依然乐在其中。第一次集合领取劳动工具时，我有些无措地看着手中又长又粗的秸秆扫把，没过多久手臂就感到酸胀。当我发现和我一起开始的保洁阿姨已经独自扫完一大片空地时，而我只有脚边一小堆落叶，我决定虚心向阿姨请教。原来一把扫帚也有许多讲究：比如在把握扫帚时，手应尽量向下借助巧力横向画圆扫动；再比如想要将零星叶片扫过台阶，就需要用侧边的秸秆将叶子猛地挑起来。就这样在阿姨的帮助下，我用起这"庞然大物"时已是游刃有余了。曲阜师范大学的清晨常常有泛红而灿烂的太阳，此时的曲阜师范大学会被一层淡蓝色的雾气裹挟着，如同一位"犹抱琵琶半遮面"的娇羞美人。我常常想,自己也算是为了曲阜师范大学的美丽有所贡献。我扫去秋的残骸,秋也涤荡着我心中的杂乱,无人知晓我与秋在清晨这一场私密的幽会。唯一的遗憾恐怕就是在家中未能像这样为您分担更多的家务,念及此,难免有些愧疚。

"节流"也并非易事,有时还需多走些路多耗些精力。宿舍前面的路口处有棵银杏树,仲秋时一树金黄总让我想吃橘子。虽然学校十分便利地开设了很多商铺,不过尝试过来发现,还是西边的一家水果店橘子又甜又便宜。平日闲暇之余,与人结伴走上半小时去买橘子,一路上边走边吃,走到了,橘子也只剩零星二三了。柑橘的酸甜似乎已经从喉舌沁入心肺,若有若无的酸甜可以余味一整天。剥完橘子后的皮倒也不必扔,择一日阳光正好的时候,将橘皮洗净,用白色细线挂在阳台上,仿佛又看到橘子在还未被采摘前挂在树上恣意的模样。一串串橘皮,等待着被阳光染色被风吹干,风和阳光也被它熏香。晒好的陈皮收入罐中,餐前泡上一杯,以消解对它的思念。做得多了,有时送人也有时出售,这又是另一笔小小的收入了。

除了橘子,西边还有落日和旧书屋让我念念不忘。我常去那家旧书屋做客,不过时常会避开饭点——书屋主人有位贤惠的妻子,炖的冬瓜排骨就算是路过的人也会被引诱进去。我去得多了,主人会为我添上一把矮凳,让我坐在旧书旧报前慢慢挑选。主人家的短毛小狗,总会摇着尾巴蹭着裤脚蜷缩在我脚边,期待挑完书后再带它出去遛弯。我有时会忘记身在何处,这里是一个家的陌生之地,手里的书是自己的却不知是何人留下的字迹,这种矛盾感常常让我惊奇。挥别主人和他的狗,天边往往有一轮悬月泛着淡淡的光晕染了天色,手中几本便宜的旧书足够我啃读数日,我心如喝了一碗排骨汤般满足。曲阜师范大学也总是有这样细微的烟火气抚平我这颗因稚嫩而惶惶不安的心,让我在学习之余有了自己的生活。

前几日,我用省下来的钱给您买了一条项链,上面缀着一颗月牙形的巴洛克异形珍珠。我想对您说的是:"我负责照顾自己,以及您的美丽。"节俭的生活,起初让我感到手足无措,但每次与您视频看到您脖颈上的那条月牙项链,提醒着我曾经花钱如流水的自己已经开始学会如何省钱为您分忧。

曲阜师范大学校风优良,正是在这样的氛围中,我不断成长不断成为更好的自己。

  此致

敬礼!

刘欣雨
2021年2月19日

作者简介

  刘欣雨,女,文学院汉语言文学专业2019级学生。

共饮一江水
——写给十年后进入文学院的你

亲爱的师弟（师妹）：

　　时空的无际天涯里，我这一纸信笺，穿越了几重关山与星云，待你亲启这封信时，想必已经成为了一名曲园的学子了。而此时此刻，十八岁的我，正立于滔滔黄河之畔，为江水下游的你，投下一只时光瓶。

　　一分耕耘，一分收获，希望十年后来到文化圣城的你读这封信时也能体会到这字里行间见字如晤的美好，希望你的学长此时在你眼中不是一个老气横秋的过来人。我们之间可能横着代际，但我们都会在文史楼前品历代经典，在西联教室前叹晚秋的一地落叶，在孔子像前感悟论语的深远意蕴，所以我们之间不应该横着代沟。

　　想和你说，你是幸运的，出生就拥抱着新时代，无需去在意生活在你脸上留下的巴掌印，不要耿耿于怀过去的得失。要知道，十年好长，却又一瞬消逝于指尖。待到十年后的你，会同千万个与你同龄的青年，也如同现在我一般，怀揣着成年的满心兴奋与迷茫，见证着时代的变迁与成长。

　　我脑海中十年后的你可能还在曲师大奔波感慨每天三点一线或充实或枯燥的生活，没有关系，一届又一届曲园学子都是这么过来的，大学的意义或许就是在一个又一个的琐碎与满足之中建构起来的。那时候的你或许不会参加成人礼，但18岁的长大与担当还是要如约而至；可能你不用再佩戴手表摆着闹钟，但你的四周一样流淌着时间；你或许不用再考试，可是诚信与正直仍应该是你矗立的坐标。

　　其实啊，一代人有一代人的机遇与挑战。我们这两代有不同的标签，但每一代人，都无一例外地，共饮着一江新时代的春水，与祖国一同前行，历经风雨，见证彼此的成长；与祖国一道奔跑，风刮过耳畔，我们都能听见梦的声音。

饮其流者怀其源。一代代青年们，无不被咱们最美的国度养育。你我都是从祖国的江河中汲取甘露以成长，最好的归宿，也是汇入这江海之中。习主席曾说："青年一代有理想，有本领，有担当，国家就有前途，民族就有希望。"展望十年后的生活，那时的我们，会带着自己的本事努力撑起祖国的一片蓝天；那时的你们，正值一生之春，莺花犹怕春光老，岂可教人枉度春？无酒无茶，且将汗水酹江月，拼搏趁年华。

等你坐在文学院课堂的那一刻，你会发现，这个专业不是周围人定义的只需背背就能学好那么简单。也许你之前嗤之以鼻的云朵在哪位诗人的笔下可以是你课本中的棉花糖，也可以变成浮动的图腾，于渐绯红的天空流淌。不再刺眼的阳光，会从云层深处钻出，为云彩披上一身流光的霓裳。一切的一切，将会倒映在那更清澈的母亲河里，一如江水映在天上——比十七年前我看到的更美，飞鸟乘风而起，掠过天际，像一代又一代人，顺时光江水而下，共饮这一江水，"一谈戏牡丹，一挥万重山。"我会同你唱，"上下千年一梦长。"

就像青年一代在人生路上奔跑一样，须拼尽全力，跑到汗水濡湿双鬓。过后，躺在身下这片土地之上，满目广阔无垠，听见自己清晰的，有力的心跳、与祖国共频，与时代同搏。

纸短情长，恕不一一。愿学业有成，一切顺利。

此致

敬礼！

对你满怀期待的师哥
于2021年早春时作

作者简介

雷路阳，男，文学院汉语言文学（师范）专业2019级学生。

一切都准时
——写给自己的一封信

亲爱的小马：

　　见字如晤。

　　距离高考结束已经有一年多的时间了，来到曲园学习也已一年有余，你从一个高中生蜕变为一名英专生，这其中的辛苦只有你自己知道。我知道选择学习英语也许并非你的专长，但是好多条路只有这条在所有的时间里都对上了号。

　　你还记得大学一年级的思想道德基础与法律修养的课堂吗？那时，你刚上大一，对学校里的一切都还很陌生，陌生的课本，有难度的专业知识，常常让自己陷入自我怀疑中。不过，你很开心有这么一段时光，在每周的周二晚上，让自己的灵魂有一个栖息之所。白天让自己崩溃的每个瞬间，在那个课堂上脑海里总是会浮现出许多安慰和鼓励自己的话语，让自己相信一切都会准时，只要坚持，一切都会慢慢喜欢，一切都会慢慢到来，有些东西也许会迟到，但却永远不会缺席。

　　《慢慢喜欢你》这首歌是你来到曲园后喜欢上的一首歌。不仅仅因为它温柔的旋律更是因为它的名字。慢慢喜欢这个校园，慢慢喜欢这个专业，慢慢找寻到属于自己的意义。耳朵里传来慢慢的旋律，阳光洒在身上，一股暖意涌上心头。后来，你终于在充满睡意和疑惑的课堂上发现了语言的奥秘。那些奇妙的语音知识，打开了你对英语这门语言新的认知。舌头的位置摆放，语音的爆破与省音等等，都让你对英语产生了极大的兴趣。在综合英语的课堂上，你深深体会到了文化对语言的影响，比如：祖鲁人日常生活中充满了对方位的认知，所以在他们的交流中"在你的东南角的腿上有一只小虫子"这样的方位描述是非常常见的。你甚至觉得以后在语言学方面继续深造不失为一个极佳的选择。

　　不过，你也有很多的烦恼。你常常会觉得自己的水平不够，开口便是笑柄，但在语言学习方面，开口就是锻炼，就是进步。你还记得第一次接触课堂即时评价提交作业的那次经历吗？你在平台作业截止时间之前交上了作业，但晚上却收到了老师询问自己为什么没交作业的消息，你慌张不已。你怪自己为什么交上作业之后没有再仔细检查一下，你懊恼，你难过。还好，老师修补了一下平台的故障，让你的作业出现在了平台上。这之后，你吸取了这个教训，每次提交的作业都会反复检查。而课堂即时评价是一个老师根据学生在课堂上参与程度等表现来评分的一个平台，这里面的成绩会计入到学生的期末最终成绩中，而如果学生想要获得高分，那就必须在课堂上开口说话。刚开始上课时，你十分不喜欢这个制度，因为觉得自己口语不够好，答案不够准确而不想不敢开口，但又不得不开口。你总觉得你一开口别人便会在底下偷偷笑你。后来你慢慢觉得你不觉得尴尬，别人就不会在意你。上课抢到回答问题的机会是一件非常开心的事情，那时你便顾不得去考虑别人会如何想你，你只有十分急切想要与老师、同学分享自己观点和见解的心情。幸运的是，你遇到的每一位老师都是很好的老师，他们不会嘲笑你，不会因为你的答案不够好而批评你，而是会在你犹豫不决时纠结于要不要主动回答问题时，给你一个坚定的眼神，让你有勇气站起来发表自己的看法。当你回答之后，还会给你鼓励，让你不会懊恼自己并不出色的表现。

所遇皆是礼物。你看，你在曲园的这一年多时间里，成长了很多也感悟到了很多。也许一切都是最好的安排，所以请你继续努力，去探索曲园的奥秘，让自己慢慢地成长，慢慢成长为更好的自己。纸短情长，恕不——。愿学业有成，一切顺利。

此致

敬礼！

马巧燕

2021年2月20日

作者简介

马巧燕，女，外国语学院英语（师范）专业2019级学生。

且行且珍惜，不负曲园好时光
——致二十岁的自己

亲爱的 C 小姐：

嘿，最近你还好吗？不知不觉在大学里生活了一年半了啊。

还记得前年那个聒噪的夏末，你拖着沉重的行李箱踏入曲阜师范大学的校门。那时的心情并不怎么明朗，脑子里还都是文综考砸了的悔恨。在你走到科技实验大楼前时，几个热心的同学过来帮忙拿行李，并一路和你到了新宿舍。他们耐心地告诉你怎么充水卡、图书馆怎么走、哪个餐厅里的菜最好吃。你一定被渐渐感染了吧，心想大学生活也许没那么糟。

不知不觉一年半的时间已经过去，但最初的印象还深深地印在脑海，仿佛就在昨日。当小萌新们来到校园，我依稀看到了昨日的你。稚嫩的脸庞，一个个拖着行李，昂头注视着这个陌生而新鲜的校园。迎面走来的一个女孩，停下来细声细语地对我说："学姐，请问文史楼在哪儿？"那一刻我有些激动，有一种穿越时空的眩晕感，两张脸无形中重叠。

你常常跟我倾诉遇见曲园有多么幸运，师生关系非常融洽，同班同学亲如兄弟，宿舍舍友更是情同手足，亲密无间。我懂你奇怪的性格，有时会感到格格不入，好似周围筑起了无数堵高墙，你就像其中走投无路的困兽。然而，在曲园的一年半中，你说你过得很开心，每一天都充实而温暖。

在儒雅质朴的环境的熏陶下，心也会变得宁静。你漫步老文史楼前的樱花林，穿过萃华园的小桥流水，走到图书馆，将自己埋在书海中，在知识的海洋中自由地遨游。我无意间抬头，发现你映在玻璃窗上日渐成熟的侧影。阳光从东面溜到了西面，在一架架书上投下温暖的黄晕，岁月无声，静好如斯。

春华秋实，又一个四季轮回。你开始在课堂上主动回答问题，课下积极参加各种活动，最初消极颓废的情绪消失了。你说，曲园在召唤你去努力，用积极作为追逐最初的梦想，那个被高考碾压过的患得患失的梦。你曾不停地质问自己，上大学究竟为了什么。是为了不辜负他人的期待，还是不想浪费自己的天赋？是为了找到一份体面的工作，还是想过不一样的人生？你思绪很乱的时候，就约我去西操场散心。望一望鱼鳞般的天空，看一看匆匆走过的人群。一圈，两圈，三圈……把所有的烦恼都踩在脚下，像卷起的风一样飘远。汗水打湿了头发，顺着脸颊滚落坠地。身后的衣服留下了一片水迹，秋日的小风吹过带来丝丝清凉。你笑着对我说，能量的迸发能给人带来极大的愉悦，这话不假。

你梦想成为一名画家，这是一个注定夭折的梦。你的父母希望你有更好的前程。除了让步，你别无选择。还记得高中的语文老师对你说，学中文吧，你的底子不错。你喜欢语文老师，喜欢语文课，喜欢那种和绘画一样的读书创作的自由，所以最终顺理成章地选择了中文。

众多的文学创作活动，轻松开放的学术风气，馆藏丰富的图书馆，博学多识的老师，互帮互助的同学是曲园滋养桃李的沃土。最初接触古代义学时，你就跟我抱怨内心多么讨厌。相比于读不知所云的古文，你当然更爱东野圭吾的悬疑、巫哲的耽美、冯唐的校园、十里长安的言情。大一同宿舍的学姐见你成天抱着杂志漫画看得津津有味，都不禁皱眉头，好心提醒："学妹，你应该多读一些更有深度的书。"此后，从《文心雕龙》《大学》到《尤利西斯》《忏悔录》，再到《呐喊》《彷徨》，不管你喜不喜欢，都硬着头皮啃下来了。偶尔你也会对着长长的中文书单犯愁，但自己选的路跪着也要走完。羡慕大一新生还有大把的时间吧，作为新晋学姐的你已蹉跎了一年半的光阴。

《岛上书店》中写道：没有人会漫无目的地旅行，那些迷路者是希望迷路。曲园是你人生之旅中的一个重要的站点，站点之后还有无数的岔路，会驶向鲜花盛开的原野，还是荆棘丛生的幽谷，都还是难以预料未知。但你至少明白，宝贵的大学四年，曲园的花鸟虫鱼，风云雨露，恩师良友会一路相随，直到下一站。

祝万事顺利。

此致

敬礼！

陈修文
2021年2月1日

作者简介

陈修文，女，文学院汉语国际教育（师范）专业2019级学生。

致未来的你
——写给自己的一封信

亲爱的衣玮萱:

你好!

多年后,现在正在看这封信的你,在做什么呢?是不是正在做着自己喜欢的事情呢?或者,正继续奔跑在实现自己梦想的路上?在千帆阅尽、历经人生种种后的你,定会怀念当初无忧无虑、丰富多彩的大学生活吧!这个时候,或许你应感到庆幸,还留有一些文字,回忆起那年那时自己的成长与心得。

都说"光景不待人,须臾发成丝",转眼间,这已经是进入大学的第二个年头了。这一路上,一半平淡,一半温暖;一半举步维艰,一半勇往直前。收获了,也成长了——收获了新的友情,也懂得了告别,学会了自己独处。

一个宿舍,让来自五湖四海的六个小伙伴凑到了一起。一起上课,一起嬉笑打闹,一起承担生活的重量,一起努力为我们的"小家"增色添彩……

你还记得吗?每一天的开始,都伴随着此起彼伏的闹钟铃声。"窸窸窣窣""窸窸窣窣"陆续有人从暖和的被窝里露出毛茸茸的小脑袋,揉着惺忪的睡眼,万般不舍地离开自己温暖的小窝,穿上衣服,开始了一天的忙碌。

最有趣的,还是上午上课时候大家的"千姿百态"。有的室友,上课的时候可谓是坐如钟啊,眼睛炯炯有神,紧跟老师讲课的节奏,认真地做着课堂笔记;有的也是在认真听讲,只是觉得,咦,腮帮子那里怎么凸出来了一个圆圆的小包?有的已经练起了"闭眼神",估计已经"灵魂出窍,神游天下"去了。在这之前,还寻了一个完美又舒服的姿势,心里貌似在想"这姿势,足够我翱翔好一阵儿了!"

清晨的阳光,亮得有些刺眼,想要伸手触摸,却被它轻盈挣脱,它挥挥手,在手指尖留下了片刻的暖意与温柔……

六个人，经过不断磨合、包容，逐渐相处成了家人。天冷时，在你耳边时常念叨着："冷了冷了，别忘了穿秋裤啊！""天儿冷啊，保命要紧！"打扫卫生时，看到的是每个人忙碌的身影，还有那些最普通、最能打动人心的话："这个我来吧！""稍等，我来帮你啦！"感冒了，总会有那么一两只温暖的小手伸来摸摸你的额头，催你吃药："别忘了吃药啊！"有时也会用家长的口吻"训诫"你："你，你这孩子，怎么老是忘了吃药啊！你不吃药怎么会好呢？"……

人生啊，总有太多的遗憾和无奈，恨时光易逝、庭前花落、相聚又别离，在大学里能遇见她们，互相依靠着，感知着心与心之间的温度，一起奋斗着，这段旅程，也算是了无遗憾了吧！

多年后，回想起来，印象最深刻的，也许莫过于那六个人、六个影。穿梭在绿荫间，忙碌在自习室里，与你手拉手，并肩前行。

最是青春好时光啊！现在的你，是不是更能体会得到？所有回不去的良辰美景，都是绝世的好时光！

但好的时光终有尽时，席终人散也是人间常态。

海子说："我们终将都要远行，最终都要与稚嫩的自己告别。""浮云游子意，落日故人情。"这是李白和朋友依依不舍的告别；"连理分枝鸳失伴，又是一场离散！"这是诗人孙光宪和妻子之间痛彻心扉的告别；"蜡烛有心还惜别，替人垂泪到天明。"这是杜牧与一段缘分依依不舍的告别……

这些日子，我也经历了很多不舍的分别。开学时与自己的老朋友分别，军训结束时与自己的教官分别，一个学期结束时与自己喜欢的老师分别……最后，也终将会与自己亲密的舍友分别，我们之间的一些话语、一些经历，可能是第一次，同时也可能是最后一次！

分别是什么？分别，也许是一声"再见"，也许是下一段旅程的开始，也许是一种痛心的割舍……分别，在不知不觉中，已经成为一种人生的常态。在一次次的告别之后，剩下的，只有我们一人，也终将是只有我们自己。

《一个人的村庄》里写道："落在一个人一生的雪，我们不能全部看见，每个人都在自己的生命中，孤独地过冬，我们谁也帮不了谁。"我曾不信这句话，想着去留住身边的每人每物。于是我拼命挣扎着，总是想着挽留些什么，可在奔波劳碌、费尽心力之后，往往只剩一片狼藉，到头来，不仅什么也没留住，而且在盲目地奔波中迷失了自己。

有的东西，终归是人力所不能及，我们留不住啊！

既然如此，我们能做些什么？珍惜每一段有人陪伴的、温暖的旅途，珍惜每一场相遇，在分别中不断成长，这些是我们能做到的吧！"人生是一辆开往坟墓的车，路途上有很多站，很难有人陪你走到最后，当陪你的人要下车时，即使不舍，也该心存感激，挥手告别。"是啊，人生，有上场，就有退场，每一个在世间游走的人，都是一个独立、自由的灵魂，都有自己的路要走，陪伴只是暂时的。

在这些不断地分别中，我也渐渐地明白，原来人生真的如《百年孤独》中所说的那样："生命中有过的所有灿烂，终将要用寂寞来偿还。人生终将是一场单人的旅行。"当所有的相聚散席之后，我们终究还会留下什么呢？只有冷清与一颗空虚的心罢了。人生的大半时间还是在自己与自己的相处中度过的，不是吗？

所谓孤独，并不是性格上的孤僻，而是精神上的独立。一天中，找出那么一段时间，留给自己，读书也好，思考也好，静坐也罢，只要在那段时间中，我有我的思想，我是我自己！

在闲暇之时，不妨静下心来，读一本好书，充实自己的内心，让自己有足够的力量支撑起自己。学会孤独，在孤独中感受生活的温度。同时，也不妨好好想一想，自己以后该何去何从？难道真的要赤裸裸地来到这个世上，再赤裸裸地回去吗？我们虽然带不走什么，但是总得留下点什么。《奇葩说第六季》中，詹青云说的一段话令我刻骨铭心，她说："我们读米兰·昆德拉的《不朽》，知道这个世上有大的不朽和小的不朽，大的不朽是人们对你言必称名，是那些陌不相识的人在你死后依然能记得你，小的不朽不过是那些爱你的人依然记得你。"那么，我能是哪一种不朽呢？我们活到最后，又会成就哪一种不朽呢？人活着，总归要有些价值！

人活一世，多不过百年，待到白发苍苍，风烛残年之时，站在时间的长线上回顾自己的一生，发现生命里只留有那些匆匆的、已然模糊不清的过客的身影，哪里还找得到自己的影子呢？活了一世，不过是浑浑噩噩，没有自己的一世罢了，岂不悲哉？

不过分地沉迷于当下的欢聚，慢慢学会放手，学会真正与自己独处，活出真正的自己，我想，这是这些日子以来最深刻的体会。

青春啊，是我们蜕变、成长的时期，它深刻、短暂而易逝。青年作家澎湃曾在《当我们的青春渐行渐远》中说道："我们匆忙赶路，却逃不掉孤独疲惫；我们豪情万丈，却藏不住遍体鳞伤；我们回头想念，朋友已各自走远。你以为青春的旅途是殊途同归，谁知道它的名字叫后会无期。"我们都是人生路上的赶路人，经历着一站又一站，当我们路过青春这一站时，希望我们抓住当下，珍惜时光，不忘初心，活出自己！

如果现在你还在看这封信的话，或许已经过去了十年、二十年……当拂去尘埃，将回忆再次拾起时，不知又是一幅怎样的光景。

最后，愿多年后正在看这封信的你依然能不忘初心，活得自由、活得光彩、活出最真实的自己！

此致

敬礼！

衣玮萱
2021年2月15日

作者简介

衣玮萱，女，文学院汉语言文学（师范）专业2019级学生。

曲园，请允许我向你敞开心门
——致曲园的一封信

亲爱的曲园：

展信佳！

时光荏苒，不知不觉间我已成为一名在校二年级学生。处于大学四年的中间时段，我认为我有必要给你写一封信，也请你相信，这些皆是我的肺腑之言。时光匆匆，而文字却足以永恒。以后的岁月中，若我再次翻看这泛黄的纸页，希望我仍能记起此时热诚真挚的心情。

让我们把时光的表针向前拨动——查询高考分数之时。曲园，我想对你坦诚，那时我的眼泪是夺眶而出的，风扇呼啦啦鼓起我的T恤，我却觉得闷热无比。之后，我便选择了你，将你的名字填在我的"第一志愿"框内。回答我的，是从曲阜寄来的大学录取通知书。很幸运，你也选择了我。或者说，我们彼此之间相互选择着。

回首往时，我依旧能清晰地忆起2019年的9月。夏天的燥热还未完全消散，还未褪去稚气的我怀着对大学的憧憬踏上通向你心门的橙色大巴。至此，我的大学生活正式开始。

倘若说，你在第一天便已对我敞开心门，那么我则是经过漫长的时间，在亲身的理解与体验中对你倾诉衷肠。

我真正意义上的"大学第一课"是袁梅老师的文学理论课。在我还对那些繁杂理论懵懂时，却听见了老师所说的"在曲阜师范大学，有灯的地方，就有人在读书"这句话，我一直牢记于心，我相信我还会牢记至终年。

从那以后，我总是有意识地注意街边的路灯。静谧安宁的夜晚，街面上影影绰绰的影子，埋头苦读的曲阜师范大学学子……一幕幕都深刻地印在脑海，哪有什么一夜成名，其实都是百炼成钢。我不再仅流连于你的风姿——古风古韵的西联教室，别具一格的萃华园，催人奋进的犁牛之子像。我开始渐渐懂得了你的谆谆教导：学而不厌，诲人不倦。

　　生在圣人故乡的你，颇为积极地继承吸收了圣人的品质和精神。我也曾去孔庙虔诚地许下自己的心愿，希望自己能学有所成，"春风得意马蹄疾，一日看尽长安花"。而当我返回校园，听着琅琅读书声，看着曲阜师范大学学子埋头伏案的身影，我才逐渐明白，我要做的应是务实与坚持。

　　很喜欢这样一段话："'谁虚度了年华，青春就将褪色。'是的，青春是用来奋斗的，不是用来挥霍的。只有这样，当有一天我们回首来时路，和那个站在最绚烂的骄阳下曾经青春的自己告别的时候，我们才可能说，'谢谢你，再见'。"我不愿在某天回首往事时，对自己的大学时代独留"少壮不努力"的叹息，我只希望，我的大学时代随着时间的磨砺而更加熠熠生辉，是我今后一切成就的资本。

　　曲园，你是我的一把梯，我借你的梯阶，一步一步，丰实自己，充盈自己，让自己更有能力去接近和实现自己的梦想。作为文学院的一名学生，我深深地被王维"愿君多采撷，此物最相思"，被鲁迅"横眉冷对千夫指，俯首甘为孺子牛"，被雪莱"我不能给你们所称的爱情，但不知你能否接受这颗心对你的仰慕之情，连上天也不会拒绝，犹如飞蛾扑向星星，又如黑夜追求黎明"感动着；我更希望，用文字敲出一段律动的岁月，用文字去记录，去表达，去铭记。

　　曲园，你的意义在于让我成为更好的我，细水长流中，你会成为一个无法忘怀的存在。若我今后能得到一份烫金的履历，我的名字背后是你的支持与培养！

　　祝好，永远！

　　此致

敬礼！

王冰
2021 年 2 月 27 日

作者简介

王冰，女，文学院汉语言文学（师范）专业 2019 级学生。

送你一朵曲园之"花"
——写给自己的一封信

亲爱的小方同学:

你好!

我携收获与美好走来,与曲园相遇,送你一朵曲园之"花"。

风景之瓣。曲园的四季,色彩斑斓,各有风采。春天的曲园,洒脱随性,粉黛如织。夏天的曲园,欣欣向荣,绿树成荫。秋天的曲园,金黄硕果,落金铺地。冬天的曲园,白雪皑皑,银装素裹。你可以在这里看花开花落,看云卷云舒。正如校歌中所说,"萃华月,西联灯,春风杏坛弦歌声",萃华园的潺潺流水,孔子广场的宁静庄重,科技大楼的现代智慧,操场上雄姿勃发的运动健儿,辩论场上舌战群儒的莘莘学子,犁牛之子的沉稳笃行,都构成了曲园独特而亮丽的风景线。

美食之瓣。曲园美食,跨越山河,跨越时空,人文与美食缔结,味蕾与文化在舌尖上碰撞交织,奏出曲园的独特味道。三餐的宜宾燃面、桂林米粉,二餐的海南鸡饭、柳州螺蛳粉,教餐的牛肉汤、广东煲仔饭,西餐的千里香馄饨、关东煮,均为脍炙人口的美食打卡地。在曲园,你可以从餐厅吃到小街,吃遍祖国各地的美食,品味各地的饮食文化,感受家的温暖,感受曲园独特的魅力与味道。

文化之瓣。曲园深受圣人孔子影响,以极深厚的文化底蕴,像犁牛之子一般,"乐学笃行,博采百家集大成",以"学而不厌,诲人不倦"为校训,不受外界的浮华所影响,踏踏实实做学问。"道之所存,师之所存也","有光的地方,就有人在读书",皆是曲园随处可见的文化标志。在曲园,你不仅可以学到丰富的文化知识,从经史子集到现代科学,从人文地理到书法乐理,你还可以从军训生活中学到坚韧与责任，从演讲竞赛中学到自信与技巧，从举办活动中学到创新与沟通，从为人处世中学到乐学笃行的毅力、包容万物的涵养、达济苍生的责任和不负韶华的梦想与坚持。

感动之瓣。老师的一句"没事的"，生病时舍友的一句问候，一杯热水，路灯下认真学习的师哥师姐们，晚上操场伴随音乐坚持运动的暴走团，寒风中卖糖的阿姨，帮大家每天早上开门晚上关门的宿舍阿姨，点点滴滴，皆是感动。于平淡的生活中见到感动，于细微之处见到不可忽视，坚持不懈的力量，伴随感动和美好变得更好。

成长之瓣。步入曲园，我最大的收获就是相遇，与风景相遇，与美食相遇，与文化相遇，与一切美好与感动相遇，在与他人的交流与学习中学会用不同的视角看待问题，看更广阔的世界。结识了传道授业解惑的老师，结识了热心帮我解答问题，教会我如何处理问题的师哥师姐，结识了可以互相帮助，互相学习的同伴。在相遇中成长，在相识中改进，我学会了从不同的角度看问题，从不同的方面看学习、看生活，也学习优秀伙伴们身上独特的闪光点，争取做一个更包容、更向上、更多元化的人，和曲园一起成长为更好的自己。

曲园之"花"，花瓣含蕊，吟颂娇娆，如诗如画，如歌如颂，悄悄绽放，遇见希望。曲园种种，皆为人生中不可或缺又意义深远的一段记忆，相信你也一样，愿你在相遇中收获四季，收获美好，收获成长，收获属于自己的不一样的曲园时光！

祝

万事胜意，不负韶华

此致

敬礼！

方彤
2021年2月19日

作者简介

方彤，女，文学院汉语国际教育（师范）专业2019级学生。

师长言传身教，吾将受益一生

亲爱的老师们：

你们好！

时光荏苒，岁月如梭。素时锦年，稍纵即逝。转眼间，我已经是一名大二的学生了。半载的青春年华，似沙漏般，弹指间，流在昨日。犹记得刚入学时的场景：烈日炎炎，清风蝉鸣，书声琅琅，欢声笑语。

寒窗苦读十二载的我们，终于将记忆定格在接到曲园的录取通知书的那个瞬间，感觉时间仿佛静止在了那一刻。那薄薄的录取通知书却沉甸甸地落在我的手里。那一刻的激动与喜悦用任何言语来形容都显得苍白无力。

当我带着一颗新奇的心踏入大学教室，掏出崭新的课本，翻开书，都是些我们不懂的新知识，身旁也都是新面孔，一时起，竟让我有些无所适从。跟我听到的大学生活可以说是大相径庭，从前我以为上了大学，大家就放松下来了，不再有繁重的学业，以为老师们也不再关心我们。可当我真正经历大学生活的时候，我还是很有归属感的。当我拿到录取通知书的那一刻起，就加入了校群，与志趣相投的校友交谈甚欢，氛围好不融洽。学校真的是为方便我们的衣食住行花了心思，我很感恩。

第一次上课，我就被老师幽默风趣的讲课方式深深吸引住了。况且，大学课堂不仅仅是学习知识的课堂，更是教我们做人，做有素质的人的课堂，我从中受益颇多。在老师的引导下，我已经感受到自己看待事情的角度变得更为广阔，做事也不拘泥于眼前的苟且。他们以过来人的姿态，总结自己的来路，为我们指引前行的方向。

我很幸运，一路走来，受到很多良师益友的点拨，所以，我一路走的都是正途。在大学里，老师们所长颇多，在很多领域都有所涉猎。我很佩服他们的时间管理能力，做事的效率非常高，在我们看不到的日日夜夜里，他们仍在辛勤地工作着。他们白天传道授业，晚上还要搞科研，他们的背后付出了那么多他人不知的辛苦。他们向我们讲自己的经历，希望我们可以有所领悟，不要走上歧途，他们将自己的一生都投入教育和科研项目。曾经有幸遇见一位良师，虽说一两年就退休了，他反而对课堂、对学生更热情了，每次上课，讲课内容都是板书书写，这让我们很感动。他表示这一辈子没什么本事，只有这一脑子的知识，退休在即，只能发挥余热了，这是一名老教师的真实写照。

春华秋实，曲园你好，遇见即是幸运。入学两载，还没有见过曲园的春天，好在开学在即，很快就能如愿了。我又能感受曲园的书香气息和浓厚的学习氛围了，心中很是雀跃。祝曲园越来越好！

此致

敬礼！

高璐璐

2021年2月26日

作者简介

高璐璐，女，政治与公共管理学院哲学专业2019级学生。

热爱可抵岁月长

亲爱的自己：

你好！

木铎金声，春华秋实，那是2019年的夏天，你可还记得背着行囊的自己第一次来到曲园吗？那时，空气中满是汗水和憧憬的味道……

漫步在哈佛红的校园里，花红柳绿映入眼帘，你是否也有这样的感慨，花儿吐艳，柳枝婀娜，碧水传情，曲园处处芳菲染。绿柳吐烟，微风过处，迷了眉梢，甜了心窝，莫负了时光……

青春气贯长虹，勇锐盖过怯弱，进取压倒苟安，青春是我们演讲时的自信潇洒，是我们工作时的激情迸发，是我们写作时的肆意挥洒。

青春使我们对生活报以向往、光明和希望。

立身以立学为先，立学以读书为本。勇担时代责任，全面提升自我。及之而后知，履之而后艰。在我看来，是每一个曲园人应具备的基本素养，始终坚持"坐下来能写，站起来能说，走出去能做"的行为准则。

曲园人都懂得，在曲阜师范大学，有光的地方就会有人读书，有人需要帮助，就会有人伸出援助的手。我们自强不息，我们清楚未来掌握在自己手里，这是曲园教会我们的道理。

除此之外，还要明白一个道理，热爱可抵岁月漫长。记得一名恩师说过"热爱是最好的老师"。的确，因为热爱，因为兴趣，才会激发你对事物的好奇心，激发自己的求知欲，进而产生无限的可以支撑自己奋斗的动力，也正是因为热爱，所有的平淡都会变得美好。

无论何时何地，知行合一都是不变的真理，光有热爱还远远不够，要有敢想的梦想，有敢做的执行力。对于目前身为大学生的我们来说，主要应侧重两个方面：学习与实践。好读书，读好书，在当下越来越成为学生拓展专业知识、提升学科素养的主要方法。有一位哲人曾说过，眼睛到达不了的地方，书本都可以到达。学习不仅能提升文化素养，更可以提升一个人的境界，开阔眼界。在学习中拓展思维，不断创新。社会实践能够让你在书本之外了解更多的社会现状，能够帮助你找到你未来的研究兴趣点，能够让你改变性格，让你真正成为一个对社会有用的人，这才是社会实践最大的意义。社会实践的范围很宽泛，课题研究、支教授课、单位实习、访谈宣讲等都可以作为内容，社会实践不在于拿了多少次奖项，重要的是自己在实践中能有什么收获。

生活是确定方向后的努力，努力之后我们会感悟到人生的意义。我相信陪伴是最长情的告白，相信等待是最极致的思念，等待的时光将会给你无限的可能，直到你找寻到自己的未来，同样，热爱的时光亦如此。

可能我们每个人在生活中都不一定是那个幸运儿，可能不是剧本的主角，可能不是人群的焦点，但我们不能放弃，我们要继续努力、继续坚持，直到我们比主角还敬业，比焦点还亮眼，这样的我们才超棒。

"萃华月，西联灯，春风杏坛弦歌声；犁牛之子，乐学笃行，博采百家集大成。"又是一年3月到，无论是哪一年的3月，都是青春是里最美丽的花朵，都是青春里最难舍的风景，都是青春里最妩媚的清香。

保持热爱，奔赴山海，全力以赴，顶峰相见，政治与公共管理学院学子，砥砺前行。愿我们的每一次付出都会有满满的回报，奋斗路上我们携手共进。

此致

敬礼！

孙凤娟
2021年2月15日

作者简介

孙凤娟，女，政治与公共管理学院政治学与行政学专业2019级学生。

致曲园的一封信

亲爱的曲园；

您好！

春去秋来，时间如白驹过隙，转瞬之间我来曲园已有一年半的时间。想起曲园，耳边不禁想起"萃华月，西联灯，春风杏坛弦歌声；犁牛之子，乐学笃行，博采百家集大成。"一首《犁牛之子歌》，道出了曲园最美的风景。春雨，夏荷，秋杏，冬雪，每一次的相遇，都让我雀跃，如同一杯陈酿，细细品尝，余香绕舌，回味无穷。

当清晨第一缕阳光洒在大地上，琅琅读书声就唤醒了整个校园。西联前，大树下，长椅上，那些青春昂扬奋进的身影，正是我曲园最美的名片。在曲阜师范大学，"有光的地方，就有人在读书"。曲阜师范大学学子们手捧书本的认真模样，抑扬顿挫的读书声，讨论问题的面红耳赤，正是青春最美的样子。"学而不厌，诲人不倦"曲园校训如此，对知识的孜孜以求，对梦想的坚持与执着，才使得我曲园在孔子故里这片神圣的土地上朝气蓬勃、生生不息。如同犁牛之子，乐学笃行，难舍昼夜，勤于治学！

"春蚕到死丝方尽，蜡炬成灰泪始干"，正是曲园一代代教师们的诲人不倦，谱就了我们曲园的荣光和辉煌。漫步在曲园，我们不难发现这样一群人——花白的头发，矍铄的精神，岁月沉淀的优雅从容气质，没错，他们就是我们曲园的功臣，我们永远爱戴的老教授们。奉献，在他们身上表现得淋漓尽致。曲园，于之他们就是家，我曲园学子，与之他们，就是家人，正因为这种浓厚的师生情，让情满我曲园。

漫步曲园，一草一木处处是风景。且不说曲阜校区的萃华月、西联灯、犁牛之子雕塑、日照校区的喷泉、太阳桥、日月广场、哈佛红的教学楼，每一处都散发着自己的独特魅力。特别喜欢东操场南边的湖，白天它给人一种波澜不惊平静的感觉。夜里偶然路过，也会让人感觉深不见底的神秘。在湖边的长椅上读书、思考，思路都会清明许多。春风来，细雨斜，雨中的曲园绿起来了，生机盎然，朝气蓬勃，万物复苏；迎春花随即绽放，鹅黄色，像春日里暖暖的阳光。夏日炎，万物生，盛夏的曲园是生命的交响乐，道路两旁的梧桐树为我们撑起了墨绿色的阳伞，阳光下的叶子泛着绿莹莹的光。南风起，秋叶黄，秋天的校园伴着收获的喜悦，铺落满地的树叶像极了一幅美丽的油画。冬天的曲园银装素裹，"忽如一夜春风来，千树万树梨花开"，雪花落在光秃秃的树枝上，于是树一棵棵地开了白色的花。一年四季，二十四个节气，三百六十五个日夜，曲园美如画。

学校的图书馆也是一大特色，楼道里，大厅里，都是学子们奋斗的身影。自习室里座无虚席，桌子上堆着满满的书。带给我们的不仅是震撼，更是一种动力，是激励我们成为更优秀的自己。学校的风气，是满满的正能量，大家都在为了自己的未来和理想而努力奋斗。正如"犁牛之子"般，能够静下心、沉住气，不管外界的声音，只默默沉潜、埋头苦学。最终，努力不会被辜负，汗水也终于浇灌花开。

几度春秋，几度风雨，曲阜师范大学历经岁月的冲刷和沉淀，愈加迷人；学而不厌，诲人不倦，曲园传统历经时间的流转和考验，弥足珍贵。曲园，我已用心将它的美一一记下，保存时间将是一辈子，因为这是我的大学，这是我的青春！

此致

敬礼！

黄保芳

2021年2月26日

作者简介

黄保芳，女，政治与公共管理学院哲学专业2019级学生。

我的成长记录

亲爱的朋友们：

你们好！

时间荏苒，依稀记得那天高考后的忧心、等待录取通知书的焦急，那时的我们并不知道未来如何，直到拿到录取通知书时心里的一块石头才算是真正落地。转眼间进入大学学习了一学期，已经逐渐从高三过渡到大学，而刚进入学校时的新鲜感在慢慢褪去，真正的大学生活也才刚刚开始。

自由，这是大学亘古不变的主题，在大学这个相对自由的环境中，学习相对的没那么紧张，那么留给我们的自由时间就越来越多，我们就可以利用这些时间来做一些我们真正感兴趣的事。在大学，只要你愿意，只要你想做，你就有机会做你喜欢做的事，这是我在大学里最大的感受。学校有各种各样的社团、组织，同时还有许多有共同爱好的人组织成的团体，这些都为我们培养兴趣爱好提供了很好的平台。在大学里，我们可以接触到很多的新鲜事物，在培养兴趣的同时也可以扩展自己的知识面。有时候，这样学到的知识会比我们在课堂上学到的知识更有实用性。兴趣是最好的老师，在大学里找到自己喜欢做的事同时也可以提高做其他事的效率。

我知道，以后的生活将会困难重重，但我想我是不会怕的，鲁迅先生有一句话："时间就像海绵里的水，只要愿意挤，总还是有的。"所以，我也会到这个竞争激烈的社会中去挤出属于自己的一片天地，不说大的天地，能挤出一片小的天地我就满足了，在满足的基础上再去继续去争取。或许是争取用最短的时间完成最多的工作任务。当然，为了掌握更多、更精的知识，免不了要牺牲一些休息和娱乐的时间，付出比别人更多的精力，但我觉得值得。也只有这样，才能拥有属于自己的一片天地的希望。在高中时，我们听过最多的一句话就是，现在你们虽然苦,但等上了大学就轻松了,于是我们憧憬着美好的大学生活,正是怀着这份美好,我们度过了艰难的高中时光,顺利抵达大学的彼岸。

那时我们理想中的大学生活,是没有约束,没有羁绊,有着丰富的课余生活,轻松的课堂,快乐的游戏,甜蜜的恋爱,但上了大学后才明白了理想和现实之间的反差。

大学是梦想的代名词,是展现青春个性的地方,是提升自我的训练营,是造梦的工厂……虽然我只有一年的大学生活,但在这里我学会了独立,学会了坚强,学会了做人,懂得了如何正确接受成功和失败,看待现实与未来。在不久的一天,我将会跨出大学校门,走向新的起点。

时光的扁舟无声无息地漂流在历史的长河中,沿途上迷恋的、精彩的、枯涩的、忧伤的景色都化作了过眼烟云,空留下一段令人难以忘怀的回忆。蓦然回首,其间所发生的一幕幕,都深深印进我的脑海,真叫人感慨万千!大学生活刚刚开始,以后的酸甜苦辣还未知,未来究竟如何,还需要我们去细细品味。"告别迷惘的昨天,微笑面对明天,漫漫远方路,将成为我不懈的追求。"愿自己一路顺风!在此,也希望我的大学同学们永远快乐!上进!

此致

敬礼!

刘佳鑫
2021年2月10日

作者简介

刘佳鑫,女,政治与公共管理学院政治学与行政学专业2019级学生。

爱的礼物——寄语篇

老师篇

读传世经典,做仁人君子

人生,哈佛可以有,北大可以有,也可以没有,但励志和修养不能没有!

同学们入校一个多月了,其间进行了形式多样、内容丰富的新生入学教育。开学典礼上首次出现的师生诵读《论语》环节,令人耳目一新。这一独具匠心、富有创意的活动安排,让新生们深切感受到了学校深厚的文化积淀。

十年寒窗苦泛舟,终得梅花扑鼻香。对刚刚步入大学校园的同学们来说,他们卸下高考的重担,进入一个开放宽松的环境,开始追逐自己的理想。大学生承载着社会的期望和大学的精神,是国家的未来和民族的希望。他们的文明素养如何,将在很大程度上体现社会的文明程度。

但是,目前大学生的自身素养乃至最基本的礼仪文明状况却不容乐观,提高个人修养,做一个真正的文化人、文明人,是当代大学生的必修课。《礼记·大学》有云:"古之欲明明德于天下者,先治其国;欲治其国者,先齐其家;欲齐其家者,先修其身;欲修其身者,先正其心;……心正而后身修,身修而后家齐,家齐而后国治,国治而后天下平。"修身齐家治国平天下,这是几千年来无数知识分子的人生理想。

实际上,大家都知道,能够达到治国平天下的成功机会很少,我们首先要做的就是提高自身的素养,正所谓"一屋不扫何以扫天下"?而"正心、修身、齐家、治国、平天下"的人生理想与"穷则独善其身,达则兼济天下"的积极入世态度也应成为每一代青年不懈奋斗的永恒追求!

曾经,我校历史专业的一名硕士毕业生到青岛一个中学去应聘,考官知道是曲阜师范大学历史专业的毕业生,要他谈谈曲阜和孔子,他也仅仅谈到"三孔"

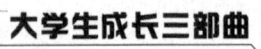

"学而时习之、有朋自远方来"等寥寥数语，曲阜的底蕴和儒家较深层次的内容基本谈不出，没有体现曲阜师范大学历史专业毕业生的优秀和特色。最后结果可想而知。我听后感触很深。曲阜师范大学的学生，不论文科理科，学点国学，多读些传统文化书籍，多了解一些儒家文化精髓，既是修身的途径，也是走向社会后进步发展的力量源泉。

我国是一个历史悠久的文明古国，读诗习礼是中华民族的向往和优良传统，"礼仪之邦"是曲阜的美称。以前，许多人家厅堂挂有"诗礼传家"的匾额和"忠厚传家远，诗书继世长"的楹联。孔子教子学诗学礼的事被称为"庭训""诗礼垂训"，自称"诗礼传家"。孔子还说"诗三百，一言以蔽之，曰'思无邪'"，可理解为诗有劝善惩恶的内涵。

至于礼的重要性，那就更是不言而喻了，礼是人人需遵守的行为规范。孔子说："非礼勿视，非礼勿听，非礼勿言，非礼勿动。"诗礼相辅相成，就可造就一个文质彬彬的谦谦君子，这就是"不学诗，无以言，不学礼，无以立"的道理所在。

可以这样理解，饱读"诗书"是一个人的修养层次，是文化人的体现，而"识礼"则是做人的重要素养。二者结合，可以有效地展现一个人的教养、风度与魅力，更好地体现一个人对他人、对社会的认知水平和尊重程度，从而使个人的学识、修养和价值得到社会的认可和尊重。

一个人只有既知书又达礼，其认知水准和道德水平才能提高，才能成为一个优秀的人才。

如此，四年的大学生活较之于中国文明的历史长河，乃是一叶扁舟。大一，站在新的起点，人生的画板才刚刚开始着色，希望同学们多读点圣贤书，立君子品，做有德人，让人生的画板更加绚丽多彩。

作者简介

王慕东，副教授，历史学硕士。现任曲阜师范大学美术学院党委书记，曾任历史文化学院副院长、历史文化学院党委副书记、优秀传统文化教育中心副主任。主持完成省部级科研项目三项，主编的《儒家优秀传统文化与当代大学生主体意识养成研究》获山东省高校学生教育与管理工作优秀科研成果一等奖。

致地理与旅游学院
2020届毕业生党员的一封信

亲爱的毕业生党员：

  你们好！

  岁月荏苒，时光如梭，又是一年毕业季，又逢一年毕业时。2020年注定是不平凡的一年，突如其来的新冠肺炎疫情，影响了同学们的毕业旅程。还来不及多看看校园的绮丽风光，来不及和老师同学合影留念、依依话别，就匆匆打点行囊，奔赴了远方。疫情无情人有情，地理与旅游学院党委的祝福浓情依旧，随风化鸿雁，千山万水陪你们一同迁徙，天高海阔与你们紧紧相依。

  亲爱的毕业生党员，艰难困苦，玉汝于成。在这场突如其来的抗疫大考中，你们克服种种困难，网络在线学习，"云端"顺利答辩，坚持参加支部组织生活，为曲阜师范大学的学习、生活画上了一个完美的句号；带着圆满完成的学业，带着日益加深的党性修养，带着母校师长的殷切嘱托，你们即将追梦远航！在此，向你们致以诚挚的祝贺！

  亲爱的毕业生党员，群鸿飞四海，花香留故园。你们是地理与旅游学院的优秀学子，几年里，你们在学习上是标兵、工作上是先进、生活中是模范；你们坚持讲政治、守纪律、顾大局，始终保持政治上的坚定和思想道德的纯洁；你们始终牢记入党誓言，坚定理想信念，筑牢精神支柱，自觉树立正确的世界观、人生观、价值观；你们自觉讲党性、讲修养、讲奉献，永葆共产党人的蓬勃朝气、昂扬锐气和浩然正气；你们以自己的良好品格、政治素质和模范行为影响人、教育人、鼓舞人、带动人、团结人；你们爱党、爱国、爱人民，对党忠诚，立场坚定，自觉拥护党的领导，维护党的权威，不以物惑，不以利移，一心一意跟党走。是你们丰富了地理与旅游学院党建工作的内涵，是你们开创了地理与旅游学院党建工作的新局面。在此,向你们表示衷心的感谢!

亲爱的毕业生党员,当风轻借力,一举入高空。在地理与旅游学院党委的领导下,你们在所属支部度过了一段最美好的组织生活。在新的学习或工作单位,你们将参加另一个党组织的组织生活。为此,请记得在有效期内及时联系转入党组织,并将回执反馈学院党委,完成组织关系转接,从容迎接新的生活和考验。

亲爱的毕业生党员,道一声:珍重!聚是一团火,在曲园地理大家庭曾经共同拼搏,欢声笑语;散是满天星,在伟大时代赐予的恢宏舞台上披荆斩棘,奋勇前行。所有的荣光都已镌刻在这个难以忘怀的季节,这段"不平凡的毕业旅程"也是下一段人生旅途的始发站。

亲爱的毕业生党员,道一声:再见!面向未来,走好新时代的长征路,更加坚定理想信念,矢志拼搏奋斗。希望全体毕业生党员,一是要做有理想的人。"心有所信,方能行远",要将个人理想与共产主义事业结合起来,规划好自己的人生。二是要做有追求的人。"高山仰止,景行行止",要保持积极进取的心态,努力成长为一名道德高尚和气质高雅的人。三是要做有益于民族和国家的人。"苟利国家,不求富贵",要与时代同步伐、与人民共命运,成为社会主义事业的合格建设者和接班人。

亲爱的毕业生党员,纸短情长,来日方长。请相信,中共曲阜师范大学地理与旅游学院委员会将永远是你们温暖的家!待疫情结束,欢迎你们常回来看看。衷心祝愿地理与旅游学院2020届全体毕业生党员:鹏程万里,前程似锦!

附:《曲园地理,从未忘记你》

让你掉下眼泪的,
不止分别的师友。
让你依依不舍的,
不止曲园的温柔。

我们在一起走过多久,
四年的时间永远都不够。

爱的礼物——寄语篇

让我最难以忘记的，
是初见你的双眸。

相逢总是在九月，
分别依然在七月，
毕业是离别的愁。
曲园温柔的风，
轻吻着你的额头。
曲园地理，从未忘记你。

在图书馆走廊里，
在运动场的尽头，
在教学楼的门口，
依旧遇见的是你。
依旧坚守等着你。
曲园地理，从未忘记你。

作者简介

苏占兵，男，汉族，曲阜师范大学地理与旅游学院党委书记、副教授，长期从事党务及思想政治教育和行政管理工作，近年来在《光明日报》《学校党建与思想政治教育》等报刊发表论文10余篇，编著《婉约词赏读》《大学生潜能开发与情商育成》等书，主持并参与完成省厅级项目4项，《论儒家乐教意旨的核心符码：乐象》获山东省思想政治教育优秀论文一等奖。

田青，男，硕士，副教授，地理与旅游学院2020级辅导员，获2014全国高校辅导员职业能力大赛复赛三等奖、贵州省第十二次哲学社会科学优秀成果奖三等奖、贵州省2018年职业教育省级教学成果奖一等奖等。

新生入学教育需做到"三安"

每年新生入学以后，学校有关部门都会以新生报告会的形式对入学新生进行集中教育，每个辅导员都有自己的工作方法和工作特点，针对新生的实际情况和各自院系的专业特点开展丰富多彩的新生入学教育活动，帮助学生尽快完成从中学生到大学生的华丽转身。综合来看，新生入学教育首要完成"三安"，即安心、安居、安全。

安　心

按常理，历经十年寒窗苦读、考上向往已久的大学是一件令人十分高兴的事情，事实上，除了考取国内顶尖高校的学生感到自我满足外，有相当一部分大学生在拿到大学录取通知书的时候多多少少是有失落感的，而且这种失落感在进入大学以后会不同程度地加强或者减弱，这就是大学新生的"心结"。学生为什么会产生这种"心结"，如何解开学生的"心结"，是大学新生入学教育首要解决的问题，也是辅导员和学生共同面对的问题。

大学新生产生失落感的原因主要有三个方面。

第一，由高考成绩产生的失落感。我们接触的相当一部分新生家长都表示：我们的孩子在高中阶段成绩很好，在班级一直都是名列前茅，本来有希望考出更高的成绩，可是考试发挥不好，成绩不理想。潜台词就是：我们本来应该考取更好的学校，可是成绩不佳，又不想回去复读，只好选择你们这所学校了。家长们的话语代表了考生们的心声，对自己高考成绩的不满意很容易转化成对报考学校的失落感。

爱的礼物——寄语篇

第二，对大学生活产生的失落感。从小到大，无论是家长还是老师，一直强调的是：你要好好学习，将来考上大学就好了。至于大学"好"在哪里、"好"到什么程度，就没有下文了。当学生真正接触大学生活才发现自己有上当受骗的感觉：大学的环境是陌生的，大学里的学习生活依然很紧张，凡事都要自己做主，而且没有了中学老师的耳提面命，自己一下子不知道该干什么了……原来自己想象着考上大学就彻底解放了，结果还是很紧张；自己当年在中学班级里也算是佼佼者，来到大学才发现身边的同学都不是等闲之辈，"能人"太多了，自己原有的"优势"荡然无存，不由感慨：还是当年在中学好啊！理想与现实的对比差距导致失落感的产生。

第三，院校对比产生的失落感。在数字时代以前，不同院校的同学之间的交流方式主要就是写信，谈论各自学校的大学生活，最多在信里附上一两张照片，还大部分是在学校大门口拍摄的，学校之间的对比不是很明显。新时代大学生完全生活在数字化时代，资讯的高度发达为学校之间的对比提供了便利条件。每个学校、每个学生都想得到外界的认可，都把学校和个人最美丽鲜亮的方面通过网络推到世人面前，五彩斑斓，争奇斗艳。年轻的学子们浏览了各地很多美丽的校园风景，领略了丰富多彩的校园生活，回过头来对比自己所处的学校，这也不如人家，那也不如人家，感慨自己生不逢时、学不逢地，尤其是一些非部属院校的学生很容易由此产生失落感。

如何尽快消除新生产生的这些失落感是新生入学教育首要解决的问题。最好的办法就是通过各种交流、教育和活动方式让学生产生认同感和归属感，甚至产生自豪感。一是由辅导员或者老教师组织带领学生参观校园，熟悉校园环境，详细介绍学校的建筑历史和校园文化特点，尽快消除学生心理上的陌生感。二是参观校史馆和学院的宣传栏，让学生了解学校、学院的发展历史和取得的成就，了解学校培养出的杰出校友和优秀人才，激发学生的上进心，强化理想信念教育。三是及时召开班会，与学生推心置腹地沟通，引导学生正确地认识自己，转变观念，摆正心态：虽然高考不尽如人意，考取的学校也不是名牌院校，但是通过大学阶段的拼搏，毕业后照样能够证明自己！同时在班会上介绍专业特色和发展前景，激发学生的学习兴趣。四是开展丰富多彩的文体活动，为学生搭建展示自己水平和能力的平台，让学生各展所能，培养学生的成就感，真实感受到大学生活的"好"。五是从高年级学生中选拔优秀的学生干部和优秀学生代表，担任辅导员助理，走进新生的学习和生活中，通过言传身教为学生树立学习的榜样，使学生对家长的依赖感转换成对师哥师姐的信任感。

安 居

在大学里，"班级"的概念越来越淡化，而宿舍则是大学生活中最小、最基本也是最重要的活动单位。大学的宿舍一般由六个人组成，不再像中学那样几十人住在一个大房间。大学生活基本是以宿舍为单位展开的，舍友也成为大学生涯中最难忘的朋友，甚至终生难忘。人际关系的处理是大学生必须面对的一个难题，作为一名学生，如果能够处理好宿舍舍友之间的关系，那么也能够处理好班级内部同学之间的关系。"一屋不扫何以扫天下"表达的不仅仅是打扫宿舍卫生，更主要的是针对住在"屋"里的人而言的。

不同的宿舍有不同的特点和风格：有的宿舍很团结，每个人都能获得奖学金；有的宿舍很积极，毕业时全部舍友都考取了研究生；有的宿舍很和睦，舍友之间相互记得每个人的生日。当然，也有些不和谐的现象：有的宿舍脏乱差，异味扑鼻；有的宿舍内部联网打游戏，乐此不疲；有的宿舍内部发生矛盾，舍友之间形同陌路。

安居才能乐业。怎样才能建设一个团结、友爱、和睦的宿舍呢？关键有两点。一是要有一个好舍长。入学以后，经过一段时间的了解，最好由宿舍成员集体推荐一名舍长人选，这位同学要正直、善良、有担当，要有吃苦耐劳的奉献精神和服务意识，得到大家的信任和支持。二是要有一个好制度。推选舍长以后，辅导员要对舍长及时培训和指导，教给他们一些基本的工作思路和处理问题的方法。舍长一定要在宿舍组织舍友开会，制定本宿舍的"舍规"，人人同意后，提醒监督大家执行。当然，舍友之间的相互关心、爱护是必不可少的。再就是从高年级推荐优秀宿舍介绍经验，带领新生参观访问先进宿舍，加强宿舍建设的自觉性。同时如果一旦发现新生年级里有优秀的宿舍，及时表扬，以点带面，推进整个年级宿舍文化建设。

安　全

安全问题是老生常谈，人身安全、财产安全、交通安全、饮食安全等，涉及大学生活的方方面面。作为入校新生，注意两个方面：一是诈骗，二是交通。新生入校后，人地生疏，购物、充值、缴费、汇款等涉及钱财的事情都要自己解决。切记一点：凡是涉及钱财的问题，如果自己拿不准，一定要请教辅导员或者辅导员助理，问清以后再出手。如果自己丢了钱，我们一般会自认倒霉，过一段时间就会忘记，可是如果被别人骗了钱，我们会一直耿耿于怀，影响自己的大学生活。至于交通安全就是一点：乘坐有明显标志的、有合法手续的交通工具，不贪图小便宜，不坐黑出租车，不要自己拼车，因为一旦出现意外，这些黑车没有任何保障，后果不堪设想，这是有惨痛历史教训的。特别是现在的各类假期比较多，学生外出旅游、回家探亲的频率也越来越高，交通安全格外重要。

俗话说：万事开头难，良好的开端是成功的一半。新生跨入校门就标志着大学生活的正式开始，这是人生中最美好的青春年华。而今迈步从头越，有一个美好的开始，再加上精彩的过程，美好的愿望就会实现。

作者简介

孙金杰，男，汉族，1970年出生，中共党员。1995年曲阜师范大学中文系毕业留校任教，获汉语言文学硕士学位。2001年起，先后担任外国语学院团总支书记、党总支副书记和物理工程学院党委副书记。2019年至2021年，参加省派汶上县次邱镇"万名干部下基层"乡村振兴服务队。2021年7月，调任曲阜师范大学优秀传统文化教育中心副主任。

让优秀成为一种习惯
——成功从做"靠谱"的人开始

"让优秀成为一种习惯",好几年前就开始提,这两年已经基本成为广大学生干部的共同座右铭。那么,我们如何来理解这句话呢?我自己通俗地把它理解为,要成功就应该从做"靠谱"的人开始,从将"优秀"作为一种习惯去对待。

什么又是"优秀的习惯"呢?

我把它总结成三点:

首先,要养成一种踏实认真的态度;

其次,要养成一种坚韧不拔的意志品质;

最后,要养成一种包容的胸怀。

有踏实认真的态度,要本分做人、认真做事

1. 认真的态度首先表现在"小事"上

俗话说"大事看能力,小事看品格"。在这里我举两个在学生干部中常见的例子——"守时"和"事毕回复"。

"守时"就是遵守承诺,按时到达要去的地方,没有例外,没有借口。很多人没有时间观念,迟到、不能按期交件,这些都是没有时间观念导致的后果。久而久之,就会让人感觉"不靠谱"。

同样在我们周围,总能看到有的人办事特别靠谱,凡事会有交代,件件都有着落,事事均有回音。让你放心的人,但凡遇到重要的事,你一定就会想起他来。因为不用担心,你委托的事他一定会放在心上,尽心尽力,随时

回复，绝不让你焦急等待。一个优秀的学生干部，大多有这种优秀品质。说白了，"守时"和"事毕回复"只是表面上的事，根子上还是态度的问题，这和承诺与诚信有关。

2. 先踏实做好"小事"，再去争取做想做的事

常有初入职场的同学向我抱怨："领导只安排自己做一些打杂的工作"，但是你要明白的是，只有先做好扫地打水、买矿泉水，才有机会学习管理企业。简单的事情重复地做，重复的事情认真地做，坚持下来你就是专家。

我们不可能做的每一件事都是展现自己能力的惊天动地的大事，但是请认真对待你手头的每一件事，越是简单的事情越要做好，因为高难度的或者超越我们能力的事情即使我们做不好也无可厚非，但要是连简单的事情做不好就是态度的问题了。

如果每一件经过你手的小事情都能做得完美无瑕，时间久了，你在别人眼里就会是一个认真可靠的人，有机会的时候才会想到你。凡事都有轻重缓急，有些事是你必须做的，那就一定要认认真真地做好，在做好这些事的前提下，我们再去争取做自己想做的事，才可谓是"锦上添花"而不是"竹篮打水"。

3. 做错事不要推卸责任，知错就改，尽量弥补，亡羊补牢犹未晚矣

作为一个成年人，首先要具备的就是责任心。但是很多人，特别是年轻人，做错了事喜欢找理由，尤其是找客观理由推卸责任。殊不知，事情办错了就是错了，一万个理由也于事无补。这个时候你能做的就是想办法弥补错误，等到问题已经解决完毕之后，再分析问题出在哪里才是正确的思维模式。

要养成坚韧不拔的意志品质

1. 要有吃苦耐劳的精神

山东人为什么在全国甚至全世界都得到好评呢？除了我们诚实守信之外，就是踏踏实实、吃苦耐劳的精神，对于年轻人来说，更要学习吃苦耐劳的精神。同样一起入职的人，有的人为了完成任务可以熬夜早起，不怕苦、不怕累，有

的人一有任务就找理由推托或者事情稍微多点忙点就喊苦抱怨，久而久之，作为企业的领导会对谁更加青睐，结果可想而知。

2. 要有坚持不懈的毅力

在这个世界上，没有一朝一夕能干成的大事，若想成就一番事业，没有坚持的毅力是实现不了目标的。常立志，甚至天天立志的人最后很难有大成就。一旦目标确立，就要坚持不懈地去努力，日复一日的努力必会带领你走向成功的康庄大道。

3. 要有敢于担当的精神，不忘初心砥砺前行

现在的年轻人普遍缺乏一种责任意识，作为一个成年人，必须要对自己的家庭、事业和人生负责。青春是用来奋斗的，年轻是最应该奋斗的时间，不要在这个时候选择安逸让自己后悔，睡不着觉的时候经常问问自己当年给自己树立的目标，那份初心是否还在？切莫人到中年才恍然大悟，为年少时期不负责任的荒诞行为后悔。

要有能容人的胸怀，学会团结协作

1. 严以待己宽以待人是一种境界

对自己要严格，要能管住自己；对别人要宽容，能理解别人，能容下别人的优秀也能容下别人的不优秀，学会换位思考。与人宽容的同时，也是与己为善。

2. 重视沟通和交流，学会团结协作

"没有完美的个人，只有无敌的团队"，所以才有"三个臭皮匠赛过诸葛亮"之说，团队精神是现代企业和单位特别重视的基本能力。在一个团队中，每个成员都有自己的优点、缺点，要在融入团队的前提下发挥自己的最大潜力。

总之，我们提出优秀是一种习惯，就是希望大家在大学期间尽量多养成一些优秀的习惯，同时，尽量减少和控制自己的坏习惯，让自己将来工作后能够尽快融入工作环境，为进一步取得更好的成绩打下坚实基础，更要争取把曲园培养出的学生干部打造成一个品牌！

爱的礼物——寄语篇

作者简介

王建阳，男，汉族，中共党员。2006年7月起从事辅导员工作，曾获"全国辅导员年度人物"入围奖，山东省十佳辅导员，山东省优秀共青团干部、山东省大学生暑期社会实践优秀指导教师、挑战杯优秀指导教师、大学生科技文化艺术节优秀指导教师、宿舍评估先进个人；济宁市第二届大学生科技节优秀指导教师、"学党史 学国史"活动优秀辅导员；曲阜师范大学优秀党务工作者、辅导员年度人物、学团工作先进个人、优秀青年工作者、十佳辅导员、工会工作先进个人、治安综合治理先进个人。所负责的班级多次获得"全国先进班集体""山东省优秀班集体""曲阜师范大学十先班集体""五四红旗团支部""优秀团支部"等荣誉称号。

期待象牙塔中的精彩
——写给我的2016级新生朋友

每一届新生的到来，不仅对于你们，对于我，都是一个新的开始。走近你们是我喜欢的方式和状态，看着你们天然稚气的气质，我都会充满羡慕和感动。在这样的时候，我最想和你们交流的主题，是关于"适应"。我想，从高中到大学，从大学到工作，是你们正在经历和即将经历的必然过程，在这个过程中，你们必须首先学会适应，较快、较好地完成角色转换。

一、适应新的学校

不管基于什么原因、怀着什么样的心情进入大学，首先，你们必须要学会感恩。因为，能在茫茫人海中相遇也是一种缘分，不管是你愿意也好，不愿意也罢，这都是改变不了的事情，许多东西将陪伴你四年或者更长的时间。

人，很多时候都是志比天高。曲阜师范大学地处县级市，也许不少同学有些许的抱怨是难免的，但赶紧学会适应，端正积极态度面对新的一切事物更加重要。因为现实环境无法改变，既然改变不了环境，那就改变自己吧，让自己学会适应这个环境。

来到一所大学，必须好好体会一下这所学校的精神。曲阜师范大学扎根孔孟桑梓之地，汲取传统文化精华，秉承"学而不厌，诲人不倦"的校训，形成了特色鲜明的优良学风。曲阜师范大学是一所有韧性、睿性和德性的大学。"尽管曲园没有你想象和期待的那么完美，但它永远会是坚强的、睿智的、温暖的，它一定会成为一所以学生、学者、学术为中心，彰显知识尊严、守望人文传统的大学，一所让所有校友引以为傲的大学！"

二、适应新的规划

刚刚走进一个新的环境,难免会迷茫无助,这是比较正常的现象。但如果你们有一个积极向上的理想,有一个明确的奋斗目标,当你们失意时,有理想作风帆,它会带你乘风破浪,走出失意的情绪,迎来一个崭新的前景。所以,新生一开学就应该为自己的大学四年做一个整体的规划,这个规划切记要有可操作性,包含校园生活的各个方面。一个合理的规划可使你大学生活更顺畅。学校开设一些职业指导的课程,把目标明确之后再去学习,就会有更大的动力。"有所为,有所不为。"尽量学会控制自己,不能跟着别人的节奏走,因为每个人的方向不一样,目标不一样,走的路就不一样,不能人云亦云,随波逐流,那样你最终将会迷失自己。

三、适应新的学习

新生在学习上面临的最大转变就是从被动式、少学科的学习转变为主动式、多学科的学习。进入大学之后,一个学期的课程在十门课左右,大学学习是有压力的,并不像想象中那样轻松。

在学习中要主动与老师交流,学会自己钻研。大学的教学是广泛的、面上的教学,深入个性的钻研要靠自己。大学老师一般不会再跟在学生后面进行保姆式教育,学生要积极主动地请教老师。

在大学里,最大的资源莫过于图书馆。要经常去坐坐,因为书是我们的良师益友。不管是什么样的书,只要是自己有兴趣的,都要看看,多看没有坏处,不管现在是用得到还是用不到,相信总有一天会用得到,别等碰到困难的时候才遗憾。

四、适应新的人际关系

大学是一个习惯养成的阶段，组织能力、团队协作能力、表达能力等都在这时培养出来，新生朋友们要自信，要抛开羞涩，积极投入大学舞台，打造属于自己的品牌，不断提升自我。自信会给你创造机会，自信会让你拥有更多的机遇。同时，也要多参加各种活动，结交新朋友，融入各种团队，大学同学会成为你日后工作中一笔无形的人才财富。

新生还要面临一个角色转换的过程：家庭宠儿的生活暂告一个段落，要学会融入集体生活。刚开始可能会手忙脚乱，但大部分学生很快就能适应并融入其中。和舍友之间有了矛盾，或者生活习惯上需要互相配合的，要及时和对方沟通。

今天的寄语只是一个开始，很幸运我可以陪同你们一起走过你们生命中最绚丽的大学岁月，这将是我们生命中共同的珍贵时刻，希望我们可以一起带着各自的梦想启航，并为之不懈努力，描绘出灿烂的青春彩虹！

期待你我在今年 9 月的美丽相遇……

作者简介

王琼，女，法学博士，副教授，中共党员，现任物理工程学院党委副书记。山东高校辅导员领航工作室主持人，2021 年山东高校辅导员年度人物，山东省高校网络思政工作中心专家库专家，曲阜师范大学马克思主义学院硕士生导师。研究方向为马克思主义理论、大学生思想政治教育。主持完成教育部课题 1 项，在《马克思主义研究》等期刊发表学术论文 10 余篇，获得山东省首届高校辅导员职业能力大赛一等奖等省级荣誉 20 余项，校级荣誉 30 余项。

教育·引领·助力

又是一年考研复试季，从初试成绩出来那刻起，就陆续接到这届学生的线上、线下、短信、电话报给我的成绩以及下一步复试应该准备什么。这是我带的第四届学生，每年的这个节点，都会和学生讨论这个话题，在准备考研复试指导班会的时候，一个个往届学生的考研案例，浮现在我眼前……

首先，映入我脑海的是我带的第一届学生，那个长得高高帅帅的男生——建国。一米八三的个头，课上认真听讲，课下与专业课老师积极讨论问题，尤其是期中考试每科专业课的成绩都稳定在98分以上，最早引起了我的关注。一天上午，我路过南操场，看见一个高高瘦瘦的身影正在一块海绵包上练习背越式跳高。远远看着像是建国，但我记得当时你是有数学分析课的，不上专业课，而在外面练习跳高，我是带着情绪去找你询问原因的。看见突然出现的我，你也像做错了事的孩子，主动过来跟我说："老师，我喜欢打篮球，也喜欢跳高，本次运动会我报了男子跳高。这个时间段我课表安排的数学分析课，但是南操场这边只有这一个空余的时间，我可以用海绵包练习。马上开运动会了，教练教我的背越式跳高我一直掌握不好，成绩也没有明显的提高。"看到你主动讲明事情原因，我的心情也稍微平复，便说："老师鼓励你参加运动会，更支持你参加训练。但是，咱要搞明白，什么时候应该干什么事啊，数学分析课你旷课，出来练习跳高，这是绝对不可以的。""老师，我们三班和二班是同一个分析老师，我已经在昨天上午跟着二班上了分析的新授课，课后的作业，我也都做完了，您放心吧！"

我说："此事就这一次啊，以后一定不能占用正课的时间出来练跳高，否则别人会说咱不务正业的，假如在运动项目的练习方面有什么困难，我也可以帮你。"运动会你以1.78米的成绩取得男子跳高第二名，和第一名成绩一样，但第一名是第一次通过，而你是第二次通过，事后，你和我说："老师，平时的训练成绩我还要好一些的，但心理素质太差，紧张，影响我的正常发挥，期末考试的数学分析我会以尽量高的分数向您汇报成绩。"果然，期末考试你数学分析得了100分，分析老师说，你的每一道题的答案，都堪称标准答案。

大学几年的学习，你成绩也一直是遥遥领先，各科平均分都在90分以上，考研，也把目标放在了国内数学的顶尖院校（中国科学院数学与系统科学研究所），大家都认为你考那里也是没问题的。在复习、备考过程中你也是一如既往地努力，但是考前的压力和焦虑，让你经常失眠。我们又进行了几次长谈，一起把你的平时成绩以及个人的学习努力程度，你报考单位近几年的单科、总分录取分数线，你近几次的模拟自测的分数进行了逐一对比分析，发现你的自测成绩只有一次低于平均录取分数，说明你还是很有实力的，利用接下来的时间好好地查缺补漏，正式考试应该还会更好。通过团体活动、个例分析，让你的压力有所缓解，重新找回往日的自信，顺利地走过了每一场考试。

年后，初试成绩公布，350分，没有我们预期的理想，但是去中国科学院还是有希望的。但是，你对这个成绩是很不满意的，甚至出现了过分的担忧和焦虑。在中国科学院出复试线的前一晚，正在办公室加班的我，接到了你爸爸的电话，说你和中国科学院毕业的一个老师谈了话，他帮你分析了今年的形势，说你的成绩一定没戏，要么尽快准备调剂，要么准备再战，而你接受不了这些结果，也不知道下一步该怎么办，你爸爸让我做你的工作，他也在赶来陪你的路上。我联系上了正在校园里的你，一起分析中国科学院近五年的分数线，最高365分，最低350分，从这一点，可能不是很占优势，但是今年的题偏难，我们周边的同学成绩都不是很高，中国科学院这么难的题，你能考350分，已经很厉害了，有可能今年的分数线不会很高，我们的成绩还是很有可能进复试的，按照之前的进程，积极准备复试，只要能进复试，凭你扎实的功底，一定能在面试中逆袭。校园中边走边聊，三个小时后你告诉我："老师，明天就出成绩了，最坏的打算就是明年再来一年，我觉得我的运气不会那么差。"我也说："老师认为你是这一级同学中成绩最好、综合素质最棒的人，没有之一，你应该没问题！"你与从家中赶来的爸爸一起去休息。第二天，中国科学院的录取分数线为350分,你复试以专业第一的成绩,如愿进入了你心仪的学校和专业。

毕业后,你用七年的时间读完了硕士、博士并做完了博士后,其间的成绩在同学中也是遥遥领先。工作前你给我打了电话:"老师,你近期在学校吗?关于工作的去向,我还想听听您的建议。""你想回学校看看,咱就聚聚聊聊,对于你现在的就业岗位,我可不能轻易参谋了。"到校后,我们在餐厅找了个位子,边吃边聊,重新回忆大学的味道。交谈中,你告诉我,七年中,你把能拿的奖学金全拿到了手,导师、实验室的项目都参与了不少,也积累了一定经验。现在,可供选择的工作有留中科院或是去总参,但是你父母想让你回青岛,回青岛你最中意的学校是海大,但海大要"海归",于是又联系了德国一个单位可以去做博士后,但还是拿不定主意。我们把这几个工作逐一分析,又把家人、自己的期望都加进去,最终,我也只能帮你分析每个工作的情况和利弊,但最终做决定的还是你自己,你说:"我知道老师,和您聊聊,心里就明白了很多,回去我再充分考虑一下。"

一个月后,收到了你的信息:"老师我签约中科院×××所的×××研究室了,单位还给我一套过渡房,安家费、科研启动资金都挺比较符合我的期望值。有时间您一定来北京!"

光阴如白驹过隙,我也由当年的新辅导员变成了工作十六年的老辅导员,与学生一起走过成长的道路,一起播撒幸福的种子,一起收获纯真的快乐。

作者简介

朱伟卫,女,副教授,国家二级心理咨询师、高级就业指导师,心理学院党委副书记。2020年度山东省高校辅导员年度人物。主持山东省社科规划项目一项,主持并完成厅级项目三项。近三年,发表论文五篇,其中C刊一篇,被人大复印资料全文转载一篇;获山东高等学校优秀科研成果奖一等奖一项;指导国家级大学生创新创业项目一项。

写给 2018 级物理学三班全体同学的一封信

2018 级物理学三班全体同学们：

你们好！

四年的大学生活，转眼已经过去大半，犹记得你们刚入学时的青葱模样，很荣幸能够成为你们的班主任。在这两年半的时间里，我看到了我们班每位同学的努力付出与不同程度的成长，真心为你们感到欣喜和骄傲！目前，我们已经进入大三下学期的学习生活，这一学期，对于我们物理学的同学而言，将面临较大的挑战与抉择，作为班主任和理论力学、量子力学专业课的授课教师，结合目前教育实习和选择考研的现阶段，我想跟大家简单聊一聊。

首先，针对正在开展的教育实习活动，大家一定要摆正心态，认真对待。教育实习是培养师范专业学生教学能力的一种教育实践活动，对于师范生而言，其重要性不言而喻。我认为大家应该抓住这个机会，好好过一把老师瘾。但是要过好这把老师瘾，你们还是得用心。用心进行学生到教师的身份转换，穿衣打扮、言行举止都要注意；用心观摩和体会每堂优质课，从授课教师的教态，到这节课的教学内容设计、教学活动安排以及教学重难点的把控；用心设计和撰写教案，整体把握章节内容，认真调研查阅有针对性的教研论文，积极与指导老师研讨；在一线教学实习中，更要用心与中学生交流，了解他们的兴趣爱好、知识基础与发展能力；用心准备课前试讲和用心思考课后教学反思。希望大家通过这次物理教学技能系统的训练，能独立开展教学设计和实施课堂教学，具备物理教师的基本素质。

其次，考研应该是我们大部分同学 2021 年底要过的一次人生大关。现在很多同学正处在如何选择适合自己的学校和专业的考虑中，对于那些有选择恐惧症的同学来说，这确实是一个比较麻烦的事情。这里我想简单地谈一下自己的看法,仅供大家参考。一是评估一下自己的实力。实力会帮助你选择你的学校,比如你的专业成绩在前20%,那你可以选择"双一流"的学校和具有一流物理学学科的学校。这里我插一句,我们物理学专业培养出来的学生还是很强的,不要低估了自己的实力,你们可以参考2017级师兄师姐的考研战绩,来合理地定好自己的目标学校。二是分析一下自己的兴趣。兴趣会帮助你选择你的专业,比如你近两年一直迷恋和关注墨子号量子通信卫星,那么你可以选择量子光学和量子信息专业;或者发现希格斯粒子的强子对撞机还能发现何种粒子是你非常感兴趣的问题,那你就得选择高能物理。事实上,大部分同学通过对自己的实力和兴趣的分析,基本能够定出自己的考研学校和专业。选择学校和专业时,大家还要考虑城市的选择。在一线城市、二线城市、三线城市中你们得到的资源、机会和眼界是完全不一样的,所以大家还要重视这一方面的考虑。

我觉得,在我们的人生旅途中,无论是工作还是学习,都会遇到很多困难。遇到困难时,如果你能坚持下来,过了这个坎,就会柳暗花明又一村,遇到新的机遇;如果你不能坚持,败下阵来,那么机会也将与你失之交臂。我希望我们全班同学,在最好的年华能坚持梦想而不轻言放弃,越努力越幸运。加油!

最后,希望大家教育实习取得质的转变,考研过程有条不紊,都考取自己满意的学校和专业。

作者简介

张英杰,男,博士,教授,物理工程学院副院长、2018级物理学三班班主任,理论力学与量子力学任课教师;获山东省研究生优秀科技创新成果奖一等奖,山东省优秀博士学位论文,山东省自然科学奖二等奖两项,山东省高校青年教师教学比赛一等奖,曲阜师范大学优秀教师、师德标兵;指导本科生获山东省优秀硕士论文一篇、山东省优秀学士论文两篇,省级以上教学技能以及科技竞赛一等奖八项。

新学期给大学生们的一封信

牛年春早，同学们！不久的将来我们即将回到曲园，开启新学期的工作和学习！在此，我向同学们致以新学期的问候和良好的祝愿，祝大家牛年大吉，牛劲十足。

新的学期，又是一个新的开始。经过寒假一个假期的调整，相信同学们会以饱满的精力迎接这个新的开始。大学是学习的圣地，大学的意义是教会同学们学习的方式，做个思想独立、人格独立之人，诚若我校校训"学而不厌，诲人不倦"。在此，我给同学们以下几点建议。

新的学期，希望大家更为深入地理解学而不厌的精神，大学是同学们难得的学习黄金时期，大学的意义也在于教会大家如何学习，学习在任何方面都应是一个自律自主的过程，外力虽然不可缺少，但最重要的是同学们那颗热爱学习的心，于外，学校会尽力为同学们提供良好的生活和学习条件，希望接下来我们一起努力，为更好的未来奋斗。

大学专业知识固然重要，但独立的思想和人格绝非只于专业知识中得到，大学生同样也应具有广泛的社交能力。健康、乐观的心态无疑会给同学们的大学生活提供良好的基石，在新的学期，愿每一位同学都能保持良好的心态、健康的心理。老师衷心地希望，在新的学期，同学们都能收起玩心，保持恒心，发扬校训精神，迈着坚定的步伐，一齐登上新的台阶！

作者简介

李宴美，女，1982年8月出生，山东省曲阜人，南开大学应用数学博士，中共党员，曲阜师范大学统计学院团委书记。2018年9月至今，担任统计学院专职辅导员。曾获2020年曲阜师范大学优秀辅导员称号，2021年6月获曲阜师范大学优秀共产党员称号。

心怀梦想，一路朝阳
——写给2014级软件工程专业同学们的一封信

考研征程告一段落，逐梦之路从未止步，在欢天喜地的庆祝里，在铺天盖地的礼物中，有人欢喜有人担忧，总有意外始料未及，也会有美好不期而遇，在异常轻松的氛围里，不妨静下心来，谈谈梦想。

梦想，这个人人耳熟能详又充满希望的词，在当代青年的心中，往往让人心潮澎湃又有所心伤，记得来校做报告的优秀校友刘密教授曾言，在他心里，梦想是为了挑灯夜读，不惜与纨绔子弟大打出手时的坚定；梦想是顾及家人，放弃步入大学时的遗憾与不甘；梦想是修炼自我，勇于攀登，最终成就最好的自己。

对于青年人而言，青春总是与梦想相伴相生，青春不仅仅在于我们的年龄，更在于我们没有老气横秋的姿态，不是机械运转的机器，大到对祖国，小到对集体，青春的梦想只在于平凡的付出和执着的奉献。在没有侥幸的世界里，所谓英雄，不过是那些做了自己想做能做应该做的事的人。

万物速朽，但梦想永在。梦想于每个人，有着不同的意义，甚至说，每个人在不同的人生阶段，都会有对梦想不同层面的解读。对于正处于青春的大学生而言，现在正该是理想播种、培育的过程，不负四年韶华时光，换取一生无上荣光。因为人生旅途中最美的时刻，莫过于二十几岁的这四年。却偏偏，在纯粹的大学校园里，在本该为了理想拼搏的时刻，总会有极少数的同学茫然失措，找不到方向。错失美好的大学四年，抱憾最美的人生旅程。观察了解过后，不难总结出：目标缺失，自制力差，成为多数迷茫大学生的主要原因。

因为没有明确的人生目标，所以在相对宽松的大学环境里，自制力没有抵挡住所谓的自由，任性被追捧成个性的张扬，缺失了目标，才会导致过多无意义的行为出现。若人人都能坚持立志、勤学、改过、择善的修炼之道，想必在转身离别的六月，定会少了些遗憾，多一些感慨：原来走过大学四年，不虚此行。

不是杰出者才做梦，而是善做梦者才杰出。享受青春，修炼自我，需要理想，更需要改变。改过择善，不妨从反思自我做起。

一、三省吾身以自检

曾子曰："吾日三省吾身，为人谋而不忠乎？与朋友交而不信乎？传而不习乎？"圣人之道，立德立功立言，虽圣人并非常人所能为，但以圣人为榜样，三省吾身，时刻反思，想来也会给自己的人生增添涵养。

当代青年，在了解自身的前提下，才有可能做出针对性的改变，这就需要对自我进行"体检"，包括自我兴趣、性格、特长等，分析自我，找到适合自己的学习生活方式，而不是一味地效仿他人，在效仿中失去自信、失去自我。

选择适合自己的自检方式，可以反思，可以记录，可以交流对比，可以行万里路以获真知。见贤思齐，思考人生，设计人生，时刻督促自己去改变，才会在改变中择善而行。

二、焚膏继晷以自立

韩愈言："焚膏油以继晷，恒兀兀以穷年"，如此才可称之为求学。在当下看，即为好读书、读好书。我们为什么上大学，若从积极主动的因素来看，上大学是为了进一步完善自己的专业知识结构，提升综合素养；读大学是为了学习更多的知识，培养出更为独立的人格。

当下不少大学生，尚且不论人格独立，生活上的独立对他们而言都有些困难。能不能离开父母老师的督促，独立按时起床上课，能不能用每天的小目标抵制住每晚都要杀几盘游戏的冲动，而最终，能不能在生活独立的基础上，培养起独立思考和判断的能力。

所有这些，都有着极为有效的方式实现，那便是读书。读书的过程，是学习的过程，若在读书的过程中能加上自己的思考，那便称得上是与智者思想精神交流融会的过程。书读多了，自然而言就对这个世界有了更为深刻的看法，也才能更好地拥有独立自主的人格魅力。

三、心系祖国以自强

梁启超先生曾言："美哉我少年中国，与天不老，壮哉我中国少年，与国无疆。"习近平总书记曾点评："现在高校大学生大多是95后，他们朝气蓬勃，视野宽阔，开放自信，是可爱、可信、可为的一代。"高等教育发展水平是一个国家发展水平和发展潜力的重要标志，实现中华民族伟大复兴，高等教育的作用不可忽视，只有培养出心系祖国，自立自强的青年学子，整个民族和国家才有希望。

当代大学生如何才能自觉培养和担当起这份使命？总结起来说，既要心怀理想，又要脚踏实地。心怀共产主义理想，是将爱国热情和理性思考紧密结合，是时刻保持高度的民族自豪感和使命感。

中华文明五千年，源远流长，有多少民族还保留着如此圣洁的文化传统，在这个强大的国度里成长的青年人，有责任、有义务去守护祖国母亲的安危。钓鱼岛事件、南海事件、萨德事件……面对一次次的挑衅，我们要做的，不是毫无目的地打砸，不是毫无意义地谩骂，真正能够支撑起民族脊梁的，是一代代年轻人脚踏实地去钻研、去读书，用自己的理想为实现中国梦的远大征程贡献力量。

梦想是什么？是孩童时代幻想大人世界的自由，是花季雨季憧憬大学殿堂的迫切，是青年时代为中华之崛起而读书的抱负，是一代代中华儿女传承民族优秀文化的自觉。梦想于当代大学生，是立志勤学，是自觉热爱你的专业、热爱你的学校继而满腔热忱热爱这片中华大地；是改过择善，是三省吾身，见贤思齐，择其善者而从之，是苟日新，日日新，又日新，不断挑战自我，突破极限；

是时刻要求自己，要做个好人，做个善良之人，悲悯天下凄凉，问道人间沧桑。愿你们心怀梦想，一路朝阳！

> **作者简介**
>
> 郑凤华，女，中共党员，山东师范大学世界史专业硕士研究生。2016年8月至2019年11月，任曲阜师范大学软件学院辅导员；2019年11月至今，任曲阜师范大学纪委、监察专员办公室正科级纪检监察员。
>
> 担任辅导员期间，曾荣获2017年、2018年山东省暑期"三下乡"社会实践优秀指导教师；曲阜师范大学2017年度"十佳辅导员"、2018年度"优秀思想政治工作者"；曲阜师范大学文明校园先进工作者；多次荣获曲阜师范大学社会实践优秀指导教师等称号。所带2014级软件工程1班、2015级软件工程2班、2016级软件工程1班荣获"山东省优秀班集体"、曲阜师范大学"十佳班集体"、"百优班级"等称号。
>
> 曾指导学生荣获第十届山东省大学生科技节特等奖1项、二等奖1项、三等奖2项，指导大学生创新创业项目校级立项1项。获2017年第八届山东省大学生数学竞赛优秀组织个人称号；2018年第十届山东省大学生科技节——"赛冠杯"第五届山东省大学生电子与信息技术应用大赛优秀指导教师称号。
>
> 公开发表学术论文2篇，主持济宁市哲学社会科学课题立项1项。

哲学之光，我们不一样
——致2020级哲学班的一封信

亲爱的同学们：

  大家好！

  2020年注定不凡，你们经历过新冠肺炎疫情，体会过寒假开学遥遥无期的煎熬，经历过高考时间推迟的波折，感受过新冠肺炎疫情恐慌与明朗的转变，对你们而言是一次难得的心理历练。如今，你们带着懵懂与青涩、憧憬与期盼、迷茫与欣喜踏进了大学校园，开启了疫情防控常态化形势下的大学校园生活。在我们相处的这段时间，些许思索，些许感想，些许祝愿与你们分享。

  愿你们思中学，学出成就感。哲学是智慧之光，给予我们理性思考、成长力量、前行动力；哲学指引我们洞察世界、窥探本质、感知真理；哲学是魅力之声，感染我们精益求精、上下求索、追求卓越。哲学之光，我们不一样。你们是一路追光的同行人，初涉哲学，不免听到你们觉得专业课晦涩难懂的抱怨，然而，在与哲学亲密接触的半年里，通过专业课老师的指引，优秀师哥师姐的学习经验分享，班级读书会的交流等，我想你们正在慢慢喜欢上它。既然选择了哲学，那就坚定信念，矢志不渝，勇往直前。愿追光路上的你们，在和先哲的对话中思辨，在思辨中求新，在求新中成长，体会学习中的喜悦感，享受学习中的成就感。

  愿你们学中忙，忙出获得感。入学之后的你们，开启了大学生涯中的第一课——军训，从叠被子到军事训练，从宿舍到操场，每天的忙碌让你们晕头转向。军训一结束，丰富多彩的校园活动让你们步履匆忙。还记得绿茵场上奋力奔跑的身影吗？还记得百"团"大战精彩纷呈的情景吗？还记得秋季第一杯奶茶的滋味吗？还记得图书馆报告厅的演出吗？还记得冬至彩色饺子的模样吗……然而，伴随着学习之余的忙碌，"参而无获，忙而无得"的吐槽常有耳闻。其实，咱们学院有这么多优秀的师哥师姐，不妨先向他们多取取经，结合他们的建议合理规划，如根据自身的专长有所取舍，参加一些含金量高又能有获得感的社团；亦可与"时间管理四象限法则"为友，用心交流，相信你们会受益终身。忙而不乱需要一种智慧，也是一种时间管理能力的体现；忙出获得感是一种追求，也是一种不断求知的渴望。

大学不同于高中，没有了题海战术的紧张，没有了你争我赶的压力，没有了金榜题名的焦虑，在相对自由的氛围中，愿你们忙中乐，乐出幸福感。哲学的小窝记录着你们的点点滴滴，你们也在曲园书写着自己的历史。青春、阳光是你们这个年龄应有的模样，忙碌之余在美丽曲园中畅游，你们可以尽情享受做学生的快乐。交友、畅谈是你们这个年龄应有的特质，闲暇之时在温馨宿舍中嬉笑，你们可以尽情享受同窗的情谊。幸福，源于心，溢于表。看到你们忙碌又开心的模样，想必你们一定是幸福的。时间如白驹过隙般转眼即逝，三年之后的你们，又将开启新的征程，或是读研，或是就业。在那时，你们每个人都会有不同的选择，愿你们回望自己在曲园中的过去时，还依然幸福着。

生命本是一场漂泊的旅途，遇到谁都是一场美丽的邂逅，在曲园中和你们相遇是我们的缘分，愿我们彼此惜缘，一路追光，共同成长。2020年实"鼠"不易，我们期待着"牛"转乾坤。犁牛之子、乐学笃行，愿你们作为一名曲园人，践行曲园使命，传承曲园精神，续写曲园篇章。

张文静
2021年3月20日

作者简介

张文静，女，硕士，助教，政治与公共管理学院2020级哲学班辅导员。

依依不舍师生情
——致我的2014级毕业生

"四载春秋几何休,总当时日还久。只是年华似水流,即日告别挥手。"转眼大学四年间,我们从刚开始陌生的辅导员与学生的关系,慢慢成为彼此之间无话不谈陪伴对方的家人。现在,此刻,我们却不得不说再见了。

作为2014级辅导员,我见证了你们这四年来的成长。大一的你们,懵懵懂懂,经常需要老师们的帮助和指导,也多次和我交流初次离家的不适应;大二,你们渐渐习惯了大学生活,你们和我诉说新的生活规划,我能感受到你们积极进取的心态;大三,你们惋惜时光的流逝,同时更懂得了要珍惜时间,高效学习;大四,你们和我谈论未来生活,却很少提及毕业,也避免谈到离别。

我想和大家说,毕业不是终点,而是新征程的起点,是你们走向更加光明的未来的一扇大门。分离只是让我们在距离上变得遥远了一点,我们的心仍然始终在一起。不必抵触毕业,这是大学送给你们的最后一课,新的生活会改变很多,但绝对不会改变大学四年你们的成长,抹不散你们深厚的情谊,也带不走你们坚定的信念。所以,享受毕业吧!

作为你们的辅导员,我这四年一直在跟你们讲一些人生的道理,到了毕业,我想最后再认认真真地说一次。我希望你们在今后的生活中,能够做到。

一、认真负责,爱岗敬业

我知道很多同学选择了进入社会,选择了去实现自己的梦想,凭借自己的力量闯出一片天地。"世上无难事,只怕有心人",社会生活并没有那么残酷,立志做好本职工作，认真负责地对待每一件事，机会就会主动寻找你们。

"在其位，谋其政；任其职，尽其责。"希望你们能够热爱自己的工作岗位，热爱本职工作，用一种恭敬严肃的态度对待自己的工作；忠于职守，持之以恒；有强烈的事业心，尽职尽责，全心全意为人民服务；有勤勉的工作态度，脚踏实地，无怨无悔；有积极的进取意识，不断创新，精益求精；有无私的奉献精神，公而无私，忘我工作。认真负责，爱岗敬业，你们一定会成长为社会的栋梁。

二、学海无涯，终身学习

考取研究生的同学会继续进行科学研究，准备再次挑战研究生考试的同学也会勉励前行，在这里我将胡适的一句话分享给大家——"怕什么真理无穷，进一步有一步的欢喜"。

希望大家能够保持积极心态，首先做到恪守学术规范，严谨求学，始终牢记我们"学而不厌，诲人不倦"的校训，铭记曲园的精神。其次要珍惜时光，你们会慢慢发现，当你们选择继续学习的道路时，你们身边已经有很多同学逐步做到经济独立、安家立业，但是千万不要过于在意这件事，坚持读书学习，提高自身能力，不断求知、创新、奋进，就一定会有回报。最后希望大家在求学的道路上一帆风顺，勇攀高峰。

三、诚信友善，重视道德修养

你们正处在大好时光，是最富有朝气、最应该拼搏的时光，要牢记社会主义核心价值观，要爱国、敬业、诚信、友善；要选择奉献、选择吃苦；要慎独，不因善小而不为，不因恶小而为之；要严于律己，宽以待人，见贤思齐，三省吾身；要关注古今事、家国情，修德立功。

习近平总书记说，青年是引风气之先的社会力量，青年的价值取向决定了未来整个社会的价值取向。因此你们应当培养良好的道德品质，倡导社会文明新风，主动承担社会责任，热诚关爱他人，关注扶贫济困、扶弱助残的事业，要做一个有理想、有道德、有文化、有纪律的四有青年，向上向善，一身正气，满腔热血。我相信，未来是你们的，世界也是你们的！

最后，同学们，纵使万般不舍，终究也要离别。

希望你们步履洒脱，大步地迈向新征程；

希望你们以梦为马，敢于拼搏，不惧挑战；

希望你们用青春点亮梦想，用热情点亮辉煌；

希望你们踏踏实实做事，堂堂正正做人，打造出一片属于自己的天地；

希望你们即使离开了母校的怀抱，仍能抽空回来看看，看看那亲爱的、曾教导过你们的老师，看看那萃华月、西联灯，看看那生活了四年地方是不是还像以前一样那么美、那么令人心神向往。

希望有一天，我能在曲园再次看到你们！

作者简介

王保英，女，讲师，教育学院2014级、2018级辅导员，国家三级心理咨询师、创业咨询师实训指导师。担任大学生职业规划课、大学生就业与创新创业基础课、形势政策课、教师专业发展与名师成长研究课的任课教师。曾参与全国教育科学规划（教育类）国家青年课题1项、全国教育科学规划"十二五"规划教育部青年课题1项，主持课题3项，发表学术文章9篇。曾荣获山东省社会实践优秀指导教师、曲阜师范大学优秀思想政治教育工作者、优秀指导员等称号。

嘿，青年，让青春燃起来！

习近平总书记说：青年一代有理想、有本领、有担当，国家就有前途、民族就有希望。青年人是祖国和人民的期盼所在，被党和人民寄予厚望，理应站在时代的前沿，正确认识世界和中国发展大势，正确认识时代责任与历史使命，正确认识远大抱负与脚踏实地，立足本国，放眼世界。

作为新时代的青年人，曲园的青年学子们，你的青春华年，打算如何度过？

"萃华月，西联灯，春风杏坛弦歌声；犁牛之子，乐学笃行……"青春是一页翻不回的书，时光是一支收不回的箭。在我们有限的生命里，短暂的青春中，学习应该是最重要的课题，通过学习，掌握专业知识，提升专业技能，提高个人综合素质，练就足以让自己在社会洪流中安身立命的本领；通过学习，了解时代所需，明白大势所向，提高自身的适应能力，争做不落后时代的优秀先锋。

作为当代青年，应将个人命运与祖国发展紧密结合起来，将个人理想融入壮美宏大的中国梦，心怀远大抱负，念着家国天下，立足自身实际，从点滴小事做起，从做好自己的本职工作开始，不忘初心，不辱使命，让个人的星星之火在祖国的东风中燃成燎原之势。

作为当代青年，应牢固树立共产主义信仰，坚定中国特色社会主义制度自信、理论自信、道路自信，自信则自强，自强则自立，自立则不惧"歪风邪风"，屹立不倒。

作为当代青年，时代的声音不容忽视，民族的期望不容辜负，国家的繁荣不容推卸，青春是时光赋予我们的财富，热情是我们回报时光的最好礼物。沐浴时代光辉，沐浴党和国家的恩泽，请莫忘初心，坚守民族特色，铭记历史使命，树立远大理想，脚踏实地，艰苦奋斗，让青春燃起来！

作者简介

张惠，数学科学学院辅导员，国家三级心理咨询师。曾担任大学生职业规划课和大学生就业与创新创业基础课的任课教师。主持并完成济宁市哲学社会科学规划课题1项，发表学术论文3篇。荣获山东省第八届大学生数学竞赛优秀组织个人奖以及山东省暑期"三下乡"社会实践活动"优秀指导老师"、新闻宣传工作先进个人、新媒体优秀指导老师、优秀学生思想政治教育工作者等荣誉称号。指导学生团队打造"曲阜师范大学最具影响力新媒体"，带领学生团队荣获"第八届山东省大学生创业计划大赛二等奖""曲阜师范大学创青春大赛二等奖"。

叫不醒一个装睡的人，
你能否在毕业时华丽转身？

上周一个男生来我办公室："老师，我请假，我回家！"

我抬头看了一眼，原来是考完研的 C，一副兴高采烈的样子，我以为他发挥得很不错，连忙问："考得怎么样？"

男生笑嘻嘻伸伸舌头说："考得不好，基本没戏。"

"哦，那你请假回家做什么？"

"老师，就是回家啊，没课了，也没有考试，在这里也没啥事干，回家嘛。"男生一副开始要回家过年的轻松表情。

我把手头工作一放，感觉不对，问道："回家有什么安排吗？怎么在这里没有事情可做呢？既然考完研了在成绩没有出来之前难道不准备复试吗？就算你认为考得不好，没戏了，就没有其他规划吗？上次开考完研的总结会你去了吗？我在群里发的那些招聘信息看了没有？你就不看看有没有适合自己的？"

一连串的疑问，让男生有点不耐烦，但是依旧一副无所谓的样子，很潇洒地告诉我："老师，这些我还没想过，不然明年就考个编呗。"

我看着这个高高大大的男生一脸轻松的表情，考编好像在他嘴里说出来成了一件明天考试，后天就能录取的事情，我的心情怎么也轻松不起来了。

最近有许多学生来请假，有的去参加招聘会，有的去参加岗前实习，有的去参加教师编、事业编培训，有的是去保研学校开始提前跟着导师做研究，有的去考研报考学校请教师哥师姐如何与导师建立联系……大部分的学生忙

爱的礼物——寄语篇

碌而充实着,为着毕业有一个华丽的转身而做最后的准备。然而还有这么一小部分群体,他们没有任何事情可做,就是"回家",单纯地回家。当然我不是反对回家,"弦不能绷太紧"的道理我懂,适当的放松是绝对有必要的,但是可怕的是,有些人的弦就从来没紧过。你问他们有理想吗?有规划吗?毕业后怎么打算的?看招聘信息了吗?做简历了吗?准备正装了吗?你的学分绩点够了吗?他们会呆萌地摇摇头,露出腼腆的微笑,可是同学,你这样的心大,这样的淡定,这样无所谓的神情等到半年后毕业季时你还能依旧保持吗?

  网上有一句话很火,说"你永远都叫不醒一个装睡的人"。这半年我听到太多学生跟我说:"老师,我好后悔我前面……"听到这句话,我心里就很惋惜,但也还稍觉欣慰,至少有些同学已经开始幡然醒悟,已经在为自己前几年散漫的大学生活做最大的努力。然而还有一部分这样的同学,知道自己马上就要毕业了,知道自己目前还有重修的课程要去考试,知道学分绩点不够不能拿到学位证,知道时间转瞬而逝从此就要告别象牙塔迈入社会,知道考研复试转眼就来到面前,知道招聘单位竞争很激烈……可是就是不愿意付出努力。日上三竿才起,打开王者荣耀先来一波团战打野,发现时间还有这么多,于是刷个感动天、感动地、感动自己哭得稀里哗啦的肥皂剧;或是看个流量最热的综艺节目,不时爆出癫狂神经质一样吓得舍友瑟瑟发抖的笑声;之后开始每天必做功课——刷淘宝、秒杀、抢红包、淘抢购、收藏加购物车,你发现你使出浑身解数,两眼冒金星比逛街还累却一样东西也没有买,而那些时间却在不知不觉中全部溜走了。最后晚上到来了,你想着要让你的"夜生活"嗨起来,约了一圈朋友K歌,大家都很忙没有人去,好不容易找到一个可以一起逛街的,可是你却自动屏蔽了人家已经签约或者保研的事实。开开心心回来躺床上刷朋友圈、刷微博、刷QQ空间,各种点赞评论,你就是虚拟世界里那个最幽默、最风趣的段子手。夜已深,你疲惫地睡去,睡梦里感觉着这一天天也没干什么大活,身体却跟掏空了似的,而心里更是空虚无比。终于你觉得在学校这些事情也太无聊了,想想还是收拾收拾回家过年吧。

你依然过着神仙般快乐潇洒的生活，可差距正在你和那些不显山不露水默默付出努力的同学之间悄悄出现。你只看到了同学简历上一页A4纸都写不完的有些刺眼的荣誉奖项，却不知道他牺牲了多少假期和平时休息时间做各种竞赛项目。你只顾感叹自己"时运不济，命途多舛"，舍友都已经好几个Offer在手，却看不到他们这半年风霜雨雪天南海北地在各个城市参加招聘会，而自己到现在了连简历都没做，更别谈之前暑假期间去参加一些社会实践、各种岗前实习培训了。你只看到了同班保研同学现在可以悠闲地学个英语，打打球，看一些你听都没听过的学术论文，却没看到前三年多少个日日夜夜他们只有西联灯和萃华月伴随着枯燥的专业书度过。一面你心比天高梦想着能仗剑走天涯，一面又被理想太丰满现实太骨感的口口相传变得优柔寡断，停滞不前。害怕受挫，害怕失望，害怕辛苦，害怕尝试，害怕老师对你苦口婆心的教导，逃避一切你认为让你不舒服的人、事、物，你用大学里自己最舒服的姿态消耗着父母远在他乡起早贪黑、不辞劳苦供你上学的资本。

没有人可以随随便便成功，你所仰头瞩目的那些学霸，他们的智商也没有比你高到哪里去，他们只是正确合理地使用了一切可利用的碎片化时间，并持之以恒，日复一日。发现了量子霍尔效应的清华副校长薛其坤教授也曾经考研三次，读博七年。而新东方董事长俞敏洪曾高考三次，一个在同学眼中被认为最没出息的人凭着自己那股韧劲最后成功逆袭。然而更可怕的是，有些人比你聪明，还比你更努力，假期清晨七点的清华图书馆已经座无虚席，这是号称最高学府的一所大学的图书馆。其实，人最大的敌人就是自己，能够战胜自己的懒惰、虚荣、自怜、浮躁、玻璃般的心实属不易，生活的确可以顺其自然，但意志却永远不可顺其自然。不要过于体贴自己的软弱，既然不是天才，那就做好"笨人"，脚踏实地，扎扎实实地走好人生的每一步。

还记得那个冒着严寒走四十多分钟上学的冰花男孩吗？还记得四川凉山悬崖村孩子们的上学路吗？在舒适的大学教室里你已经幸福太多！梦想是在路

上实现的，不是在宿舍、在家里温暖的小床上实现的。不要选择在年轻的时候享福，你所有在年轻时候的坚持和付出都将是你的财富，世界从不亏待努力认真的人，你吃过的苦、读过的书，那是铺就你去看世界的路。

作者简介

杜晨曦，女，讲师，数学科学学院2018级辅导员，国家三级心理咨询师、创业咨询师实训指导师。担任"大学生职业规划""就业指导""形势政策课"三门课程的讲授。主持辅导员相关科研项目3项，发表学术论文3篇。曾荣获山东省辅导员论坛二等奖、山东高校辅导员讲党史优秀短视频展示二等奖等奖项；荣获山东省社会实践优秀指导教师、山东省大学生数学竞赛优秀指导教师、曲阜师范大学十佳辅导员、优秀思政工作者、优秀指导员、新媒体优秀指导教师、新闻宣传先进工作者等荣誉称号。

星光不负赶路人
——致2018级物理工程学院同学们的一封信

不知不觉，从学生到老师的角色转换已经接近两年的时间，第一次在教室和同学们见面时的情景恍若昨日，转眼开学，同学们已经大三了。自从开学之后，有很多同学问关于毕业、保研、考研和就业相关的问题，我很欣慰看到同学们开始认真思考自己的职业生涯，规划自己的人生路线，仿佛看见同学们毕业时保研、考研成功，找到理想工作，去自己想去的地方的美好场景。作为曾经历过考研就业的"过来人"，作为辅导员，我还有一些话想要叮嘱大家，希望在大家疲倦时能给予同学们微小的力量。

爱国、爱家、爱父母、爱自己……心中有爱的人，脚下才能更有力量。懂得爱人、爱己、爱我们的国家，是我们为自己的未来掌握航向的基本条件，是在任何艰难险阻中能够支撑我们走下去的强大动力。我在班会中不止一次提到，希望同学们在做决定之前，想想自己的父母、朋友，你做这件事的后果，是否是他们希望看到的。马加爵在案发被捕后说："姐，现在我对你讲一次真心话，我这个人最大的问题就是出在我觉得人生的意义到底是为了什么？……在这次事情以后，此时此刻我明白了，我错了。其实人生的意义在于人间有真情。"如果马加爵能在做傻事前问问自己，充满真情的父母、姐姐会怎么看待这件事？会怎样为自己感到伤心，他可能就不会走上歧途。每个人在考研和找工作的时候，都可能会遇到一段艰难时光，也许是研究很久解答不出来的高数题，也许怀疑自己选择的考研高校是否正确，也许经历几次失败的招聘面试，也许是此刻我无法用语言来形容出来的辛苦和艰难，但是请想想围绕你身边亲情、友情，又或者是陌生人的一个善意，你身体是否升起一股暖意，觉得身体有股坚强的力量，能够支撑自己坚持下去。

爱的礼物——寄语篇

行,成于思,毁于随。那些放任、淡漠、怠慢、消极,就是日后流泪、惆怅的种子。高中时候,父母会给同学们说进入大学之后就可以放松了,于是有部分同学进入大学之后,完全放松自己,然后在大三的时候发现,毕业早已成为问题,更何谈考研就业?也有部分同学觉得自己在大学没有好好学习,考研就业都没有信心,不知道下一步该如何选择。我在《格言》杂志读过一篇文章,里面的一句话让我印象深刻:斯人彼时年少轻狂,将父母亲友尽负,纵是日后补救有方,伤害却沟壑难平。年轻的时候我们总说不后悔、不在意,可是我们永远不能替十年和二十年后的自己说这句话,这是对关心爱护我们的亲人的不负责任,也是对自己人生的不负责任。所以请同学们从现在起对自己的人生负责,珍惜现在,珍惜每次可以进步的机会,甚至是可以让自己失败的机会,因为只有尝试,不断经历、不断积累,我们才能成长。只要你想努力,只要你想改变,现在永远不晚。每一段努力都不会被辜负,即使失败,我们也可以收获经验。现在同学们中流行一种"佛系人生"的说法,我不在意评奖评优,不在意宿舍卫生被通报批评,考试能及格就可以了,这是佛系?我所认为的佛系,应该是付出所有努力后,接受那些我们不能控制的结果,失败了总结原因,成功了默默欢喜。而不是什么都不付出,反正不努力就不会失败,不尝试永远都不会失败。可是,同学们,你不努力,你怎么知道自己能不能成功?不尝试,你如何成长?何时才能成功?

每一个成功的背后,都有无数次默默付出的自己,不要害怕结果,也许这一次努力不会成功,但是会有收获,这就是为成功奠定基础,星光不负赶路人,岁月不负有心人,青春正好,让我们一起爱人爱己,认真努力,踏歌而行,不负春光,不负此生。

作者简介

颜冲,女,硕士,助教,物理工程学院2018级物理学辅导员。

写给物理工程学院2019级同学们的一封信

亲爱的同学们：

　　春华秋实，岁月轮转。你们刚刚迈进校门的时候，或许觉得大学四年时间很长，未来很远。可时间从来都不等人，转眼间两年已经过去，在这个校园里你们学到了什么，收获了多少？即将步入大三的你们，是否有些许的迷茫？

　　一直在思考这封信的内容，但想到开学你们即将步入大三，决定和你们聊一聊未来。大三是大学生活的重大转折期，也是人生很大的选择期。因为很多事情都要在大三这一年做出决定，所以，做好选择，利用好这一年就成为你们的必答题。以前，总觉得大学时光很长，下一秒，你就要站在科技楼广场前拍毕业照了。

　　正如大家一样，我大一来到曲园之前，想象大学生活是白色的。因为象牙塔是白色的，整个生活就好像它折射的光，纯净而自由。大一的时候，太多新生活扑面而来，新鲜而灿烂，热情而紧张。有第一次上台讲演的激动，第一次加入学生会、社团的好奇……大二曲园是绿色的，旺盛得像西联的参天大树。开始熟悉曲园的美景美食，分享安利给朋友。大三是蓝色的，我们冷静了下来，开始思考未来的方向，并为此做出选择。大四是闪闪发亮的灰色，在选择里彷徨，忙忙碌碌，匆匆开始就要匆匆告别……

　　大三是专业学习的关键时期，学校开设了大量的、关键的专业课程，同时大三这一年也因为熟悉了大学生活，什么都显得驾轻就熟，如果此时抵制不住外在的诱惑，就会荒废大量的时间。经过大一、大二这两年的专业探索和学习，一般来说很多同学都能确定自己所喜欢的专业，到了大三这一年就应该进一步学习专业的细分或微分领域。当然，如果现在大三的一些学生还处于选择专业的犹豫期，那就应该加快专业的选择和基础学习了，毕竟在毕业时你要学有所成。否则因为专业不精而造成就业难就得不偿失了。大三时期最重要的一项任务就是为一年后毕业做准备，不管你现在有没有确定毕业后要走哪条路，还是明确地不打算毕业后直接就业，在这一年你都要以就业的心态来规划和安排生活，因为毕竟你还是要工作的，而你现在所做的任何打算还都不是定数。

一、了解职业及初步确定未来职业规划

大三下学期的时候，是我们第一次面临考研和工作的选择，有些人喜欢校园的环境，并且想继续深造，就会选择读研；有些人喜欢职场的环境，并且想快点挣钱，那他们会选择工作。大四毕业，有人继续留在校园里读研，有人走上社会工作。

在以就业为导向的过程中，了解社会上的众多职业和本专业所对应的职业、了解职业所对应的岗位是大三学生为就业准备的第一关。信息不充分是大学生无法做出选择的一个关键原因，所以在大三时期要先知道社会上都有什么职业，这些职业都是做什么的，这个步骤的要求是要全面、准确地了解职业信息。当了解众多职业后，你会根据自身情况确定一些自己喜欢的职业，在进一步对职业进行理论上的调研后，接下来就是要在实际的体验中来了解职业和检验自己的职业选择。如果你此时有自己的一个明确目标，那你也要对目标进行调研和体验，也就是你所要确定职业或目标经过理论和实践两个步骤的验证的。

在以考研等升学为导向的过程中，考研真可谓是千军万马过独木桥，选择一个切合实际的院校和专业，无疑会给自己的考研增加胜算，这关系着自己未来几年甚至一生的发展方向和人生轨迹，建议同学们一定要综合衡量主客观因素后，做出一个最适合自己的决定。

二、职业调整及弥补差距策略

很多时候，我们对于未来的不确定性是担忧的，因为安逸的日子过久了，早已忘记曾经的刀光剑影，真到面临选择的那一天，除非有外部环境逼迫，很

多人都会选择安于现状。

在确定职业规划后，需要一个调整的过程，有的人分析得比较全面、准确，就不需要这个调整。但有调整的心态去验证自己的出路是比较科学的，这样不会因为自己的一时疏忽或大意，而在错误的道路上越走越远。待出路最后确定后，要结合自身去衡量自己与出路之间都有什么差距，然后制定弥补差距策略。

新的历程已经启航，在时代的浪潮中，究竟是急流勇进，还是随波逐流，命运的船桨就掌握在你们自己的手中！最后，祝愿你们在大学的最后两年拥有无限精彩，收获最香甜的果实！

最后，祝同学们在新学期能够愉快地学习，精彩地生活！

邱金芝
2021 年 7 月 30 日

作者简介

邱金芝，女，硕士，助教，物理工程学院 2019 级辅导员。

致大二小朋友们的一封信

亲爱的小朋友：

你好啊！

为什么要叫小朋友呢？从2019年9月入校的那刻起，我就一直喊我带的历史文化学院2019级的同学们为小朋友。说好的每年都要给小朋友们写一封信，今年的信就以这样的方式寄出啦。同时今年的信，我想写给所有二年级的同学们。

今天想和大家讨论的主题是：我们该如何度过大二的生活？

作为一名自本科就在曲园学习的老师姐，今年是在曲园的第八个年头了，有时走在学校的路上，看到迎面走来的你们，有的三五成群说说笑笑，有的脚步忙乱眉头紧锁，我恍惚间仿佛看到了学生时代的自己。大二的时候，我和大家有一样的疑问。在这个课程最多却容易想变身"咸鱼"的阶段，我们该怎么去做呢？

制作属于自己的大学Vlog。新学期、新姿态，从学会爱自己开始。我们刚刚经历了疫情的大考，更深刻地体会到了生命的意义，更加明白了健康的可贵，保重身体、勤加锻炼、拥有健康的生活方式，将会是大家之后学业和事业道路上最重要的保障。学会爱自己，学会和自己相处，不要在不合适的圈子里辛苦维持，为真正懂你爱你的人留下充足的时间；也不要在没有结果的感情里面纠结，为那些对的人留出足够的空间。学会更加乐观地看待生活，将每次考试测验当作提升自己能力的契机，将三点一线的生活看作走向成功的康庄大道。人生许多时刻并不像贩卖机一样，不是投下去硬币，就能得到自己想要的东西，反而更多时候像是抓娃娃机，我们可能竭尽所能、盯紧目标，可是往往没有抓住想要的，期待惊喜、盼望收获的过程才更加可贵，重视体验、享受过程，只要心中拥有光亮，就没有人抢得走生命的希望。

制定你自己的小小 Flag。一个人内心的强大或许就在于日积月累。步入大二下学期的你，意味着大学生活四个春夏已经过去了八分之三，虽然每位同学可能已经给自己制定了大学的目标，但是很多时候你会发现，目标给我们确定了终点的位置，但是想要去完成却要经历很多步骤。大目标就像敌方的水晶，开局几分钟的我们没有办法一下子到达，更不能一下子成功。但是如果从推塔开始，不断提升自己的技能，你会发现成功就会离自己越来越近了，就像是闯关打怪一样，给自己制定一个个的小目标，每天进步一点点，人生没有白走的路，每一步都作数。

将行动力变成你的Slogan。史铁生曾经说过："拖延的最大坏处还不是耽误，而是会使自己变得犹豫，甚至丧失信心。不管什么事，决定了，就立刻去做，这本身就能使人生气勃勃，保持一种主动和快乐的心情。"如果不是从实现自我满足出发的目标，就不足以产生足够的内在动机支撑我们完成目标。也许是大学区别于高中的按部就班，自由时间变多了，"明天再说、等等再做"这些话变成了很多同学的口头禅，其实回过头来我们可以发现，在很多时候，明天再说也不会及时去做，等等再做也可能没有做好，所以小朋友们，2021年为了目标和梦想行动起来吧。

春日真好啊，沾着新年和新学期的喜气，迎面是暖风吹来的欢愉，祝愿各位小朋友珍惜朝阳、珍惜晚风、珍惜年轻的日子，做自己大学乃至之后生活的主角，努力奔跑吧！

刘润欣

2021年仲春

作者简介

刘润欣，女，硕士，助教，历史文化学院2019级辅导员，从事辅导员工作1年半。

鲜衣怒马少年时,不负韶华行且知

以题目为引,是想告诉各位书前的读者朋友们,年轻时要胸怀梦想且"行且知"。本人的读书经历与很多人不同,从一个中专生读到硕士生,可以说是实现了自己人生中的逆袭。有幸借王琼老师工作室征稿这次机会,向大家分享一些求学道路上的感悟。

我的求学道路颇有些坎坷,初中毕业后考虑家庭情况不好、姐弟俩读书都要花钱,同时在自己的"努力"学习下,我放弃了大部分人选择的"读高中、考大学"的道路,选择了上中专,提前工作赚钱的实用路线。中专三年的时光,整个人基本上就是浑浑噩噩,不思进取的状态,每天和身边同样放弃了读书的同学一起思考人生。但是中专毕业的时候不知道怎么醍醐灌顶了,特别想读大学,可能是看到原来一起读书的伙伴都收到了大学的录取通知书的原因,但是一打听,中专毕业读不了大学,要经过两次考试,大专院校单招考试和专升本考试,我当时虽然觉得挺麻烦,但是在身边人的鼓励下我还是决定要努力一把,我是那种要么不做,要做就得做好的人,看自己努力了能到什么程度,就一直坚持下来了,结果后面来看还不错。

在学习的道路上当然也不是一直顺利,我记得第一次参加考研的时候,没有读过高中的弊端就显现出来了,英语词汇量不够,基础数学的知识点不够扎实,阅读量也不够,导致最后考研的时候才考了190分(500分满分)。这个考研成绩对当时的自己可以说打击很大,甚至开始怀疑自己也许就不是学习的料。不过还好我算是从低谷走出来的人,在看了很多名人的励志故事后又重整心态,别人能做到的,我也一定能做到。开始针对弱项制订专项学习计划,大早起来背单词,反反复复地做题,在无数次崩溃与自愈、自我怀疑与自我肯定过后,踏入了第二次硕士研究生考试的考场,当最后一场考试结束,回到住处的路上时，我就知道，这次能成。没有什么情绪上的波动，我只知道这都是我自己努力的结果。后来成绩出来了，以比第一年高出很多分的成绩进入了我志愿的学校。从中专生到研究生，并不代表本人有多厉害，但在这个过程中养成的坚韧不拔的性格和意志力，坚定的目标感和自控能力，乐观和自信的心态是我最引以为豪的事情。

"长风破浪会有时，直挂云帆济沧海。"只要心中有理想并去执着追求，终究可以有所作为。千万别定了目标不制订行动计划，如果你总是在想努力，却又不行动，行动了，却只是做样子感动自己的话，这样下去，你只是在浪费自己的时间。有道是人生不如意事十有八九，身处人生的低谷期并不可怕，可怕的是不知道改变、不知道努力。等你拥有梦想的一切，你会发现之前的努力都是值得的，就像现在的我写这篇短文时，回忆起自己的经历，还会感觉到热血沸腾，还会给我的孩子讲我的这个故事，就觉得很值得。

本人曾因年少无知选择了一条和大部分学生不一样的求学路，但幸运的是，一路走来每个阶段我都得到不同老师的帮助和引领。正是因为有每一位优秀老师特别是辅导员老师的关心和培养，我才能从中专坚持到研究生毕业，因此我明白一名优秀的辅导员对同学们的重要性，现在有幸成为一名高校辅导员，我希望我也能和同学们成为亦师亦友的关系，将成长感悟传递给同学们，在生活的点滴中去激励同学们，用自己的言行去引导同学们，帮助同学们成长。

凡是过去，皆为序章。人生路长，怀揣希望去努力，剩下的交给时间。相信，最好的结果总会在不经意的时候出现。

作者简介

王衡，男，硕士，助教，物理工程学院2020级辅导员。

踩好脚下石，走好人生路
——写给 2018 级物理工程学院小同学们的一封信

生命像一条川流不息的河流，不断向前奔流。恍惚之间，在 2020 年的 7 月结束了作为学生时代的最后一个假期，回到曲阜，在这里我成为一名大三辅导员。带着对第一份工作的期待和忐忑，作为你们成长的见证者与陪伴者，开始了这一年和小同学们的相处时光。一年前的我还是一名学生，转眼间，成了一名辅导员，但大学的时光依旧历历在目。回想我的大学生活，有遗憾也有收获，有时候当局者迷，只有等走过一段路再回首时，才能看得更加清楚。人生需要这样不断地回顾与反思，而作为过来人的我，也想跟大家分享一些小小的经验，帮助大家在以后的道路中走得更加有力量。

一、爱你所爱，行你所行，心之所向，无问西东

人生总要面临很多的选择，请记得无论何时都要倾听自己内心的声音，坚持做自己。"青年的人生之路很长，前进途中，有平川也有高山，有缓流也有险滩，有丽日也有风雨，有喜悦也有哀伤。心中有阳光，脚下有力量，为了理想能坚持、不懈怠，才能创造无愧于时代的人生。" 这是 2016 年 4 月 26 日习近平总书记在知识分子、劳动模范、青年代表座谈会上说过的一段话。作为青年一代，你们是祖国的未来与希望，怀揣理想并且坚持做自己，拥有一颗鲜活的心，去奔赴所热爱的一切。不忘初心，世界无论如何精彩缤纷眼花缭乱，愿你们实现最初的梦想，远征星辰大海，归来仍是少年，不负青春，更不负自己。

二、凌云踏浪，追梦前行，勇往直前，万里可期

三年前你们来到了曲阜师范大学，播撒下了叫作梦想的种子。现在的你们褪去了稚嫩的外衣，变得更加成熟稳重，也即将带着希望迈向更广阔的前方。"有光的地方，就有人在读书"，这是曲阜师范大学浓厚学风的体现，我曾在物理楼的教室里、西联教室的灯下，看到每一位"犁牛之子"都乐在其中，享受着知识带来的幸福感，也看到了你们在朝着梦想的道路上努力奔跑的样子。三年的积累，你们都获得专业内的知识储备，同时也收获了成长。不断地修炼与精进，让我感受到了你们的成长，从开始的被动学到现在的主动学，大家都慢慢地意识到了设立目标与为了实现目标而努力的重要性。未来也是一样，你们会学到更多的知识，了解到更广阔的世界。往前走，朝前看，这是一件很酷又很棒的事情。同学们，没有不美的青春，同时也没有不值得的奋斗，趁着年轻，愿你们怀揣梦想，乘风破浪，无畏无惧，成为更优秀的"斜杠青年"，书写更精彩的人生！

三、使命在肩，信仰于心，青年壮志，奋勇向前

作为与新时代同向同行、共同前进的一代人，生逢盛世，肩负重任。今年是建党百年，这是青年一代的机遇，同时也面临着新的挑战。鲁迅先生曾说，青年"所多的是生力，遇见深林，可以辟成平地的，遇见旷野，可以栽种树木的，遇见沙漠，可以开掘井泉的"。青年一代的你们，要有初生牛犊不怕虎、越挫越勇的拼劲和"俯首甘为孺子牛"的奉献精神，肩负起自己的责任，把青春融进时代里，以行动书写青春的华丽篇章，彰显青春的蓬勃力量，奋勇向前，扬帆启航。

所以，同学们，趁青春，就现在，背起行囊，满载着希望前行，脚踏实地走好人生的每一步路，直至终点。愿你们不负韶华，不负青春，书写出属于自己最美的人生。

作者简介

孔瑞，女，硕士，助教，物理工程学院2018级辅导员。

3+2>5
——致曲园 2020 级网络工程 3+2 的同学们

亲爱的 2020 级网络工程 3+2 的同学们：

时光如梭，一眨眼，你们在曲园度过半年，与你们相处的这段时间，看着你们一天天成长与进步，老师很欣慰。在我心中，你们与统招本科的孩子们一样，朝气蓬勃，光彩夺目；你们和他们又不一样，因为起点不同，你们又多了一份涂抹前身的特殊使命。这段前身，对有的同学来说是攀登前行的扶梯，但对有的同学来说，也是限定学业的终止符。我跟你们交流学业未来的时候，一些同学表示，当时选择"3+2"是成绩不理想的被迫选择，其实自己并不喜欢这个专业，想读研换专业又不知道方向，很迷茫；有的同学说，我们难以触碰的天花板，其实是别人的起点，进入本科已经相当不易了，何必再去经历考研的歧视；甚至还有一些同学说，反正毕业之后就有个本科学历了，本科期间就不需要太努力了，不挂科就行。我听了你们这些想法，内心很担忧，如果你们对未来没有明确的目标，对自己的能力没有充分的肯定，对学业未来没有清晰的规划，如何度过一个不负韶华的大学生活，如何自信地踏入更高的学府或走上理想的工作岗位呢？所以，我想跟大家聊聊，说说自己的所思所想，希望能给大家提供一些建议和方向。

我们首先来说说什么是"3+2"。"3+2"是专科学院与本科学校联合实施的专业对口贯通、分段培养项目，为学生实现攻读本科的梦想，成就拥有高学历愿望，为社会培养具有创新意识和研发能力的应用型人才。其次，为什么要推出"3+2"呢？"3+2"实际上是为提高全民受教育水平的聚力蓄水之举，同时也是为缓解严峻的就业压力开辟新路。2020 级网络工程 3+2 的同学，对社会来说，是更高层次的人才；对于家庭来说，是更优秀的成员；对个人来说，

是更出色的自我。于情于理，这都是一件十分有意义的事情，但有的同学经过"3+2"转段考试进入本科之后，要么为考研选专业而迷茫，要么为升入本科沾沾自喜骄傲自满，要么安于现状不思进取，这都是对"3+2"的错误理解。

首先，"3+2"并不是三年专科和两年本科生活的简单加和，两年本科生活也并不是专科的浅显延长，而是学业目标的重塑与信念的加筑。想要度过本科充实的两年，我愿你们紧握梦想，以己之长，确立目标。著名的目标管理大师彼得·德鲁克提出：首先要有大目标，目标要进行分解，最终转化成为行动。如果当初专科的专业是无奈的选择，那么考研更换专业是你们再选择不可多得的机会，再选择的专业可能成为陪伴你们一生的职业，权衡好爱好与责任，做出慎重的抉择。你们是顺利通过网络工程3+2考试进入本科大门的优秀专科毕业生，你们是优异之列的潜力股，所谓的考研歧视不过是自己心中的围城，相信自己，坚定信念，勇敢面对，你们是一群有梦想的青年，抛下顾虑，甩开包袱，奔跑吧！

其次，网络工程3+2并不是学业生涯的终止符，而是学术理论锤炼和坚持品性磨炼的八卦炉。专科的学习偏重实操练习，本科更偏重理论学习，本科的学习对学历提升起到基础性作用，你们比普招的学生少了两年的理论学习，所以在剩下的两年，老师希望你们能加倍读书，多了解专业理论知识，多知晓专业前沿动态，开阔眼界。杨绛先生曾说："你的容颜里藏着你读过的书，你的气质里显露着你看过的字。"你想走向哪里，书知道答案。读书不仅为了拿文凭，而且是一个有温度、懂情趣、会思考的人为未来更高的学术造诣奠基。走向高处的路注定密布荆棘，坚持是你们登上高峰唯一的利器，孩子们，别放弃，追寻梦想的每一刻，你们都闪闪发光！

最后，我想跟你们说，不论未来的路怎样，把脚下的路走漂亮，迷雾和风雨阻挡不住勇士前行的脚步，更挡不住一个个有梦想、有毅力的你们。

作者简介

纪玉超，男，硕士，助教，计算机学院2018级辅导员。

致初入大学殿堂的你们
——青年不坠凌云志 锲而不舍终必成

亲爱的师弟师妹们：

你们好！我叫吕宾，是物理工程学院通信工程专业2013届毕业生，去年十月，一个偶然的机会我又来到阔别七年有余的曲园，熟悉的老师，熟悉的物理系楼、图书馆，西联教室的琅琅读书声、二餐厅的面香味，综合楼后金黄色银杏落叶，都还是原来的样子，可唯独熙攘人群中不再有熟悉同学的身影……正如古希腊哲学家赫拉克利特说："人不能两次踏进同一条河流。"回去的是校园，回不去的是属于我的大学青春岁月。看着你们那一张张洋溢着青春活力的脸，我仿佛看到了十年前的自己。恰好最近收到王琼老师的约稿，我就想和你们聊聊我对大学的一些看法，希望能对你们有所启发，能对你们的大学规划有一点点帮助。

一是谨记学业至上，明确奋斗方向。人总会在失去后才懂得珍惜，大学时很容易有"六十分万岁"的思想，认为学习是考研考公人的事，可是毕业后面对焦头的工作还有生活琐事，空余时间去自我充电时才发现大学才是最好的学习地方。这里有图书馆、自习室、实验室、学术交流沙龙，还有公共分享课、微课堂及王琼老师的工作室等。初入大学就要记住务必努力学习掌握一身本领，早日确定未来奋斗目标。有本领才能自信应对，有谋划才能从容选择。被窝是青春的坟墓，游戏是大学的陷阱。不要浪费太多的时间在宿舍，不要挂科，不要在青春中自我迷茫。有时间多去图书馆看看书，丰富自己的知识储备，沉淀自己；多去和辅导员老师谈谈心，用他们的经验帮助自己找到最佳的奋斗方向；多和同学聊聊对未来的展望，相互鼓励，共同进步。

二是认识自己，塑造自己，升华自己。中学时代，我们不用考虑太多，努力读书就好。到了大学，成年加冠，从一个职业读书人向半职业社会人慢慢转变，所以少不了一些对未来人生及职业的思考——我想成为怎样一个人？我未来可能从事什么职业？我离理想的我还有多少距离？我需要做什么努力？我能为国家为社会做什么贡献？一直很喜欢一句话：他努力地奔跑，只为追上他最想成为的自己。而关于人生的思考又何尝只是在大学时代呢，人生是一场永恒的追求探索历程，大学毕业也只是阶段性的，人生还有更多的课程需要完成。只是大学作为社会的起步点，我们必须要有思考，要认清自己适合做什么？而四年的大学时光正是一个塑造自己，不断蜕变的过程。同时，大学生要建立健全成熟的世界观、人生观、价值观，才能在漫漫人生路起好步，少走弯路，不走错路，要把自己的未来及人生规划与国家的相联系，让青春在奉献中完成个人的升华。

三是珍惜时光，珍视感情，珍重青春。大学四年对刚入学的新生看来很长，可对即将毕业的大四学生来说，他们倒是希望时间过得慢些，不忍青葱岁月眼前流逝，而对那些毕业很多年的人来说，时间早已定格，成为回不去的过往。不要懈怠、不要逃课、不要沉迷游戏，趁着热血沸腾的青春韶华，考取几个有价值的证书为自己未来就业增加筹码，参加体育锻炼增强体魄，参加社团活动锻炼自己的工作能力，做些兼职及社会实践活动奉献青春寻找自身价值，和老师朋友们谈谈心、聊聊天，是他们的陪伴让大学时光变得如此绚丽多彩弥足珍贵，甚至谈场恋爱让青春更美丽地绽放……

青春的华丽篇章是一部锲而不舍的奋斗史。此刻，我在单位民警休息室写下这些时不禁想到中印边境四位戍边烈士，想到几个月前我也在云南中缅边境一线经受着缅甸内战和疫情、毒品输入的潜在威胁，近日我的一些同事即将奔

赴西藏、新疆的边境一线，想到四位戍边烈士也是二十岁左右如你们一般青春年华。不管处于人生的哪个阶段，不管处在社会的哪个岗位，我们大家都是在努力地奋斗着！青春是善良、勇敢、无私和无所畏惧，是心里有火，眼里有光！向青春致敬！向国家奉献！一起奔涌吧，后浪！

祝你们在大学时光活成自己想要的模样！

吕宾

2021年3月1日

作者简介

吕宾，男，曲阜师范大学物理工程学院通信工程专业2013届毕业生。在校期间荣获二、三等奖学金各一次，连续四年在校运动会中获得100米、200米第一名及2011年毕业杯足球赛中获得冠军。现是国家移民管理局深圳边防检查总站的一名边检警察。2018年被借调至港珠澳大桥边检站，见证了港珠澳大桥的顺利开通，2020年被选派到云南中缅边境一线（毗邻缅甸果敢地区），参与缉查枪支、毒品输入，打击跨境电子诈骗网络赌博，抗击疫情输入及打击违法偷渡等工作，先后荣获"第一代港珠澳大桥边检人"称号，荣立个人三等功、个人嘉奖一次。

我的曲园青春记忆

亲爱的曲园：

　　展信欢颜！

　　一别经年，几度春秋未见。现如今初春时节，校园已是春色满园、花开似锦、欣欣向荣、处处繁华、一派勃勃生机的样子了吧。

　　自大学毕业后，离开你的怀抱已五岁有余，和你相知相识的时间掐指算来近十年时光。然而纵时光飞逝，与你一起的青春日子却记忆犹新，与你的情分与日俱添、只增无减。想到青春的日子，正合春天这个季节，此刻浮现在脑海里的是西操场东侧路上从南到北那一团团最先盛开的迎春花，"幸与松筠相近栽，不随桃李一时开"，黄的娇艳、嫩的柔软、绿的耀眼，把生命力展现得酣畅淋漓，把环境点缀得多姿多彩，任谁路过不交口称赞；还有科技实验大楼西侧弘道路旁的垂柳，正发新芽、在吐嫩枝，细细长长的枝条随风轻摇，婀娜多姿，像一个个绿姑娘无限婉约妩媚，给整条路都披上了绿衫；学校南门口的梧桐树应该也开花了，那儿梧桐花一开方圆几里内都能闻得到，清新淡雅、沁人心脾，再加上离着不远处酿酒厂飘来的酒香味，深嗅一下空气，真有梧桐花下酒一杯，酒不醉人人自醉的意蕴。这样的美景怎能让人不想念！而且美景远不止这些风景秀丽的自然风光。

　　在你怀抱的时光，是青春最美好的四年时间，那时无忧无虑、意气风发，那时高谈阔论、指点江山，那时课上听讲、课下实践、早起晨读学习、晚上挑灯夜战，青春年华、精力旺盛、不知疲倦，对未来无限遐想。现在提起校园，首先想到的是南门，也就是学校的大门，四柱三间仿古牌坊，坐北朝南威严屹立，琉璃瓦灰白的墙，远远望去就是学堂的模样。最深的印象是西联教室，这可能对每一个曲园人都不陌生。教室虽说地处学校的中心地段，但它却是掩藏在周围高大的建筑中，是喧嚣尘世中的一处恬静，周围植高树，门前少车流，青砖灰瓦红色方框窗，屋子外面有长长的走廊，西面和南面为低矮的二层楼，与北面一层联排教室呈三面相连之势，东面是出口，院内有参天合抱之木，东西朝外的墙面上各留有一方极具历史感的黑板报，屋子后墙绿绿的爬山虎，有的已爬到檐边，有的藤蔓映在了窗上。若说这儿最亮丽的风景，莫过于一年四季里风雨无阻、寒暑不辍的学子们，一届届的努力者，一代代的追梦人。刚一开春，春风料峭里就有人在避风处学习，夏天树影斑驳的树荫下琅琅的读书声此起彼伏，秋天落叶满地拿马扎为座，以花坛为桌者不在少数，秋雨淅沥也挡不住楼道里、走廊下的用功人，冬天的阳光里、路灯旁，穿着厚厚的衣服，捧着书本来回踱步、不停哈手的身影随处可见。我也是这人群中的一员，大一的时候每到考试季就会去学习，后来养成了习惯，英语四六级、考研、考公、考选调生等一系列考试都由西联教室伴随走过。到现在清晰地记得夏天时院子里有蚊虫叮咬，冬天时有寒风凛冽，早晨起太早时教室门未开，晚上还想再多做一道题却被催着关灯的烦恼，但是当时一点儿都挡不住学习的热情，站着也能学，坐着也能学，在屋内能学，在外面等着的时候也能学，英语考完四级考六级，随后接上考研，考试的参考书目理解不透就先背下来，重点不清就背诵全文。四年大学时光与西联教室密不可分，倏忽间到大四下学期该分别的日子，工作、研究生等都确定下来了，不用每天早起晚睡去学习时，也还是会去那儿坐一坐，仍然按捺不住一颗火热的心，有时赶路即使多转个弯也要途经那儿，去看一看就感觉脚步更有了力量。

西联教室前面的文史楼，是我们当时上课、学习，开展学生活动的地方。那里有一大批德高望重的名家大师，吕厚轩老师一看就是学历史的模样，用带有历史厚重的深沉语调教授王安石变法的课堂；张松智老师讲到清末民初那段历史时，自己一个人在讲台上落泪的情形；张赫名老师谈到攻读博士求学的历程几度哽咽，勉励大家学会坚持的样子；韩峰老师带我们周末社会实践时给我们讲孔子碑苑的文化、汉字、起源的场面；王明科老师在学生毕业多年后还不厌其烦地指点公文写作、帮助文章润色打磨的故事，让人难以忘怀，至今想起依然感激。此外，还有很多其他精彩的课堂和故事插曲，我记得上选修课才知道原来吃红辣椒可以减肥，文学院的老师只红楼梦就能讲一学期，心理健康课的老师给我们讲催眠，我第一个自告奋勇上台配合老师，结果也没睡着……

图书馆也是让人印象深刻的地方。诗人说"如果有天堂，天堂一定是图书馆的样子"，曲园的图书馆就有这种感觉，它一步一景色，处处有学问。图书馆前后各建花园，后面的园子有各类花草植被，以及"犁牛之子"的雕塑，搭配上树林中来来往往走出的阡陌交通，陌上花开蝴蝶飞的意境，让多少才子佳人终成眷属！主体建筑是经典白墙灰瓦造型，方方正正，采用大块石体构造外围，质朴大方。拾极而上，首先映入眼帘的是门前的牌坊，牌坊横梁进门书"就道"二字，出门写"弘道"一词，教育来人进入里面是追求学问求知问道，学成出门之后是担起大任弘学布道。馆内自习室每天都是满满的，早晨还没开门就已经有学生排队了，去晚了根本就没有位置，但是曲阜师范大学学生都很友好，如果有学生去上厕所，或者出去接电话了，空出了位置，来人后坐下学习也无妨，等有人来时，大家相视一笑，再换一个空位就是了，有些时候这样还能交上朋友。我有一个朋友就是在自习室认识的，当时课余时间我经常去的地方就是图书馆，特别是二层社科类、文史类的阅览室。课上老师布置查资料，下课我就赶到了图书馆，即使老师不布置作业，我也喜欢在空闲的时间泡在图书馆里，在阅览室里仿佛一切都是静止的、静谧的，在安静的阅读中都能听到呼吸的声音，都能随着书本的刻画感受心跳的速度；仿佛一切又都是飞似的、匆匆的，读一本《全球通史》，一会儿随作者在月球观地球，一会儿又从中世纪西方到了中国的明朝，不经意间从东面斜射到书架上的阳光已经照的脸热乎乎了，感觉没多久就听到管理员说要闭馆了。馆前的小花园真可谓大师之作，进馆前感觉不到什么，出来时看一看池塘、假山、溪水、亭院，听一听花园里的莺啼蝉鸣，缓一缓从精神世界过渡到现实中，幸甚至哉！

在曲园的四年大学时光是宝贵的，有太多美好的记忆，很多难忘的人和事，丰富多彩的社团活动、学生会里的经历、各色的美食、珍贵的友谊……

再忆曲园，甚是想念，期盼顺安！

孔治国

2021年2月19日于北京

作者简介

孔治国，男，曲阜师范大学历史文化学院国际政治专业2015届毕业生，读书期间曾担任院系学生干部，获得山东省优秀毕业生等荣誉称号。2015年考入中共中央党校，就读于国际战略研究院外交学专业，在校期间发表学术论文多篇，并获得中央党校优秀学生干部、优秀毕业生、一等奖学金等荣誉。

致每一个了不起的你

非常感谢王琼工作室提供的平台，通过贵平台能让我们实时看到母院的最新动态，时常回忆起在物理工程学院的那段最美青春岁月。这次得知贵平台有征文活动，迫不及待想参加，但由于才疏学浅，文中如有不当之处还请各位学弟学妹海涵。

2011年秋，我迈着稚嫩的脚步，带着无限的憧憬，和大家一样，来到了周边人给我无数次描绘的大学校园。大学期间总以为自己毕业遥遥无期，但转眼间就各奔东西了，大学四年的时间一晃而过，这期间有成长、有收获、有友情，当然记忆最深的还是离开曲园时的那种不舍之情。那时候最羡慕的就是还有机会留在曲园，甚至是在曲阜工作的同级同学，自己也总想能在曲园多待一些时日。我们就像一只将要起飞的小鸟，马上就要离开母亲的怀抱，准备飞上蓝天独自翱翔。从那时候起，我们开始喜欢上了散步，喜欢放慢速度来观察这座城市的每一点变化，记住每一处美丽的画面。晚上我们结伴而行，边走边看边回味，沿着东门一直往东，那时再慢的脚步都感觉快，再长的路也都觉得短，有时一走就走几个小时，时常宿舍关门都回不了宿舍。

大学实际是我们走向社会的一座桥，桥的这边是我们曾经厌倦的义务教育学习阶段，桥的那边是我们原本向往的自由世界。有的人一边欣赏一边过桥，有的人需要在别人的帮助下顺利过桥，而有的人直接没有从桥面走，走了很多的弯路，虽然说过桥的方式多种多样，但成功的彼岸只有一个。今天和大家一块儿交流几个过桥的认识，希望对大家顺利上岸能助以微薄之力。

阅读与本领。阅读永远是我们获取知识、增长本领最为便捷的方式，而且没有之一。知识的来源有两个渠道，一是自己的经验，二是别人的经验，自己获取经验是需要很长的时间和精力，而别人的经验通过阅读就可以获取，是白得的宝贝，你细细想想，又何尝不是呢？白岩松说过，我们要做个有趣的人，多做点无用的事。作为大学生而言，大学阶段在人生的坐标中是一个动能积蓄的阶段，眼前来看，阅读看似对我们还没有多大用处，但长久来看，绝对是必修之课。书到用时方恨少。现在我们平时多做一些"无用"的阅读，等到以后走向社会定能派上大的用场。腹有诗书气自华，都说失败是成功之母，但是失败的原因，从自身来说，还是本领不够强。他们说一座大学的好坏是看图书的储量，而我认为一个大学生的成功与否应该是看读书的多少。阅读其实是一种享受，就看你把自己放在什么环境之中，拿什么当参照物，当你把快乐认为是轻松自由，那么读书就成了一项任务，即使有心读书，也是被动应付；当你把快乐认为是奋斗收获，天天忙于备战考研找工作，那么读书就成为一种放松的方式，也更是一种享受。

　　目标与行动。人需要设定目标，有了目标才有努力的方向，虽然我们努力了不一定成功，但不努力永远不会成功。小目标可以是考过四级、没有挂科，大目标可以是考上"985"研究生，等等。记得大学老师说过，大一我们不知道自己不知道，大二知道自己不知道，大三不知道自己知道，大四知道自己知道。我一直非常喜欢老师说的这句话，因为这句话可以化解很多大学生的迷惑，里面有迷惑的答案，还有前进的动力，而我们最需要做到的就是，当有一天意识到自己不知道时，一定要警醒自己，不要做时代的抛弃物，我们要有"钉钉子"精神，要有"不用扬鞭自奋蹄"的奋斗精神，为实现每一个自己的目标而不懈奋斗，因为任何时候结果都不会陪我们去演戏。我们总说在逆境中成长，其实你不在逆境中逼自己一把，你永远都不知道自己有多优秀。不论在什么时候，学习期间也好，工作期间也罢，当你遇到任何困难，接到任何任务时，千万不要因为事情难而退缩，更不要有厌战的心态，任何事物都有它的两面性，相反，越是困难就越是机遇，也正是你展现才华的舞台。我们要保持初生牛犊不怕虎、越是艰险越向前的刚健勇毅。一切视探索尝试为畏途、一切把负重前行当吃亏、一切"躲进小楼成一统"逃避责任的思想和行为，都是要不得的，都是成不了事的，也是难以真正获得人生快乐的。现在，青春是用来奋斗的；将来，青春是用来回忆的。

胸怀与格局。"谋大事者，首重格局。"胸怀有多大，舞台就有多大，格局有多大，人生路就有多宽，就能走多远，就有多成功。每个人不同的认知水平和不同的胸怀，形成了不同的人生格局，成就了不同的人生高度。张洪海校长曾经说过，这个时代，更需要有一群人，少一些计较，多一点情怀，少一点功利，多一点关爱，去心系更多"无数的远方、无限的人们"。希望我们就是那群人，站得能更高，看得能更远，每个人都有着眼当下洞悉未来的远见，都能不为一时之利争高低，不为眼前成败论长短，在繁荣时能看见危机，在纷繁中能看见规律，在困难中能看见希望。大学让我们开阔了知识的视野，培养了实践的能力，养成了科学的思维模式，相信这些都足以支撑我们仗剑天涯、笑傲一方。

学弟学妹们，纸短情长，如果可以，我想告诉大家，请珍惜自己美好的大学时光，只争朝夕，不负韶华，去描绘自己美丽的青春画卷。

孟凡昌

2021 年 3 月 20 日

作者简介

孟凡昌，男，中共党员，曲阜师范大学物理工程学院通信工程专业2015 届毕业生，在校期间担任物理工程学院学生会主席，先后获得山东省优秀学生干部、山东省优秀毕业生等荣誉称号。2015 年 7 月至今，担任济南市钢城区选调村官，先后荣获济南市出彩型团干部、钢城区优秀党务工作者等荣誉称号。

赠师弟师妹寄语

师弟师妹：

你们好！

收到王琼老师的邀稿通知，除了因感觉受母院厚爱而心怀感激外，更多的却是忐忑！忐忑于个人水平和阅历相当有限，不知从何处开始下笔，甚至无法给予实质性"干货"。思考了很久，初始感觉似乎有很多话可谈，但是动笔时才发觉可以讲的事情却是少之又少！但情之所系，心之所向，义不容辞。在此，仅简单回顾自己在曲园和南大求学期间的经历，希望能够对母校师弟、师妹有所勉励！

时间拉回到2011年的秋天，南方郁郁葱葱的百年冷杉屹立挺拔，北方金黄色的银杏树叶悄然开始描绘院落中的每个角落。结束了辛苦耕耘的高中生活，我人生当中首次离开菏泽这座生活了十八年的城市，前往意料之外却冥冥之中美得像诗的一所学校——曲园。很幸运能够来到这里，沉淀和提升自己，并在这里结识众多良师益友和寻觅到挚爱的终身伴侣。其实，如同所有的初进校门的大学生一样，校园的生活开始总是丰富多彩并充满惊喜和意外的，由于迎接新生学长的疏忽，刚刚步入校园的我无意被分到了另一个班级的宿舍，这也使得一开始便结识到一些本应擦肩而过的朋友，然后才后知后觉地归入"正途"——2011级物理学416班——这一拥有四十一位成员的家庭！至此，我未来四年的生活和学习，也都和曲园物理工程学院的416家庭发生诸多无法分解的交织，这种交织所产生的情感和文化也永久地镌刻在皮肤上，溶解在血液中。亲爱的师弟师妹，我们终将是曲园的过客，当铅华洗尽，尘埃落定，那些繁华、哀伤的尘事终成过往，但是留在身上的烙印却似血液中的温度，再难分离。

不同于很多拥有学生会经历的大学生，由于申请加入学生会的时间放到了假期，从未离家的我因为当时不愿早点离开家，便遗憾地错过了进入学生会锻炼的机会。但是本着乐于奉献的精神，有幸被班级同学选举成为团支书并可以四年来持续为家庭成员服务。此外，基于兴趣爱好，在"百团大赛"的时候加入了一些社团，后期成了科学与技术协会的负责人。这些工作和活动极大地丰富了当时的生活。但是身为学生，最忌讳的便是舍本逐末，对于学习主业，自己永远都是全力以赴，不敢有丝毫懈怠。因为深知"非学无以广才，非志无以成学"，唯有不断学习，立志高远才有那么丝毫的可能成就一点点事业。就个人而言，我很是认可凡事"预则立，不预则废"，因此在较早的时间便意识到自己想要追逐的东西，并不断为之付出努力。印象较深的是，大三备考研究生期间，尽管个人学分绩排在第一可以申请到保研的名额，然而当时因难以保研至心仪的学校，便毅然绝然地选择放弃这次机会。幸运的是，诸多努力未被辜负，于2015年正式告别母校，进入另一所具有悠久历史的学校——南京大学，开始新的篇章。

不同于曲园，南大的秋天到处弥漫着桂花的香气，并且不同于大学生的自由而全面，研究生阶段更加注重的是学习和知识的专业性。初入校园，我便走在选择导师的小径分岔口。考虑到自身的兴趣、优势和短板，认识到希望自己以后能够沉浸在实验类的科研工作中。当时通过和刚回国的青年才俊高力波教授的交流，发现彼此的理念非常契合，便有幸成为高老师的开山弟子。其实如同所有的白手起家篇章一样，平地起高楼的成就感最磅礴感人，但是也是最庞大冗杂的，经过近三年的搭建，实验室才从"一穷二白"显示出本该有的样子。读研的前几年是忙碌和轻松的，尽管忙碌于搭建实验室，但是轻松于尚未有真正意义的科研压力。这段动手搭建的历程，其实也为我后期的工作打下了比较坚实的基础。

随着时间的推移，时间很快来到了2017年，信心满满的我毅然决然地决定转博，这一决定伴随而来的也是日益增加的压力。对比而言，其他实验室的优秀博士已经陆续开始了高质量论文的发表，而此时的我仍然忙碌于实验室的搭建工作，尤其是一台不稳定的仪器更是在半年内几乎将我的信心全部击碎。其实一向要强的"犁牛之子"，更加希望可以做出一些成就，没想到现实却给了当头一棒，并使得一向豁达的我出现睡眠质量不佳和心律不齐的现象。最终感谢女友(太太)的鼓励，师门的包容，父母的支持，才能够重振旗鼓再出发。终于，2020年五年磨一剑的科研成果在著名期刊《Nature》杂志上发表。守得云开见月明，经历风雨，终于见到了彩虹。

亲爱的师弟师妹，或许天赋会决定一个人的上限，但是努力程度将决定一个人能够达到的下限，对于我们大部分人的努力程度而言，远远没有达到拼天赋的时候。更多的时候是需要努力，要坚信不到最后一刻，永远充满希望，永远弦歌不辍、步履铿锵。人生当中，成功只是一时的，失败才是主旋律，但是如何面对失败却将人分成了不同的样子，有的人被失败击垮，但有的人能够不断地站起来继续向前。其实，最大的痛苦，不是失败，而是我们本可以！

曲园的伟大，终将取决于志向远大的我们！加油，曲园人！

袁国文

2021年4月17于南京

作者简介

袁国文，男，中共党员，曲阜师范大学物理工程学院物理学专业2015届毕业生。本科期间，学分绩点排名第一，获得三好学生标兵、山东省优秀毕业生等荣誉。硕博期间，就读于南京大学凝聚态物理学科，以独立第一作者在期刊《Nature》上发表论文，曾获得国家奖学金以及江苏省三好学生等荣誉。现为南京大学"毓秀计划"博士后。

致物理工程学院
第34届团总支学生会的一封信

青春真美，有你们真好！

长路奉献给远方，玫瑰奉献给爱情。我拿什么奉献给你，我的青春。有四年时光，你我共成长。那些岁月，慢慢寂静；那些记忆，刻骨铭心；那些情谊，地久天长。

——题记

时光飞逝，经历了憧憬与懵懂、努力与彷徨、成功与失败，最终实现了收获与成长。在这里，我收获了知识，收获了挚友，学会了感恩，学会了做人。在大学，知识是需要学习的，做人也是需要学习的。学生最大的幸事，莫过于遇到一个好导师！我的读书时代，幸运遇到它，在它的团队（学生会），我不慌不忙地坚守、成长了四年。

起初怀着紧张和激动的心情通过了学生会的笔试和面试，根据志愿进入了学生会秘书处。虽然演讲时把秘书处的职能背得滚瓜烂熟，而实际工作时磕磕绊绊，并不能考虑全面。但是凭借着积极好学的心态，还有王老师和秘书长以及其他部门成员的教导帮助下，我很快地适应了学生会的工作。从一名普通干事到秘书处的副秘书长，从一名学生会办公室主任到学生会副主席。一路走来，干了很多傻事，也干出了一些成绩，并且积累了不少的经验。曾因学生会部门分工安排而唯唯诺诺；曾经历晚会幕后工作而战战兢兢；曾为部门纳新而千思百虑。在这里，我渐渐学会了冷静地思考问题，提高了独立解决问题的能力；学会了组织一次活动，锻炼了做事有条不紊的心态；也学会了什么是团队协作，改善了与人沟通的技巧。我在成长，我更在收获。我很珍惜每一次的例会，在那里可以站在不同角度倾听和思考，切实地感受不同人的思考问题的方式。在

爱的礼物——寄语篇

认真听王老师总结团总支学生会工作时，我学习到了要全面、多角度地分析现状和问题，对工作安排要具体和详细，和充分地工作积极性的重要性。"全心全意为同学服务"，这是我进入学生会的初衷，在这四年中，我也对这句话有了更深的认识。特别是当自己全身心地投入每一次学生会的活动时，深刻地认识到维护同学的利益，耐心地为同学做好服务工作。我脑海中时刻记得王老师的谆谆教诲：学生会是学生的代表，我们更要起表率作用。也就是这一句话，使我不断增强自己的责任感，严格要求自己，组织能力也有了很大的提升。这为我以后的学习和工作起到了很大的帮助。凡事做个有心人；高调做事，低调做人。生活中，我一直践行这句话，受益匪浅。青春的懵懂期，是学生会为我点亮了一盏通往成长道路的明灯，王老师带领我翻山越岭，披荆斩棘。

青春成长的路上，少不了朋友的鼓励与陪伴。在学生会这个温暖的大家庭中，我也结识了很多志同道合的兄弟姐妹，收获了青春时代最真挚的友谊，这也是我学生时代最大的收获，现在看来也是人生的一笔财富。在那里，我们一群人曾朝着共同的目标一起努力，义无反顾地干同一件事，最后一起分享成功的喜悦，一起总结经验教训，一起畅想未来……现在毕业了，我们主席团包括我在内的七个小伙伴联系得很密切。一通电话，一条微信，一份特产都寄托着我们相互问候的心、牵挂的心和祝福的心。我们不仅分享成功的喜悦，还会为彼此排忧解难，各抒己见。无论在工作、学习还是生活中，我们都互相帮助，共同成长，共同进步。虽然我们现在已经记不清在办公室开过多少次会、组织过多少次活动、讨论过多少次工作计划，但是我们记得并肩作战、团结奋斗的日子。这时期建立的友谊是最牢固的。

时间的历练，你我的成长。我真正明白了学生会，懂得了学生会，对它有了新的认识，学生会是一个平台，让我们有发展自己的空间；学生会是一阶台阶，让我们有更高层的突破；学生会还是一个港湾，在这里我们分享着成长。这个平台，给了选择加入学生会的你们；这个台阶，给了跃出学生会的你们；这个港湾，一直站着老师、同学、朋友，负责守护。他们愿各自安好，互相珍重。亦愿历经千帆，归来仍少年。

最后，希望在学生会的每一位同学，都可以褪去稚嫩，追寻旧日曾谙的风景。谢谢曾经努力的你们，青春很美，有你们真好！有空，常回家看看！

曲啸枫

2021 年 2 月 25 日

作者简介

曲啸枫，女，物理工程学院通信工程专业 2016 届毕业生，山东师范大学博士在读。曾任曲阜师范大学物理工程学院第 34 届团总支学生会副主席。大学期间被评为曲阜师范大学校级优秀毕业生，荣获校级学业奖学金一等奖；攻读研究生期间被评为济南大学校级优秀学生，其论文获得济南大学优秀硕士学位论文奖。

致师弟师妹的一封信
——匆匆那年，归来是少年

亲爱的师弟师妹们：

　　你们好！

　　从2014年那个夏天走进曲阜师范大学校园，如今已经快七年了，有好多事情已经渐渐模糊起来，好在信息时代，总能帮我们记录下来。打开许久不用的QQ空间，大学四年的时光就这样——记录着，要感谢那些年青涩的自己，就这样絮絮叨叨地记录了在曲园走过的风景。整理东西的时候还找到一块旧U盘，竟然还存着从大一开始用到过的各种文件、课堂作业、复习资料、英语课的幻灯片，还有学生会组织的活动的视频、音频……回忆顿时涌上心头。下面就跟我一起走进我的大学故事吧。

　　2014年9月，我上大一，开学第一课老师问大家四年的目标是什么？我懵懵懂懂地在纸上写下"不断完成挑战"。就这样，我小心翼翼地填下了学生会委员的纳新表，鼓起勇气走上班委竞选的讲台。2015年跟着师兄师姐一起组织毕业晚会、迎新晚会，在幕后拿着对讲机紧张地盯着舞台。在迎新生的军歌会演排练中，我看着下面黑压压的人群不敢上台，师姐把手中的喇叭塞到我的手中说："晓彤，勇敢点，早晚都要面对。"副部竞选，我在笔记的扉页上写下"不忘初心，善始善终"。2016年，四百人的团体操表演，我学着师姐的样子，组织大家排练。尽管过程十分艰辛，但是收获了文艺部的一群小伙伴，还和小姐妹一起参加了啦啦操比赛。2017年和主席团的小伙伴们常常讨论工作到深夜，一起并肩作战……再后来我立下考研的目标，和舍友互相鼓励，踏上考研的路程。2018年毕业，最后一次班级聚会大家纷纷落泪，互相祝福着说再见。

　　其实我的大学生活和其他人是一样的，似乎没有什么特别之处，总是学着如何自主学习，学着如何完成好老师的任务，学着如何规划自己的人生，学着解决问题，学着面对失败，一路走一路学，跌跌撞撞，有过各种各样的错误，

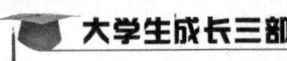

学习上的、生活中的。但是亲爱的师弟师妹们,我想告诉你们的是,不要害怕犯错,没有人会一直是正确的,身旁的老师会帮助你,只要你能够知错就改;不要害怕挑战,我们总要不断尝试才会认清自己,身旁的朋友会和你携手并进,只要你能够时时做个有心人;不要害怕失败,挫折和失败会使我们拥有强大的心脏,身后的父母会支持你,只要你能在失败中不断反思、不断前进。2018年,我考研失败了,同时也错失了很多就业的机会,身边的同学、朋友纷纷踏入新的人生阶段,我非常迷茫和沮丧,我永远记得我的辅导员孙老师知道我失败后对我们轻声鼓励:"不要着急,下次一定可以的。"我忍住泪水,痛下决心,我要再试一次。后来我才知道,我们亲爱的王老师一直默默关注着我再考的情况。我和舍友决定留在学校继续准备考研,我们的学校、学院、老师像母亲般包容我们,给予我们最大的帮助。我好幸运,有这样的良师益友,回过头来再看大学的生活,是那样充实、快乐呀。

亲爱的师弟师妹们,也许你们也和曾经的我一样,懵懂、迷茫或者浑浑噩噩,不知道未来的路在哪里,我想告诉你们的是,咱们的高中老师说的是真的,大学真的是我们人生中非常美好的时光。当我们焦虑、迷茫的时候,我们就去做吧,去行动。只有行动起来前方的路才会逐渐明朗,不要停止反思,要保持头脑清醒,保持一颗永远热爱的心。

是啊,时光总是在与人们拥有之后又与人们悄悄别离,时间总是在与人们相握之后又与人们擦肩而逝,等到曲阜师范大学七十年、八十年、一百年的时候,今天的老师又会成为故事中的故事,今天的学生又会成为回忆中的回忆,今天的曲园又会成为历史中的历史,勇敢前进吧!我们要做的事还有很多很多。

亲爱的师弟师妹们,勇敢前进吧!我在前方等着你们。

孙晓彤

2021年3月1日

作者简介

孙晓彤,女,曲阜师范大学物理工程学院通信工程专业2018届毕业生。曾获优秀毕业生称号、优秀学生干部称号,现就读于陕西师范大学。

犁牛后浪们，我想对你们说

犁牛后浪们：

今天是我们共同的节日，首先祝大家节日快乐！

2014年的我和大家一样，怀揣着心中的梦想，肩负着家庭的期望来到了圣城曲阜，开始了与曲园的邂逅。一晃七年过去了，作为一名年长几岁的学长，对你们十分羡慕。你们的大学时光将在新时代的中国度过，这是一个令人心潮澎湃、万象更新的时代，是一个可以为中国青年学生的发展提供全面保障的时代。你们的大学时光将在曲园的新环境中度过，你们将亲眼见证曲园师生铆足干劲加快建设孔子家乡一流大学的感人情景。无论是国家发展的大环境，还是曲园复兴的新规划，对于2021级后浪的你们，这都是很好的契机，也是全新的挑战。作为过来人，有一些体会和感悟分享给你们。

第一，做一名永葆初心的大学生。步入大学校园，你或许会因为精彩纷呈的校园生活兴奋不已；走出家长庇护，你或许会因为未知的诱惑而无助。走过的大学时光让我懂得没有什么比"初心"更为重要。大学四年是在新的契机中面对挑战并不断突破的四年，其中充满了未知与不确定性，也许会面临学业的压力、或许要承担学生工作的担当、可能难以兼顾人际与个性、偶遇迷惑和彷徨，但请保留一颗真挚的初心，给以后的自己留下一段能够热泪盈眶的回忆。一切向前走都要记得走过的路，始终要记得初入大学时那个纯粹、热烈、富有激情的自己，一定要铭记自己为何出发，唯有时常回望最初那倔强又勇敢的自己，唯有在多变的舞台里始终怀揣着温暖而执着的心，才能永恒守护住自己的那片森林。

第二，做一名潜心向学的大学生。作为一名学生，我们的首要任务就是学习，大学是知识的殿堂，曲阜师范大学是读书的圣地。这里有学识渊博的老师为你传道授业、答疑解惑；这里有藏书百万的图书馆供你查阅资料、驰骋学海；这里有彻夜通明的实验室陪你寻找未知、走近科学；这里有一群群好学勤思的同窗和你一起探讨问题、思想共鸣。你们会看到，犁牛学子在各类学术大赛中硕果累累，在各项创新竞赛中屡创佳绩，在各种社会实践中践行担当使命，在众多公益活动中奉献青春。只要你有学习的劲头，曲园一定给你施展才华的舞台。

第三，做一名勇敢追梦的大学生。"当代青年应敢于有梦、勇于追梦、勤于圆梦。"回首我的大学经历，从一名大一的懵懂青年，到后来入选全国青年马克思主义者培养工程，再到现在考取山东省拔尖选调生，每一个目标的实现，都离不开学校和老师的鼓励、支持，非常感谢曲园给予了锻炼自我和实现自我的平台。后浪们，在曲园这片沃土，每一个梦想都会得到尊重，每一条成功的道路都会有人陪你同行，趁着年轻，大胆地播撒梦想的种子，从一个又一个的小目标开始，张开翅膀，飞越前行道路上的每一座高山，一定能在属于你们青春的征途上乘风破浪。

曲园后浪们，未来未可知，请时刻不忘自己的初心梦想；未来犹可期，请在拼搏奋进的道路上砥砺前行。一代又一代曲园人始终将"学而不厌，诲人不倦"的校训牢记心中，弘毅致远的韧性、崇真尚实的睿性、利己达人的德性始终鞭策着犁牛之子们奋勇前行。犁牛后浪们，羡慕你们的同时祝福你们，四年的时光转瞬即逝，愿你们用青春的拼搏奋进书写无愧时代、属于自己的曲园赞歌。

申潜

2021 年 5 月 4 日

作者简介

申潜，男，中共党员，曲阜师范大学历史文化学院历史学专业2018届毕业生。曾任校团委副书记（兼职）、历史文化学院研究生会主席等职，已考取山东省拔尖选调生。现为曲阜师范大学2017级中国史专业硕士研究生，全国青年马克思主义者培养工程高校班学员、曲阜师范大学青年讲师团成员。

致师弟师妹们的一封信
——身披星芒 在基层乘风破浪

亲爱的师弟师妹们:

你们好!

近日电视剧《山海情》热播,剧中绘制出了振兴路上鲜活生动的时代图谱,真挚而朴实、温情而细腻。同样在这片青春活跃的热土上,我们以"山"的抱负、"海"的涵养、"情"的初心,演绎着属于我们选调生的乡村振兴情。

我所在的围子街道坐落于潍河东岸,位于昌邑市中心位置。近年来,昌邑市委、市政府把潍河以东划为东城新区,全市沿潍河、跨潍河向东发展,政策、资金、项目逐渐向我街道倾斜,战略区位优势不断显现,给我们的发展带来了众多的机遇。围子街道辖区面积161.88平方千米,人口10.17万人,共有14个社区、4534名中共党员。来到围子街道两年有余,今天我来谈谈自己的所见所闻、所感所想。

秉持为民情怀,书写扶贫答卷

围子街道有6个省定贫困村、1938户建档立卡贫困户。自脱贫攻坚工作开展以来,先后投资900多万元,修缮贫困户房屋515户,改善451户贫困户居住环境,为152户贫困户安装有线电视、71户贫困户安装自来水,集中供养、收治18名失能贫困人员、严重精神障碍贫困户。2018年8月刚上班的我,便包靠了5户贫困户,扶贫伊始,村民并不信任我,认为我不过是一个"书生气"还未褪的大学生,走个过场装装样子罢了。为了更好地了解他们的想法,数九寒天,我一次又一次走进他们的家,和老人聊天、讲故事、拉家常,帮他们打扫卫生,带去生活用品、食物和药品,帮助有残疾的大爷申办残疾证、残疾人补贴和轮椅等设备。一来二去,我成了他们家的常客,当大娘亲切地称呼我"文慧闺女",当年迈的大爷手捧鸡蛋往我包里塞时,我知道,他们已经真正地接纳我了,我和他们之间有了无法割舍的情分。我愿像剧中参与扶贫的年轻人一样,用年轻、朝气和锐气,用新的生活方式,把新的需求信息、新的理想追求融入扶贫工作,为脱贫攻坚贡献微薄力量,力求用实干的"热度"提升扶贫的"温度",用真情书写扶贫答卷。

防疫冲锋在前,彰显使命担当

新冠肺炎疫情暴发以来,我所在街道的机关干部们自大年三十起连续奋战一个多月,前往小区、村庄、企业抓核查、盯防控、搞服务、做宣传,全面落实联防联控措施,构筑群防群治抵御疫情的严密防线。为了让群众减少外出次数,我们成立了巡查队、服务队、值勤队三个小队。巡查队每天大街小巷排查,监督群众出门;服务队每天在各村微信群里记录群众需求,代买蔬菜、煤气、药品等;值勤队无论什么天气,一张桌子、两把凳子、一本村中人员(车辆)出入登记本,在村口24小时值班值守。去年3月6日晚上,恰好是我值班,收到了上级交通部门推送的境外返回人员信息,是一名从日本返回的大学生,市交通运输组从潍坊北站接上这名大学生送到了交接点。凌晨两点,我穿上防护服,到交接点接上这名大学生,带到了昌邑市人民医院,等了一个多小时,做完核酸检测后送到了市统一隔离点。类似这样的例子还有很多,我们每天都在疫情一线奋斗着。疫情期间,我们看到了人生百态,有隐瞒病情不上报致使上百人隔离的人,有摘下口罩向医护人员咳嗽的人,也有被别人提醒戴口罩但在商场大吵大闹的人,但是更多的是在护士站留下1000元的信封便跑掉的小学生、捐赠蔬菜的寿光人、捐赠物资的企业家、捐款捐物的拾荒者等。要仍相信人性本善,大爱无疆,众志成城,大家都在为这场战争做后盾,都在为打赢这场持久战而贡献自己的一分力。

师弟师妹们,我们还年轻,广阔天地,我们可以有很多选择去大有作为。在纪念五四运动100周年大会上,习近平总书记曾寄语青年人:新时代中国青年要到人民群众中去,到新时代新天地中去,让理想信念在创业奋斗中升华,让青春在创新创造中闪光。而我作为一名青年选调生,岗位意味着使命,时代呼唤着担当,要像树苗般深扎基层、固本培元、修枝剪叶,方能以奋斗之笔绘青春芳华。

王文慧

2021年3月5日

作者简介

王文慧,女,曲阜师范大学物理工程学院通信工程专业2018届毕业生。在校期间荣获三好学生(一等奖学金)、优秀学生干部、优秀团干部、全国大学生机器人大赛优秀志愿者等称号。2018年山东省委组织部选调生。现就职于潍坊市昌邑市围子街道办事处。2020年荣获昌邑市优秀党务干部荣誉称号。

一本日记的故事
——写给师弟师妹的一封信

亲爱的师弟师妹们：

你们好！

昔我往矣，杨柳依依；今我来思，萃华园里杨柳依旧。还记得那段创意萌芽于一个早春，校园里一派生机盎然。挺拔的松柏冒出了嫩绿的新芽；娇黄的连翘、迎春花，艳红的月季装点着镜头；淡紫洁白的丁香芳香四溢，沁人心脾。一行几人、一台摄像机、一个梦想、一点创意构出一部微电影，诠释了工作室对雷锋精神的理解，拍出了曲园的姹紫嫣红，记录了属于我们的青春。

翻开那发黄的扉页，时光将它装订得略微陈旧，我们一读再读，却发现，青春是一本属于集体的日记。作为2016级的小石榴（王琼老师给2016级同学起的昵称），很幸运能够参与工作室微电影的创作与拍摄，万分感谢王琼老师以及工作室给我这样一个宝贵的机会。《致敬雷锋精神，续写雷锋日记》是在王老师的带领下，为中华人民共和国成立70周年献礼而倾心打造的以弘扬雷锋精神为主题的微电影。它记录了物理工程学院上百位青年志愿者们的故事，每一个故事都承载着我们的期待。可喜的是在我毕业以后，故事仍在继续。

师弟师妹们，我想和你们说：用真诚和坚持，王琼老师带领一批批工作室助理倾心制作了一部部作品。每一部作品，用每个人辛苦的汗水浇灌，用每个人心中的期望升华，用每个人尽心的培育雕琢，只为把最好的制作呈现给大家，只为帮青年学子扣好人生第一粒扣子。师弟师妹们，希望你们能够在工作室的帮助下，走好青春大学路。

雷锋曾经说过：一滴水只有放进大海里才永远不会干涸，一个人只有当他把自己和集体事业融合在一起的时候才能最有力量。正如一朵鲜花打扮不出美丽的春天，一个人也完成不了微电影的制作。在参与微电影的制作过程中，我深刻理解了集体与合作的意义。从构思、编剧、拍摄到后期制作，从春天到秋天，承载了太多人的努力。剧本中每一个字都精心揣摩，参与剧本编写的伙伴多少次伴着星月还未放下笔杆。一遍又一遍的镜头拍摄，镜头下我们走过一个又一个需要帮助的地方。一帧又一帧的精心筛选，参与后期制作的伙伴拼的不只是技术，更是他们的持之以恒。那曾经一起努力的时光，留在我们每个人的回忆里，那曾经一起奋斗的伙伴，会是我们一生的挚友。

师弟师妹们，我想和你们说：青春里似乎没有对错，没有美丑，能留在记忆里的，都是值得的。不知道曲园四年的学习生活，能给你留下怎样的记忆。在这个如花般的年纪，如人饮水，冷暖自知。希望你们也能遇到这样一批志同道合的朋友，不管时光流逝多久多远，仍记得那共同奋斗的青春岁月。

"青春虚度无所成，白首衔悲亦何及"，有人说，青春是一首歌，回荡着欢快、美妙的旋律；亦有人说青春是一幅画，镌刻着瑰丽、浪漫的色彩。一百多年前，为了驱逐黑暗、争取光明，为了祖国的独立和富强，一群意气风发的青年曾用热血和生命谱写了一曲最壮丽的青春之歌，绘就了一幅最宏伟的青春图画。而在今天，新时代的到来让我们沐浴在阳光之下，我们应该朝耕暮耘、久久为功，提升自我，紧跟时代步伐；勤于学习，善于学习，在勤学苦干、多思善悟中成长。

师弟师妹们，我想和你们说：不必羡慕李白"绣口一吐，就是半个盛唐"，只要我们愿通过读书立志雕琢自己，也能琢出个"气自华"的模样，照亮我们的青春。春来潮涌东风劲，扬帆奋进正当时。师弟师妹们，愿你们能够乘着曲园与工作室的东风，贡献自己的光和热，去书写无愧于时代的青春之歌和精彩人生。

高琳然
2021 年 3 月 6 日

作者简介

高琳然，女，中共党员，曲阜师范大学物理工程学院 2020 届毕业生。曾任物理工程学院第 38 届团委副书记兼学生会副主席，在校期间，曾获曲阜师范大学校级优秀毕业生称号，在第十四届山东省大学生物理教学技能大赛中获一等奖，第八届本科师范生教学技能创新大赛决赛暨第七届山东省师范类高校学生从业技能大赛预赛获二等奖。现就读于东北师范大学课程与教学论（物理）专业。

致自己的一封信
——追光者

亲爱的崔扬帆：

  展信佳。

  小时候，当身边的小朋友都立志长大要成为科学家时，你的目光却落向三尺讲台，坚定地认为自己将成为一名人民教师。如愿来到曲园，初次站在慈祥的孔子像前，当时的你怎么也不会想到，四年后的自己会选择在科研的道路上求索，在数据和图像中找寻自己的价值。今天，我记录下这些年你的心路历程，希望当你在前进的道路上迷茫失落时，历经的种种可以给予你力量。

  万事皆有源头，回溯你的科研道路，起点或许是那次志愿者的经历。大二上学期，第九届山东省大学生科技节由我们学校承办，作为学生干部，你参与了科技节从前期确定名单、安排住宿，到布置场地、颁奖的全过程。当昔日安静的科技楼里布满海报和那些稀奇古怪的小玩意时；当一个个文静害羞的师哥师姐眼里发着光，对着自己的成果滔滔不绝时，我想科研已在你心里埋下了一颗小小的种子，静候着阳光雨水以钻出嫩芽。

  大三，大学生创新创业训练计划项目启动，你抱着好奇的心态与刘晓兵教授进行了一次交流。在交谈过程中，你第一次听到了"高压""超导""热电材料"这些新鲜的名词，重要的是，你在刘老师的眼里也看到了那束令你不解又憧憬的光。参与大创，接触科研，除了是对未知事物的好奇，更多的是关于那束光的好奇。你想知道为什么科研就像一个巨大的磁场，吸引着一代又一代的年轻人前赴后继，一路上他们跑着，向着光，不知不觉中自己也成了光。

  从一开始接触热电知识学习软件，到后来跟着师哥完成课题，再到自己独立完成工作，其中有太多太多的成长痕迹。可以简单操作软件进行计算时，沾沾白喜得意忘形。而计算结果不能与实验数据相吻合、无法独立进行图像分析时，又陷入自我怀疑和沮丧焦虑的泥潭。这样的过程数不胜数，你小小的心脏和情绪也随之坐着一次次周而复始的过山车，波澜迭起。新鲜感，过后，你也开始慢慢理解为什么会有人在科研道路上放弃，是枯燥、是焦虑，是得不出结果的自我否定。但你收拾心情，整理好思绪再出发，航行百里，绕过礁石，竟看到那个绿葱葱的小岛，其实已近在眼前。慢慢也意识到，焦虑和枯燥时就像是在爬坡，困难感越强，坚持下去，登顶时的喜悦就更淋漓尽致。在一次次的敲打和磨砺下，自己开始享受爬坡，享受极致困难之后的极致欣喜。开始下意识地将情绪心态变得平稳，将意志敲打得更加坚韧。你也逐渐体会到"行至水穷处，坐看云起时"的智慧，并将其作为性格磨砺的目标。

　　保研至高压物理与材料科学实验室时，你已决定在科研这条道路上走下去，你无畏枯燥与失败，你选择将自己所积累的知识和困难搏一搏，你相信这一路上带给你的成长和影响是深厚而长远的。至此，一幅用严谨求索的深蓝色、斗志昂扬的火红色、埋头苦干的棕褐色、茫然失措的浅蓝色、峰回路转的淡绿色、水到渠成的金黄色描绘的多彩画卷向你缓缓打开，你的科研生活也随之慢慢开启，但行前路，无问西东。或许有一天别人也会看到你身上的光，希望这点光也能给予他们指引。

崔扬帆
2021 年 2 月 27 日

作者简介

　　崔扬帆，女，曲阜师范大学物理工程学院物理学专业 2020 届毕业生。本科期间连续获得一等奖学金，获得山东省政府奖学金和山东省"优秀毕业生"称号，目前以第一作者发表 SCI 论文两篇。现就读于曲阜师范大学物理工程学院高压物理与材料科学实验室。

让青春之花在奋斗中绽放

亲爱的师弟师妹：

你们好！最近的大学生活怎么样？

"奋斗"二字我想师弟师妹们一定是既熟悉又陌生。家长、老师和社会从小就让我们要学会奋斗，但是你真的为什么东西奋斗过吗？如果没有的话，那么就为自己以后的生活而奋斗一次吧！大学四年真的是我们应该好好奋斗的四年。况且曲阜师范大学真的是一个能让你能够静下心来，踏踏实实奋斗的地方。在真正离开母校之后，却又是万般不舍，因为那里有我大学四年奋斗的青春。

2016年9月我只身来到曲阜师范大学。时至今日，我仍然清楚地记得我到曲阜师范大学第一天的所见所闻。我看到了曲阜师范大学南公寓简朴的317宿舍，看到了教室里的标语"不要拿着父母的血汗钱在这里挥霍青春"，看到了师哥师姐在西联教室前读书的身影。那时我可能已经悄悄地被母校厚重的历史底蕴和文化积淀所震撼。我想正是母校的这种"无奋斗，不青春"的大环境帮助我一步步成为更好的自己。

在大一的时候，我懵懵懂懂，对于陌生环境的一丝畏惧让我对于大学的一切都存有敬畏之心。恰恰是这颗敬畏之心让我后面的路走得比较顺利。对待事情有敬畏之心就是不要把做成一件事看成是理所当然，要有端正态度对待这件事，要认认真真地为这件事做准备，然后再努力地去做这件事。不论是以后的期末考试、四六级、教师资格证考试等大大小小的事情，踏实准备，认真对待，最终一定会取得不错的成绩。

勇敢地走出舒适区，努力去尝试新鲜事物。我原来是一个比较腼腆的人，在人面前讲话就会很紧张。但在经过大一、大二以后，我就像变了个人一样，变得更加开朗，能够更加勇敢地表达自己的想法和观点。记得近代史老师说每

爱的礼物——寄语篇

节课可以由一位同学来介绍自己的家乡,我就自己跑到图书馆机房搜资料,做PPT。有空的时候就构思应该怎么讲,然后我就大胆地上去讲了。老师希望有同学分享自己接受教育过程的一些经历,我连腹稿也没打,上台就去讲。在竞选团支书时,我写下发言稿,在没有人的地方一遍一遍地练,然后我假装镇定地在同学们面前做我的竞选演讲。像这样的尝试在以前我可能连想都不敢想,虽然在我尝试新鲜事物的时候时常闹出一些笑话,但是我在努力走出自己的舒适区,不断地提高自己。

理解"舍得"二字,学会坦然面对生命中的失败和挫折,做一个不服输的人。每个人都想获得成功,避免失败。但是每个人需要上几次生动的失败教育课。在大学四年当中,我们会遇到很多失败,比如说考试失败、保研失败、表白失败等等。我希望我的师弟师妹们在经历过失败的沮丧之后能够静下心来,理性地看待失败。每一次失败大多关乎"舍得"二字,"舍得"二字就是"失之东隅,收之桑榆"。大四上学期我保研失败了,保研是我大学的一个小理想,但是这个理想破灭了。说实话,那时候我真的是沮丧极了,三年多的努力仿佛一文不值,你们可能无法想象那时候我有多么的不甘,我甚至联系了所有我能联系的老师,去试图改变这个几乎无法改变的结果。那个时候连我的父母也有点担心我是否会想不开。在我几乎用尽全力也没能改变时,我只能坦然接受了。既然保研不成,我一样能够通过自己的努力考上心目中的学校。恰恰是这次保研失败,让我更加坚定了考研的决心,也让我更加有动力。我舍弃了保一个相对容易的学校,但是我得到了考入心中理想学校的机会,我对大学知识有了更加系统的掌握,我的心性得到更多的磨砺,也让我更加有勇气面对未来的困难和挑战。当你在某些地方错失了一些机会时,不要过于沮丧,你一定会在某些地方得到一些东西。我想将来你会明白"舍得"的快乐的。

人生路千万条,每一条都有不同的风景。要走好自己选择的路,同时也要相信自己走的这条路是最美的。手握青春的你们要坚定地相信,只要我们努力去做就没有做不成的事儿,就是上九天揽月,下五洋捉鳖,我们也一定能够做到。最后希望你们能够以梦为马,不负韶华,去天马行空,趁我们还有年华……

祝你们都有自己精彩的大学生活!

李振华
2021年2月20日

作者简介

李振华,男,曲阜师范大学物理工程学院物理学专业2020届毕业生。在校期间获得山东省师范类省级优秀毕业生、五好学生标兵、优秀学生干部、优秀团干部等荣誉称号,获得国家级竞赛奖励两项、省级竞赛奖四项,四次获得一等奖学金。现就读于哈尔滨工业大学。

山回路转，风景依然美
——发生在没有疫情时的美好回忆

亲爱的师弟师妹们：

很高兴能在信里见到你们，与你们分享几个我在大学里发生的故事，愿你们能够在大学里开心快乐地成长，度过短暂而美好的大学时光，连接时移的过往和美好的将来，不负青春年华。

找到自己喜欢的事情

"你的 Linux 系统崩溃解决好了吗？"那是 2017 年新年元旦假期，一位讲课颇为有趣的老师看到我上午问的问题后回复我的 QQ 消息。说起这就不得不提起在那几个月之前这位老师的第一节课，那门课是大家在大学里都会学的"计算机文化基础"，老师当初讲的是什么我现在几乎忘得干干净净了，唯一记得的是他当堂给我们玩过几个小游戏，当然最重要的还有他演示的 Linux 操作系统（我在这以前从没见过竟然还有人这样来操作电脑，说实话，我也想试试）。下课后，老师从综合楼返回他的办公室，我便与另一位"我也想试试"的同学一起上前去问老师怎样在自己的电脑上操作那样的系统并学习计算机编程。老师的回答很简单也很干脆，就是直接在自己的电脑上安装 Linux 操作系统，如果想要用得好、学得好的话，建议把 Windows 系统一并删除。

回到寝室之后，我搜索了有关安装 Linux 系统的教程，找到了一篇图文并茂各个步骤详细有序的教程发给了老师，向他请教是否可行。由于心里有些疑惑，也有点无从下手，第二天又去老师的办公室待了大半个中午。在老师的帮助下最终系统安装完成，我高高兴兴地回了寝室，正满怀期待准备上手操作一

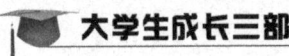

番时,却发现我的Linux系统无论如何也连不到Wi-Fi,自己折腾了好久,无果,又返回老师办公室,老师来查看,发现是网卡驱动不能正常工作,让我记下了解决的步骤,回去慢慢尝试。之后当然还遇到了很多问题,慢慢我对于Linux系统有一种近乎着迷的状态,再后来也逐渐影响到我选择考研的方向和现在所学的专业。这也就是一开始老师那句回复消息的由来。

定了就不轻言放弃,累了就休息一会儿

"阿洋,怎么,改行了啊?""谁跟你似的啊,整天改行!"上午十点,问话的是正在系楼二楼西面小阳台(这也是系楼最美的观景平台之一)背书的一个师哥,他说这句话的原因也很简单,就是看到我跟阿洋一块儿搬着许多木材板子,还搬着一些其他的工具——远处看去的确非常像一种说不出如何称呼的木匠技师。

我俩这天搬那么多杂乱的东西是因为我们正在准备一个比赛(电子系的同学大多数都会参加的电子电路设计竞赛),那天我们正在寻找可以制作实验装置的材料。

我们在学校附近搜寻了很多地方之后,依然没有找到令我们满意的材料,虽然有可以应付的木板,但觉得不够好,于是借了张老师楼下的电动车满怀期待地去了西关的器材市场。我俩一到那儿,嚯,傻眼了,怎么都是卖瓷砖瓦片地板砖的店,我们想要的是木头或者类似塑料的轻薄型材料。

既然来了,仔细找找应该会有,于是我俩一家店一家店去询问。转了一圈后,功夫不负有心人,找到了一个较为合适的,但是店里是不零售的,我俩跟店老板又颇费了一番口舌,说服店老板卖给我们,但至少要买一整片板,虽然我们用不完,但也只好买了。

好了,下一个问题就是怎么把像门一样的大塑料板运回去。第一时间想到的是,要是有一个敞篷的三轮车就好了,店老板说北面街上有三轮车可以租用,我俩跑到一条十分宽敞的大马路上开始四处瞭望,但大中午除了烈日当空,路

上空旷，快要丧失耐心的时候看见一家店门口有一辆特别合适的敞篷三轮车，还挺大，我俩相视一笑，进店就开始跟老板商量，没想到老板说不仅可以租给我们，竟然还答应陪我们一块儿回学校，这样我们就不用再回来送车了。

折腾了一中午买回的塑料板的确在后面的实验过程中发挥了重要作用，我们也是买回去之后才发现，大家竟然都想要这种材料，一时间整个实验室的其他分组都来我们这组买这种材料，这可是一扇门一般大的，我们最多用十分之一，于是之前觉得买太多用不完浪费的顾虑被打消了。

哦，对了，刚开始我们反驳"谁跟你似的啊，整天改行"那位师哥，是有原因的，你想啊，在物理工程学院的大好时光怎么能光用来背书呢，上午的好时光应该用来做题才对啊，没错，这位师哥他其实才是改行了，他学法律后来考去了法律院校，让人很生敬佩。他还有一个让我印象非常深刻的镜头就是："喔，这位小哥哥背书怎么背得这么认真啊！"这是他在冬天背书的时候生科院系的女生给的评价。事实是，师哥背书的确背得好，有时我们晚上一起吃饭，他都给我们讲怎么背压轴的政治必考题，背的方法很有思路。

我们买材料买得虽然辛苦，但最后实验装置用上了，比赛时效果非常好。那位"改行"的师哥，尽管改行，但背书可认真了，让我们都很生敬佩，最终考去了一所政法大学学习更深奥的法律知识。总之，决定了的事情，就要坚持下去，不要轻易放弃，同时也要寻找适合自己的道路，"改行"依然需要坚持。

要珍惜，当下连接着过往与将来

大学的时光总是令人怀念，有太多快乐开心、激动兴奋、辛酸有趣的往事，最重要的是还有更让人怀念的老师和同学，怀念老师叮嘱的话语，听时无意，一回想才觉得烙印在心句句好珍贵，想再听可难了，怀念朝夕相处的同学，"毕业遥遥无期，但转眼就各奔东西"，想再见也难了。如能重返定会更加珍惜大学里的一切，可现在时光是无法倒流的。

在我想这些事情的时候，太阳正在缓缓落下，天色正慢慢变黑，努力想有一些感悟，但实在不知如何表达，恰巧想到了下面这句话，觉得前人仿佛给总结了一番：

你不可能在向往未来的时候把此刻的点点滴滴串联起来；你只能在回顾过往的时候将之与此刻的点滴联系起来。所以你必须相信当下的这些片段会与你的未来以某种方式联结起来。你必须要相信某些东西：你的直觉勇气、目的、生命力、因缘。这个过程从来没有让我沮丧放弃，只是让我的生命更加地与众不同而已。

——Steve Jobs 史蒂夫·乔布斯

祝一切都好。

李国鑫

2021年3月10日

作者简介

李国鑫，男，中共党员，曲阜师范大学物理工程学院物联网工程嵌入式专业2020届毕业生。在校期间获得曲阜师范大学优秀毕业生、优秀学生干部、优秀团干部荣誉称号。曾获得2019年全国大学生电子电路设计竞赛省级二等奖。现就读于北京航空航天大学软件学院。

后　记

时光荏苒，书稿终告段落。在许多老师与同学们的共同努力，汇集成了这本《大学生成长三部曲——记录大学生成长的 100 封信》，让我们得以用此书更好地走进曲园学子的大学生活，感受曲园学子的青春风貌。

在此，对所有参与本书编写、出版工作的老师、同学表示感谢。

本书是山东高校辅导员领航工作室——王琼工作室的阶段性建设成果，由工作室主持人王琼进行整体框架和内容的设计。同时，成立了以物理工程学院部分优秀本科生为主的编写小组。在组长戴润洲同学的带领下，他们利用课余时间有条不紊地完成了书稿的收集、汇总、筛选。书稿编写小组人员（学生）名单如下：翟筱萱、马菡婧、韩巧灵、张萌、刘曙光、陆乾、杨雯璐、乔宇、李蔚馨、阚园月、杨益霖、陈振远、刘星晓、张雨、王烽智。感谢曲阜师范大学辅导员孔瑞老师的校审，感谢中国商业出版社管明林编辑和曲阜师范大学李飞老师为本书出版进行的协调和指导，感谢曲阜师范大学学生工作处和物理工程学院领导的大力支持。

我们在此对全校师生的共同参与和积极投稿表示由衷的感谢，正是大家一篇篇真情流露的珍贵来稿，才组成了这本独一无二的《大学生成长三部曲——记录大学生成长的 100 封信》。

再次向所有参与者表示最诚挚的感谢及最美好的祝愿！

本书编写组